KB262174

B급
문화,
대한민국을
습격하다

초판 1쇄 인쇄 | 2013년 7월 25일
초판 1쇄 발행 | 2013년 7월 30일

지은이 | 이형석
펴낸이 | 박영욱
펴낸곳 | 북오션

경영총괄 | 정희숙
편집 | 이상모 · 임은희
마케팅 | 최석진
표지 및 본문 디자인 | 서정희

주   소 | 서울시 마포구 서교동 468-2번지
이메일 | bookrose@naver.com
페이스북 | bookocean
전   화 | 편집문의 : 02-325-5352   영업문의 : 02-322-6709
팩   스 | 02-3143-3964

출판신고번호 | 제313-2007-000197호

ISBN 978-89-6799-020-6 (03300)

*이 도서의 국립중앙도서관 출판시도서목록(CIP)은 e-CIP홈페이지(http://www.nl.go.kr/ecip)
와 국가자료공동목록시스템(http://www.nl.go.kr/kolisnet)에서 이용하실 수 있습니다.
(CIP제어번호 : CIP2013009409)

B급 문화, 대한민국을 습격하다

이형석 지음

북오션

주류를 비웃는 B급 문화에 축배를!

불량 사회가 배설한 불량 문화를 좋은 취향으로 읽어내는 안내서

그러니까 이것은 우리 인생, 우리 사회의 아이러니에 대한 이야기다. 수전 손택이 말한 '나쁜 취향에 대한 좋은 취향'의 잡설이며, 펑크 가수 '아니 디 프랑코'가 노래한 '어리석고 이상하며, 갈피 없는 이야기에 비틀대는 대화, B급 영화 같은 인생'에 관한 객담이다. 결국 허위와 가식, 위선의 불량 사회가 '배설'한 불량한 인생, 불량한 문화를 '좋은 취향'으로 읽어내는 몇 가지 방법에 대한 안내서이다.

지난 2012년, 싸이가 〈강남스타일〉로 우리 대중문화사에선 전무후무한 반향을 국내외에서 일으켰을 때, 언론과 입심깨나 있다는 평자들은 너도 나도 'B급 문화'에 대한 분석에 열을 올렸다. 가히, 'B급'은 21세기 대한민국 대중문화를 둘러싼 담론을 집어 삼키는 거대한 '블랙홀'이 됐다.

영화 담당 문화부 기자인 탓에 B급 영화에 대한 이야기를 몇 번 입에 올리지 않을 수 없었던 나 역시, 지난해에 불었던 B급 문화의 열풍에 한마디를 보탰다. 그것이 계기가 돼 결국 책까지 내게 됐다.

기존의 논의와 담론을 훑어보면서 과연 B급 문화란 실체가 있는 개념인가를 먼저 따졌다. 대부분은 과잉된 수사로서 'B급'이라는 표현을 사용하거나 대중문화에 대한 '인상 비평'에 그치는 사례가 많았다는 것이 내 판단이다.

'B급 문화'로 읽고 보는 우리 사회의 욕망과 대한민국의 풍경

이 책은 실체를 갖지 못하고 수사로서만 존재했던 'B급 문화'의 개념 규정과 형성의 조건 및 역사 분석을 시도했고, TV 드라마·예능 프로그램·영화·가요·미술·웹툰·패션·정치 등 다양한 방식으로 대중문화 속에 나타난 B급 문화의 양태와 맥락을 연구했다. 미국의 B무비가 B급 영화로 해석되고, B급 문화로 확장하는 한국적 맥락을 'B급 문화'라는 단일한 개념으로 분석한 것은 첫 시도가 아닌가 싶다. 결국 B급 문화는 우리 사회 속 다양한 계급과 세대의 욕망이 충돌하고 갈등하며 연대한 결과였다. 이 책은 한마디로 'B급 문화'로 읽고 보는 우리 사회의 욕망이자, 대한민국의 풍경이라 할 수 있겠다.

이 책의 초고를 끝낼 무렵, 싸이가 마침 신곡 〈젠틀맨〉을 발표해, 이를 분석한 글을 첫 장에 실었다. 그리고 싸이가 미국으로 향한 지 얼마 지나지 않아 청와대 대변인이 대통령 방미 중 성추문으로 경질되는 초유의 '섹스 스캔들'이 있었다. 그는 아마도 신문 기자 시절 한국 사회의 도덕과 윤리, 정치, 경제의 품격을 논하는 기사와 칼럼을 썼을 것이다. 고학력 출신의 사회 지도층답게 고급 호텔에서 비싼 와인을 먹고 각계의 명망가들과 문학과 미술을 우아하고 고상하게 논하는 일도 자주 있었을 것이다. 고위 공직자가 된 이후에는 각료들과 함께 국제 정세와 한반도의 외교에 대해서도 토론했을 것이다. 그랬던 그가 대통령의 방미 수행 중 밤샘 음주에 알몸 성추행 소동을 일으켰다는 의혹을 받고 있다.

세상의 모든 아이러니와 불량 사회를 사는 비주류 인생에 바친다

이 이야기를 영화로 만든다면 하나같이 기괴한 인물들인 미국 대통령과 장관들이 핵전쟁을 일으킨다는 스탠리 큐브릭 감독의 〈닥터 스트레인지 러브〉와 성추문의 한국 현대 정치사를 그린 임상수 감독의 〈그때 그사람들〉, 화장실 유머로 범벅된 섹스 코미디 〈아메리칸 파이〉 사이, 그 어디쯤에 있는 B급 풍자 코미디가 될 것이다. 픽션이었다면 희극이고, 이 책의 또 다른 장이 될 터였겠지만, 우리가 당면한 현실이기에 비극이고, 이 책의 영역을 넘어서는 사건이 됐다.

이 희비극의 주인공은 우리 사회가 인정한 '우량 인생'이었다.

오늘도 우리 사회는 끊임없이 '우량 인생'들과 '불량 인생'을 갈라내고 있다. 뿐만 아니라 우량 인생을 만들어내는 공정과 불량 인생을 판별하는 기준은 더욱 가혹해지고 더 많은 삶들이 낙오자의 대열로 추락한다. 하지만 작동 자체가 고장 난 불량 사회라면? 불량 인생들이 불량 사회에 던지는 들끓는 욕망의 목소리. 그것이 바로 'B급 문화'가 아닐까.

원고에 매여 보낸 지난겨울과 이른 봄은 길고 힘들었지만 즐거웠다. 글 쓰는 행복과 괴로움을 허락해 준 북오션과 가족에게 감사하며, '좋은 취향'을 담으려고 노력한 '불량한 글'을 감히 내놓는다.

세상의 모든 아이러니에, 불량 사회를 사는 비주류 인생에, 주류를 비웃는 B급 문화에 축배를.

2013년 여름

이형석

B급으로 저주 받은 욕망의 주체를 호출하다

한낮의 거리. 선글라스를 끼고 블랙 재킷과 흰 드레스셔츠를 입은 정장 차림의 싸이가 의기양양하게, 예의 우쭐대는 걸음걸이와 거들먹거리는 표정으로 등장한다. 그는 차도에 세워진 삼각뿔 모양의 주차금지 표시물을 냅다 걷어차고, 대형 드레스룸에 진열된 여성 마네킹의 가슴을 어루만지는가 하면, 피트니스센터에서는 러닝머신을 조작해 열심히 뛰고 있던 여성을 넘어뜨린다. 수영장에서 선탠 중인 여성도 '사냥감'이 된다. 엎드린 여성의 비키니 수영복 브래지어 끈을 풀어 버린다. 그의 뒤로는 쇼핑백을 잔뜩 든 노인들이 따른다.

주인공의 장난기 가득한 '악행'은 계속된다. 운동장에선 잘 놀고 있는 어린아이들의 공을 빼앗아 멀리 차 날려 버리고, 도서관에서 '열공^{열심히 공부}' 중인 여대생에겐 방귀 냄새를 피워 아연케 한다. 사무실에서는 여성의 팔꿈치를 밀어 커피를 쏟게 하고, 레스토랑에

2013년 4월 13일 전 세계에 공개한 싸이의 〈젠틀맨〉 뮤직 비디오

선 의자를 권해 주는 척하면서 아예 빼 버려 미녀의 엉덩방아를 연출한다. 한 남자가 타고 있던 엘리베이터에 급히 오른 싸이는 모든 층의 버튼을 눌러, '볼일'이 급한 동승자를 당황케 한다. 다른 사람을 골리는 재미로 희희낙락하던 주인공의 '환희'는 미녀와의 수작에서 절정에 달한다. 그는 포장마차에서 우동을 후루룩 들이켜며 어묵을 입에 문 여성과 야릇한 눈빛과 표정을 교환하는가 하면, 틈만 나면 엉덩이를 실룩거리며 허리를 좌우로 흔드는 섹시한 춤을 여성들과 함께 즐긴다. 클럽의 스트립 댄서처럼 거리에서 전봇대를 부여잡고 허리와 엉덩이를 요리조리 움직이며 유혹의 춤을 추는 장면도 있다. 3분 54초에 담긴, 싸이의 '악동짓' 〈젠틀맨〉의 뮤직 비디오다.

싸이의 뮤직 비디오 〈젠틀맨〉은 젠체하는 신사에 대한 단순한 조롱이나 풍자, 해학, 코미디가 아니라 B급이라 낙인찍히고 저주 받았던 욕망의 주체를 호출하는 작품이다. 노동과 예의, 의무, 규율의 세계에 속박돼 있던 소년, 학생, 청년, 직장인, 그리고 아버지라는 이름의 존재를 '욕망하는 남성'으로 불러내는 노래다. 여기서의 욕망은 잊히고 배척되고 금지되며 소외당했던 몸과 성^{性}, 그리고 유희와 일탈의 욕망이다. '~하고 싶다'는 소원의 표현보다 '~하지 말라'는 금지의 명령을 더 먼저 배웠던 소년과, 노는 법보다는 공부하는 법을 먼저 배운 학생과, 인간으로서의 동등한 권리보다 주민등록증을 '까서' 정해진 서열을 따라야 했던 '손아랫사람'과, 즐기고 누리는 인생보다 일하고 복종하는 노동자로서의 삶을 받아들여야 생존할 수 있는 88만원 세대의 청년과, '남자'이기 이전에 아들이며 아버지여야 하는 '가장'들에게 들려주는 잊혀졌던 욕망의 목소리다. 〈젠틀맨〉에서 욕망하는 주체로서의 남성은, 마른 땅을 두고도 기어이 진창을 밟고 가야 직성이 풀리는 '개구쟁이'이며, 여자애들 머리끄덩이를 잡고 고무줄을 끊어 놓으며 낄낄거리던 '악동'이며, 포장마차의 한잔 술로 '허세'를 '작렬'시키는 치기 어린 청년이며, 언제 어디서나 어떻게 여자를 꼬드길까 궁리하는 욕구 충만한 '수컷'이며, 한 자리 차고 앉아 점잔 빼며 훈계나 늘어놓는 나이든 '꼰대'에게 한 방 매기고 싶은 말단 회사원이며, 양육과 부양의 속박에서 벗어나 넥타이 풀고 맘껏 즐기며 살고 싶은

'가장'이다. 해석이야 자유지만, 〈젠틀맨〉에서 여성 비하와 노인 폄하, 아동 괴롭히기, 여성의 상품화, 남성중심주의를 발견해 낸다면, 그것은 맥락을 그르친 '오독'이거나, 적어도 '놀자고 한 판에 죽자고 덤벼드는 꼴'이 아닐 수 없다. 〈젠틀맨〉은 그저, 노동과 의무의 속박 속에 '노는 법'을 잃어버렸던 이 땅의 신사, 남자들에게 '젊어 노세'라고 전해 주는 덕담이자 위로이고 '권주가'인 셈이다. 〈젠틀맨〉은 주류 사회와 공식적인 제도에서 외면받고 소외받고 배척당하며 'B급'으로 밀려난 욕망의 주체를 호출하는 텍스트다. 그래서 싸이는 남성 누구나가 하고 싶었지만, 감히 꺼낼 수 없었던 은밀한 욕망을 대신 발산하고 폭발시키는 '대리인'이다. 〈젠틀맨〉에서 싸이는 자신을 가리켜 '알랑가 몰라, 이 사람으로 말씀드라자면 말이야, 용기 패기 똘끼 멋쟁이 말이야, 너가 듣고픈 말 하고픈 게 난데 말이야'라고 소개한다.

클럽 뮤직과 '시건방춤'으로 삶과 몸의 리듬을 전복하다

〈젠틀맨〉은 곡과 가사 모두 〈강남스타일〉보다 '미니멀'하다. '미니멀리즘'이란 음악이나 미술, 패션 등에서 최소한의 요소^{매재}를 사용해 창조하는 미학이다. 미술에선 최소한의 색과 단순한 기하학 형태로 구성된 회화나 오브제를 뜻하고, 패션에선 복잡한 장식이나 무늬, 디테일을 배제하고 직조한 의상이다. 음악에선 특정한 리듬과 멜로디를 반복시키는 곡을 가리킨다. 〈젠틀맨〉에서 리듬과 멜로

디의 단순 반복성은 한층 더해졌고, 가사의 '내러티브[인과 관계와 기승전결의 전개로 구성된 이야기]'는 〈강남스타일〉보다 훨씬 희박해졌다. 다시 말하면 두서없고

말춤보다 성적 뉘앙스 강해진 〈젠틀맨〉 속 시건방춤

큰 의미 없어 보이는 몇 마디 문장이 거듭된다는 것이다. 구조도 간결하다. 자기를 소개하는 1절과 상대[여성]를 묘사하는 2절이 간결한 대구를 이룬다. '알랑가 몰라'라는 어구가 반복되면서, 1절에서 소개된 '나'는 '용기 패기 똘끼 멋쟁이'이고 '마더 파더 젠틀맨'이며, 화끈하고 말끔하며['알랑가 몰라, 왜 화끈·말끔해야 하는 건지'] 파티를 좋아한다[We like party]. 2절에서 상대[여성]는 미끈하고 쌔끈하며['알랑가 몰라 왜 미끈·쌔끈해야 하는 건지'], '머리 허리 다리 종아리'가 훌륭하며[good!] 부드럽고 헉소리 나며 악소리나게 하는 '망할놈의 계집애[Damn! Girl!]'이다. '징글맞게 섹시한[freaking sexy]' 여자와 '파티 죽돌이[파티에 죽치고 앉아 있는 남자, party marfia]'인 남자가 만나서 서로를 흥분시키고[gonna make you sweat/ wet], 결국 만남은 '난리 난리' 난다.

내러티브가 해체된 직설적이며 감각적인 구어체의 가사는 의미를 쫓는 점잖은 공식 문화, 주류 사회의 언어가 가진 권력을 전복시킨다. 기계적으로 반복되는 댄스 리듬은 일과 의무로 속박된 삶의 리듬으로부터 몸을 해방시킨다. 말춤보다 성적인 뉘앙스가 강해진 '시건방춤'은 노동과 의무의 리듬에 익숙해진 몸에 본능과 유희의 잊혀진 감각을 불러 일깨운다. 몸은 일하고 훈련하며 공부하고 굽

히고 조아리며 감추기 위해 존재하는 것이 아니라 놀고 펴고 춤추며 발산하고 표현하며 즐기기 위해서 있다. 노동하는 육체가 아니라, 쾌락에 젖은ᵂᵉᵗ 육체다. 몸에 새로운 리듬을 부여하는 것, 그것이 바로 〈젠틀맨〉이다.

일상적 공간의 역할과 의미까지 전복…… 잉여의 공간

댄스 뮤직과 시건방춤은 뮤직 비디오에선 일상적 공간의 역할과 의미도 전복시킨다. 〈젠틀맨〉의 뮤직 비디오에선 차선으로 공간이 구획된 거리와 옷과 마네킹이 전시된 쇼핑몰 혹은 의상실, 아이들이 뛰노는 놀이터와 운동장, 빌딩의 로비와 사무실 및 엘리베이터, 한강 둔치와 주변 도로, 여성들이 운동 중인 피트니스센터, 고급 카페와 레스토랑, 포장마차, 창고 혹은 대형 체육관, 호텔과 수영장, 책이 잔뜩 비치된 도서관 등이 등장한다. 〈강남스타일〉에선 빌딩 로비와 옥상 및 엘리베이터, 스파의 욕조와 사우나, 한강 공원, 대형 창고, 유원지 회전목마, 관광버스, 고급 수입차가 있는 주차장 등이 무대였다. 전체적으로는 크게 다르지 않은 구성이다.

싸이의 뮤직 비디오는 업무ᵇⁱˡᵈⁱⁿᵍ의 각종 장소와 학습ᵈᵒᵉˢᵉᵒᵍʷⁿ, 이동ᵍᵉᵒʳⁱ와 ᶜʰᵃᵈᵒ, 사교와 소비ᵘⁱˢᵃⁿᵍˢⁱˡ, ᶜᵃᵖᵉ, ʳᵉˢᵗᵒʳᵃⁿᵍ, 산책과 휴식ᵍᵒⁿʷᵒⁿ, ⁿᵒⁱᵗᵉᵒ, ˢᵃᵘⁿᵃ, ʰᵒᵗᵉˡ, 체력 단련ᵖⁱᵗᵉᵘⁿⁱˢˢᵉⁿᵗᵉᵒ, ᶜʰᵉʸᵘᵏᵍʷᵃⁿ, ˢᵘʸᵉᵒⁿᵍᵍᵃⁿᵍ 등 도시인들의 일상적 장소를 배경으로 벌어지는 각종 해프닝을 담고 있다. 도시인의 일상적인 공간은 노동과 여가를 목적으로 설계되고 이용되는 곳이다. 여가란 다른 말로 하면 노동의 재생산을 위한 휴식과 충전, 훈련을 의미한다. 결국 도시란 업무, 즉 노동과 노동의 재생산을 위해 존재하는 기능적인 공간이다. 그러나 싸이의 뮤직 비디오 속 서울이라는 도시의 공간은 노동과 여가라는 애초의 기능이 사라지고 오로지 일탈과 유희를 위한 장소로 탈바꿈한다. '기능적 공간'이 아니라 '잉여짓'을 위한 '잉여의 공간'인 것이다.

B급 문화는 즉 '잉여의 문화'다.

〈강남스타일〉을 뛰어넘은 〈젠틀맨〉의 상업적 성공, 할리우드 블록버스터의 전략

〈강남스타일〉이 일으킨 세계적인 신드롬의 여파가 여전했던 2013년 4월 12일, 싸이의 신곡 〈젠틀맨〉이 전격 공개됐고, 서울 상암월드컵경기장에서 열린 대규모 공연 '해프닝'에서 뮤직 비디오가 최초 발표됐다. 〈젠틀맨〉은 발표 첫 주 만에 미국의 팝차트인 빌보드의 메인 싱글 앨범 부문 12위에 올랐다. 동영상 포털 사이트인 유튜브에서는 〈강남스타일〉을 뛰어넘는 기록 행진을 계속했다. 뮤직 비디오가 유튜브에 올려진 4월 13일 오후 9시 이후 80시간 만인 16일 오후 5시 유튜브 사상 최단 기간 내 1억 클릭을 달성했다. 〈강남스타일〉 뮤직 비디오가 조회 수 1억 건을 넘기는 데 걸린 시간은 51일이었으며, 현재까지 약 16억 건을 넘기는 클릭수를 기록 중이다.

〈젠틀맨〉은 뮤직 비디오 1억 건 돌파와 함께 그리스, 덴마크, 베트남, 벨기에, 불가리아, 스웨덴, 스위스, 체코, 핀란드 등 전 세계 각지 43개국 아이튠스^{애플사의 콘텐츠 유료 다운로드 미디어} 싱글 차트 정상에 올랐다. 미국과

〈젠틀맨〉 포스터

영국에선 4월 16일 현재 각각 13위와 7위를 차지했다. 뮤직 비디오의 국가별 조회 건수를 살펴보면, 〈강남스타일〉을 뛰어넘는 〈젠틀맨〉의 국제적인 폭발력이 뚜렷하다. 뮤직 비디오를 가장 많이 시청한 국가는 '미국 〉 한국 〉 브라질 〉 멕시코 〉 캐나다 〉 프랑스 〉 영국 〉 대만 〉 베트남' 순으로 나타났다. 〈강남스타일〉은 '미국 〉 태국 〉 터키 〉 한국 〉 프랑스 〉 영국 〉 브라질 〉 캐나다 〉 멕시코 〉 이탈리아' 순이었다. 미국을 제외하면 〈강남스타일〉은 아시아에서 강세가 뚜렷한 반면, 〈젠틀맨〉은 유럽, 남미 지역에서의 인기가 두드러졌다.

　〈젠틀맨〉의 곡과 가사, 뮤직 비디오의 구성과 정서, 내용, 뉘앙스는 전반적으로 〈강남스타일〉과 유사하다. 사실 〈강남스타일〉의 예기치 않은 거대한 성공 후 국내외에선 후속곡에 대한 기대와 우려가 교차했다. 〈강남스타일〉이 가진 B급 정서와 유머가 전 세계적인 공감대와 인기를 끌어낸 마당에, 싸이는 전혀 다른 후속곡을 낼 수도, 그렇다고 〈강남스타일〉의 아류를 내놓을 수도 없는 딜레마에 처했다. 고심 끝에 발표한 신곡 〈젠틀맨〉은 결국 '다르지만 다르지

않은' 〈강남스타일〉의 속편이 됐다. 결과론적 얘기지만 절묘한 선택이었다. 〈젠틀맨〉은 명백하게 〈강남스타일 2〉이되, 한층 볼륨과 파워를 키웠다는 점에서 전편과 다르고, 핵심은 보존했다는 점에서 다르지 않은 '속편'이었다. 이는 할리우드 시리즈 영화의 블록버스터 전략과 정확히 일치한다. 배트맨을 주인공으로 한 영화 시리즈인 〈다크 나이트〉와 〈다크 나이트 라이즈〉, 〈아이언맨〉과 그 뒤를 잇는 속편, 〈스파이더맨〉 시리즈 등 할리우드의 '프랜차이즈 무비'는 후속편을 염두에 두고 1편을 제작하지만, 반드시 전편이 흥행에 성공해야 2편 제작에 착수한다. 예외도 있지만 대개는 시리즈 전체의 내용을 미리 정해 놓고 각 편을 찍는 것이 아니라, 흥행에 성공한 전편의 흥행 강점과 약점 등을 분석한 후, 이것을 극대화시키는 방식으로 후속편을 만든다. 이렇게 제작된 후속편은 전편보다 규모와 물량, 파워가 업그레이드되고, 한층 화려하고 자극적인 요소를 가미하게 된다. 〈젠틀맨〉은 〈강남스타일〉보다 곡과 가사는 단순해졌지만 반복적인 리듬과 멜로디가 갖는 중독성은 한층 강해졌다. 유머와 성적인 뉘앙스, 싸이의 캐릭터는 훨씬 자극적이고 강렬하게 구축됐다. 최근 할리우드 시리즈 영화는 전편과 후속편의 캐릭터와 스토리, 분위기의 맥락은 이어가되, 전편을 참고하지 않아도 관람의 재미가 떨어지지 않도록 각 편을 완결적인 스토리로 만들어내는 것이 보통이다. 전편에 열광했던 팬은 물론 새로운 관객을 이끌어내기 위한 포석이다. 〈젠틀맨〉 역시 〈강남스타일〉의 주인공과 분위기, 스토리, 뉘앙스를 이어가되, 전편을 잘 알지 못해도 즐길 수 있는 완결된 노래와 뮤직 비디오로 만들어졌다. 뮤직 비디오의 경우

〈강남스타일〉과 비슷한 공간이 배경으로 등장하지만, 장소는 훨씬 다양해졌고, 해프닝 역시 전편보다 자극적이며 풍부하다. 재미있는 것은 B급 영화 역시 반복되는 캐릭터와 스토리로 시리즈를 이어 나가며 광적인 팬과 추종자들을 낳은 경우가 많다는 것이다.

팬들의 참여와 소통으로 완성되는 '미완성의 텍스트'

〈젠틀맨〉의 음원이 공개되고, 뮤직 비디오가 발표되자 유튜브에는 곧바로 팬들의 '리액션' 영상과 '패러디'가 속속 올라오기 시작했다. 리액션 영상은 팬들이 특정 노래와 영상에 대해 자신만의 감상평을 담아낸 UCC사용자 제작 콘텐츠를 의미한다. 팬들 스스로가 일종의 DJ이자 쇼프로그램의 MC, 음악 평론가가 되어 카메라를 마주하며 자신만의 느낌과 반응을 보여 주는 것이다. 별다른 장치 없이 팬 한 명이 나와서 이야기하는 구성이 있는가 하면, 노래를 틀어 놓고 일일이 한 마디씩 더하는 형식도 있고, 몇 명이 모여서 뮤직 비디오를 관람하며 때로는 손뼉을 치고 때로는 배꼽 빠지게 웃으며 시시각각의 반응을 촬영한 제작물도 있다. 싸이의 몸에 오바마 미국 대통령의 얼굴을 합성한 영상물을 비롯해 〈젠틀맨〉의 패러디물도 속속 등장하고 있다. 〈강남스타일〉의 패러디 열풍을 감안하면 발표 초반 강력한 인기몰이를 하고 있는 〈젠틀맨〉의 패러디물 역시 전작의 수준을 뛰어넘을 것으로 전망된다.

싸이의 〈강남스타일〉과 〈젠틀맨〉은 음원 발표와 뮤직 비디오 공개로 완성되는 작품이 아니라, 전 세계 팬들과 네티즌의 참여로 제2, 제3의 창작으로 완결되는 '미완성의 텍스트'다. 팬들의 반응과 참여가 〈강남스타일〉이나 〈젠틀맨〉이라는 작품의 일부가 된다는 말이다. B급 예술과 문화의 필수 요소는 열광적인 팬과 추종자들의 존재와 이들에 의한 제2의 창작 행위다. B급 예술의 소비자는 흔히 또 다른 B급 창작자가 된다. B급은 싸고, 쉽고, 가볍고, 대중적인 예술과 문화이기 때문에 많은 아마추어 창작자들에게도 문이 열려 있다. 뿐만 아니라 B급은 자신이 창작자로 나서지 않고서는 못 견딜 만큼의 열광적인 지지와 애정을 바탕으로 한다. 예를 들자면 위대한 B급 영화 감독들은 스스로 B급 영화의 마니아이기도 했던 것처럼 말이다.

2013년 한국 대중문화, 아빠, 군인 그리고 '젠틀맨'

2013년, 대한민국 대중문화는 '남자를 호출한다'. '아빠'를 초대하고, '군인'을 불러낸다. 가수 싸이의 자칭 '오빠'는 이제 '젠틀맨'이다. 아빠, 오빠, 아저씨. 만약 당신이 대한민국 남성이라면 그중의 하나다.

남성을 서사와 오락의 주인공으로 한 대중문화 콘텐츠가 대세를 이루고 있다. 그중에서 먼저 주목을 받았던 것은 '아빠'와 가장으로서의 남성이다. 사회와 가족 제도에서 남성의 공식적인 지위를 표상하는 이름이 '아빠'다. 영화 〈레미제라블〉과 〈7번방의 선물〉

뮤지컬 〈레미제라블〉 – 런던 공연장

영화 〈레미제라블〉의 주연 배우들

KBS 드라마 〈내 딸 서영이〉

MBC 예능 프로 〈아빠! 어디가?〉

〈전설의 주먹〉, 드라마 〈내 딸 서영이〉, 예능 프로그램 〈아빠! 어디가?〉 등 최근 뜨거운 각광을 받았던 이른바 '부성애 콘텐츠'는 경제 활동의 주력층으로서 피로감과 남편과 아버지로서의 책임감을 다뤘다. '아빠'는 남성이 어깨에 짊어진 '노동과 의무의 세계'다.

군을 무대나 소재로 한 오락물도 인기다. 케이블 TV의 〈푸른거탑〉과 유튜브에 올려진 공군 홍보 영상 〈레밀리터리블〉이 인기를 끌더니 최근엔 MBC 〈일밤〉에서 신설한 '진짜 사나이'라는 병영 체험 프로그램이 꽤 화제다. 군대는 대한민국 남자 모두의 '회고 담'이자 남성성을 인증하는 '자격증'과 같은 존재다.

그 반대편에 싸이의 〈젠틀맨〉이 있다. 싸이의 노래가 구현하는 것은 노동이나 양육, 가족 부양, 국가 방위에 예속된 의무의 주체가 아니라 '욕망의 주체'로서의 남성이다. '아빠'나 '군인'이 상징하는 노동, 의무, 가족, 서열, 규율의 세계를 벗어나 마음대로 놀고먹고 장난치고 여성과 수작하고 싶은 '악동'이며 '키덜트^{어른아이}'이고 '오빠'이며 '사나이'다. 즉 〈젠틀맨〉의 주인공은 주류 사회 속 공식적인 지위로부터 일탈한 존재라는 의미에서 B급 문화의 주체다.

〈젠틀맨〉이 말하지 않은 것

B급이라고 낙인찍힌 저주 받은 욕망의 주체, '젠틀맨'은 놀자고, 여성과 즐기자고, 서열과 노동, 의무에서 벗어나자고 말한다. 가식과 위선을 벗어던지고 당당하게 인생을 누리자고 말한다. 하지만, 〈젠틀맨〉이 말하지 않은 것이 있다. 유희와 일탈을 불가능하게 하는 조건이다. 남성, 그리고 한 인간으로서의 욕망을 포기하도록 하는 사회 경제적 조건이다. 금지하고, 억압하고, 가두고 숨기는 권위와 권력, 시스템의 속박이다.

소년이 노는 법보다 공부하는 법을 더 먼저 배워야 하는 것은 선행 학습이 자사고나 외국어고 진학의 가능성을 조금이라도 높여 주고, 여기에서의 탈락은 삶의 예고된 실패를 의미하기 때문이다. 청년이 즐기고 누리는 인생보다 일하고 복종하는 삶에 더 익숙해진 이유는 그것이 88만원 세대의 유일한 생존 방법이기 때문이다. 가장이 노동과 부양의 의무에서 벗어날 수 없는 이유는 월급보다 많은 교육비와, 떨어지는 주택 시세를 감당할 수 없는 대출금과 언제 통보받을지 모르는 해고나 권고사직 때문이다. 〈젠틀맨〉은 미처 말하지 않았지만, B급 문화는 우리 사회의 소외된 욕망의 목소리, 1% 승자 독식의 사회에서 나머지 99%의 희로애락을 담아냄으로써 변화와 개혁의 열망을 드러낸다. 그래서 〈젠틀맨〉으로 대변되는 B급 문화는, 소외된 욕망의 흔적이자, 99%의 목소리이며, 신나게 춤출 만한 가락이고, 귀 기울여 들을 만한 아우성이다.

B급, 대한민국을 습격하다

인생은 B급 영화다. 그것은 어리석고 이상하며 갈피 없는 이야기이며 비틀대는 대화다. 하지만 흘러가는 대로 내버려 두고 거기에 충분히 귀를 기울인다면 이런저런 말 속에서 종종 시를 발견할 수 있을 것이다.

– 아니 디 프랑코

난 태생이 B급이다. 속된 말로 '쌈마이[류]'다. 그런 음악을 만들었을 때 소스라치게 좋다. 어떤 외국 음반 관계자 분들에게 역으로 물어봤다. 왜 내가 이렇게 순위가 올라가는 것 같냐. 그분들 말씀이 '오스틴 파워' 같다고 하더라. 또한 우리나라는 겸손이 미덕이지만 외국은 겸손만 원하지는 않더라. 그런 문화적 차이가 있는 것 같다.

– 싸이

싸이의 〈강남스타일〉, 광산의 카나리아인가 노아의 비둘기인가

'광산의 카나리아'라는 말이 있다. 옛날 광부들이 갱도에 들어 가기 전 카나리아를 먼저 들여보내 유독 가스가 있는지를 알아보는 것에서 유래했다. 사고의 첫 번째 희생자나 위험의 첫 번째 지표를 뜻한다. 반대되는 의미로는 '노아의 비둘기'라는 표현이 있다. 성 경에서 기원한 말로 세상의 모든 짐승과 식물을 한배에 다 태우고 홍수를 견뎌냈던 노아가 뭍이 드러났는지를 알아보기 위해 비둘기 를 날려 보낸 이야기에서 비롯됐다. 몇 차례의 왕래 끝에 올리브 잎 사귀를 물고 온 비둘기는 희망의 전조가 됐다. 자연이든 사회 현상 이든 어떤 사건이 일어나기 전에는 반드시 '징후'가 있다. 그것이 위험 신호인지 희망의 전조인지 알아채는 것은 '미네르바의 부엉 이' 몫이다. 그리스 신화 속 지혜의 여신 미네르바에게 지혜를 얻 는 새가 바로 부엉이다. 광산의 카나리아가 굴속으로 들어가고, 노 아의 비둘기가 돌아올 무렵 이면, 미네르바의 부엉이가 날아오를 차례다.

2012년 한해, 정확히 말 하자면 지난 7월 15일 6집 앨범 〈6甲〉을 출시한 이래 가수 싸이가 대한민국 사회 뿐 아니라 전 세계를 들썩 이게 했다.

싸이 6집 앨범 〈6甲〉

‘오빠 강남스타일’을 반복하는 노랫말과 우스꽝스러운 상황을 거듭하는 뮤직 비디오, 쉽고 단순한 스텝의 말춤이 어우러진 앨범 타이틀곡 〈강남스타일〉이 일으킨 폭풍은 거대했다. 유튜브를 시작으로 빌보드 차트와 미국 주요 TV 토크쇼를 섭렵하고, 유럽과 남미, 호주까지 이어진 〈강남스타일〉 신드롬은 대한민국 문화 사상 전무후무한 경이였다. ‘수출 100만 달러 돌파’와 ‘조국에 계신 동포 여러분~’으로 시작하는 스포츠 승전보가 ‘대한국민’으로선 유일한 자랑거리였던 시대를 살았던 세대에게는 꿈에서조차 만나기 힘들었던 진풍경이 전 세계에서 펼쳐졌다. 한류의 세대, 2002년 한일월드컵 4강 세대에게도 충격이긴 마찬가지였다. 〈강남스타일〉엔 태극기 휘감고 수십, 수백만이 어깨 걸고 목이 터져라 외치는 애국적인 구호도 없었고, 그라운드에서 쓰러지겠노라 붕대를 감고 죽어라 뛰는 ‘투혼’도 없었다. 멋진 외모와 근사한 몸매로 뭇 여성들의 마음을 설레게 한 배용준, 장동건, 원빈 같은 ‘만인의 연인’도 없었다. ‘그라운드의 전사’ 대신 무대 위에서 홀로 소주 병나발을 부는 ‘똘아이’와 소파에 죽치고 앉아 어젯밤 나이트클럽에서 낚았던 여자를 자랑하는 ‘날라리’가 있을 뿐이었다. 식스팩의 복근을 새긴 멋진 미남 대신 둥글 넙적한 얼굴에 찢어진 눈, 배불뚝이 몸매의 ‘루저’가 있었다. 부모들이 말렸던 ‘양아치’와 사회가 배척했던 ‘쌈마이’가 ‘놀다 죽자’고 만든 판에 세계의 남녀노소가 불나방처럼 뛰어들어 어설픈 한국어로 ‘오빠 강남스타일’을 ‘떼창’했고, 말춤을 췄다. 그 대열엔 세계의 석학 노엄 촘스키와 중국의 반체제 미술가 아이 웨이 웨이로부터 스페인에서 실업에 항의하는 젊은이와

미국 명문대의 대학생, 남미의 청춘들까지 함께했다. 꼭 20년 전 혜성같이 등장한 '서태지와 아이들'이 '대한민국의 문화 대통령'이었다면, 2012년 몇 개월간의 싸이는 '세계의 문화 대통령'이라 할 만했다. 그의 말춤에 브리트니 스피어스, 휴 잭먼, 앨런 드 제네이러스 같은 세계적인 스타들이 들썩였고, 그의 말 한마디에 인종과 민족을 불문한 남녀노소가 환호했다.

싸이가 유튜브와 SNS를 통해 전 세계를 미친 듯이 달구어 놓고 있을 때에도 대한민국의 시계는 돌아갔다. 〈강남스타일〉 신드롬의 진원이었던 젊은이들은 팟캐스트의 토크쇼 〈나는 꼼수다〉이하 〈나꼼수〉가 내뿜는 비판과 독설을 끊임없이 회자시켰다. 1020의 젊은이와 3040의 직장인들은 매일 조석과 강풀의 웹툰을 '스크롤' 하는 것으

로 하루를 시작했고, '무도〈무한도전〉'와 '개콘〈개그콘서트〉' 'SNL〈새터데이 나잇 쇼〉'
로 한 주를 마감했다. 〈무릎팍 도사〉로부터 시작했던 안철수 열풍
은 마침내 대선 정국에까지 강력한 태풍으로 이어졌다.

이 모든 현상들은 오늘의 대한민국에 무엇을 말하는가? 이 모든
현상들은 '광산의 카나리아'일까, '노아의 비둘기'일까? 이 모든
현상을 가로지르는 내재적인 논리와 공통의 원리들이 있을까? 있
다면 그것들이 지시하는 방향은 어디일까? 대한민국은 어디로 흘
러가는 것일까? 바야흐로 'B급'의 신천지가 한국에 펼쳐졌다.

B급의 습격

싸이의 〈강남스타일〉이 하나의 현상으로 떠오르자 'B급 문화의
유행'으로 진단한 언론 보도와 학계의 진단이 잇따랐다. B급을 자
처한 싸이의 말이 주술처럼 언론과 대중문화의 담론을 지배했다.
알파벳의 두 번째 글자가 대한민국의 거의 모든 문화적·사회적 현
상을 빨아들이는 블랙홀이 됐다. 가히 'B급의 습격'이라 할 만했
다. 여전히 'B급'이라는 말은 정체불명, 국적 미상의 유령이었지만
우리 사회는 자연스럽게 낯선 단어에 적응했다. B급 혹은 B급을 내
세운 담론은 정치와 문화를 가로질렀고, 가요·영화·방송·미술
등 예술 장르도 망라했다. 〈강남스타일〉은 B급을 화두로 던졌고,
그 의미를 새롭게 했다.

B급이란 도대체 무엇인가? 하위문화와 비주류 예술, 키치, 저예

산, 독립, 펑크, 팝아트 등 말하는 사람마다 뜻이 다르고 이쯤 되면 'B급'은 다양한 개념이 마구 혼재된 '비빔밥'이 됐지만 핵심은 있다. 의도된 '싼티, 촌티, 날티'다. 계몽과 권위를 벗어난 일탈과 유희의 문화다. B급 문화는 한국 사회와 문화의 중요한 변화상을 상징하게 됐다.

B급 문화는 한국에서 변용된 개념이다. 기원은 1920~1950년대 미국에서의 'B무비'다. 미국 주요 영화사들이 관객들을 극장으로 불러 모으기 위해 한 편의 관람료로 두 편을 보여 줬다. 요즘 식으로 말하자면 '1+1' 서비스다. 본 상영작을 'A무비'라 하고 당대의 스타를 기용해 대규모 예산을 투척, 비교적 오랜 기간 동안 촬영해 만들었다. 반면 서비스로 제공되는 두 번째 영화, 즉 'B무비'는 저예산으로 무명의 배우를 캐스팅해 짧은 시간에 제작했다. 수요를 충당하기 위해선 불가피한 선택이었다. 그러다 보니 대량 생산되는 공산품처럼 정해진 공식대로 이야기를 지어냈고, 전형적인 인물과 주제를 반복 생산했다. 스토리의 개연성이 없거나 영상 표현이 허술해도 상관없었다. 후대의 비평가들은 마구 찍어낸 'B무비'에서 예기치 않게 전복적 의미를 발견했다. 싼티 나는 모양새와 스토리텔링의 비논리성은 고급 예술, 주류 영화의 귀족적·고전주의적 취향에 대한 풍자로 읽혔고, 헐거운 영상과 드라마에 강제로 주입된 주제 의식은 오히려 기존 사회 윤리에 대한 조롱으로 받아들여졌다.

'A와 B'였던 영화의 개념이 한국에 와서 '급'으로 해석되면서 위계적인 의미가 덧붙여졌다. 'B급'은 저급의 하위문화를 지칭하는 개념으로 확장됐고 기존의 고급, 주류 문화에 반발하고 저항하는 새로운 예술적 시도로 일컫게 됐다.

B급의 전조, 2006년 'B보이'

B급이 영화라는 특정 장르를 넘어서 문화의 전반적인 흐름으로 주목받은 것은 2012년 싸이의 〈강남스타일〉의 출현이 결정적인 계기가 됐다. 하지만 이에 앞서 국내외 대중문화계에 B급 문화의 부상을 알린 것이 있었으니 바로 B보이였다. 싸이의 〈강남스타일〉 정도에 미치진 못했으나 지난 2006년 대한민국의 춤추는 젊은이들, B보이가 국내외에서 일으킨 선풍은 대단했다. 국제 무대에서 먼저 이름을 떨치고, 해외 언론에서 앞다퉈 다뤄지며 바깥에서 먼저 불이 붙고 국내에 상륙했다는 점에선 싸이의 〈강남스타일〉 신드롬과 닮은꼴이었다. 한국의 B보이는 2000년 이후 굵직한 세계 대회에서 잇따라 수상하면서 국제적인 인지도를 쌓아 나갔고, 2000년대 중반 이후 주류 문화의 중심에 섰다. 2001년엔 B보이 팀 '비주얼 쇼크'가 베스트쇼 상을 받은 것을 시작으로 '익스프레션'은 세계에서 가장 큰 B보이 대회인 독일 '배틀 오브 더 이어'에서 2002년과 2003년 각각 우승과 준우승을 차지했다. 2004년과 2005년에도 한국 팀 '갬블러'와 '라스트포원'이 정상을 차지했다. 2006년에도 브라질, 미국, 프랑스 등 각 대륙의 최고 대회에서 한국 팀이 1위에 올랐다. 해외에서 옮겨 붙은 B보이 열풍은 6~7년 전 대한민국을

온통 브레이크 댄스의 공연장으로 만들었다. 홍대 앞과 압구정, 청담동을 장악했고, 무용, 국악, 클래식, 발레 무대를 '침공' 했으며, 백화점 이벤트부터 관공서의 연례행사까지 B보이가 빠지지 않았다.

'나는 B보이다. 나는 춤을 추는 게 아니다. 대한민국 1등이 세계 1등이 될 수 있다는 것을 난 보여 줄 것이다' 라는 카피를 뽑고 B보이의 춤 영상을 담은 TV CF도 등장했다. 광고에선 가장 '메이저' 라 할 만한 이동통신 광고와 아파트 광고에도 B보이가 등장했다.

B보이는 브레이크 댄스를 추는 소년 혹은 남자라는 뜻이다. 미국에선 60~70년대 브레이크 댄스라는 새로운 춤의 형태가 일반화됐으며 한국에선 '서태지와 아이들' 로 대표되는 힙합 음악이 유행하기 시작한 90년대부터 본격적으로 인기를 끌기 시작했다.

B보이 열풍은 '블랙Black, 흑인 문화' 과 '배틀Battle, 1대1 대결' '백스트리트 컬처Backstreet culture, 뒷골목 거리 문화' 라는 하위문화의 양식이 국내 대중문화와 청년문화에 어느 정도 영향을 미쳤는지 보여 주는 현상이라는 점에서 주목할 만했다. 공교롭게도 B라는 이니셜을 가진 블랙, 배틀, 백스트리트 컬처라는 B보이의 속성은 싸구려, 저속함, 유치함, 통속성, 비논리성을 특징하는 B급 문화

B보이의 댄스 배틀

와 상당한 친근성을 가졌을 뿐 아니라, B급 문화를 이루는 영역 중 하나이기도 했다. 때마침 2000년대 들어 한국영화계에서도 할리우드 B급 영화에 열광하고, B급 영화의 문법을 자신들의 작품에 적용시킨 젊은 감독들이 주류로 부상하기 시작했다. 한국영화사에서는 70년대 유럽의 주한문화원에서 고전 영화를 보며 공부했던 '문화원 세대' 감독이 80년대 새로운 영상 언어를 만들어냈다면, 90년대 이후에는 시네마테크^{영화의 관람에서 학습, 제작까지 함께하던 소규모 공동체}에서 할리우드 B급 영화를 보며 열광하던 세대가 새로운 충격파를 던졌다. 박찬욱, 류승완, 김지운, 봉준호 감독 등은 B급 영화 마니아일 뿐 아니라 자신의 작품을 통해 다양한 방식으로 B급 취향을 드러냈다. 가요에서도 이미 DJ DOC, 싸이, 크라잉넛, 노라조 등이 B급 정서로 무장한 춤과 노래를 대중에게 선사했다.

이들 젊은 세대의 예술 창작자와 그들의 작품에 열광하는 소비자들은 갇혀진 틀 안에서 다수와 경쟁해 1인자가 되기보다는 차라리 독창적이고 개성적인 B급으로 남길 바란다는 공통점이 있었다. '남과 다르다'는 의식, 개성에 대한 찬미와 과시는 당시의 청년 세대 문화가 가진 특징이었다. 이는 '배틀 문화'에서도 드러났다. 배틀^{battle}은 똑같은 임무를 가진 다수 속에서 주어진 목표를 가장 잘 수행해내는 1등을 뽑는 '경쟁'이 아니라 자유롭고 창조적인 퍼포먼스로 대중을 장악하고 상대를 꺾는 1대1 대결이다. 랩, 댄스, 게임 등 젊은 세대가 좋아하는 것은 모두 배틀로 이뤄진다. 배틀이 가진 도전적이고 자기과시적인 특징은 힙합 문화에서 가장 두드러졌다. 90년대 들어 국내 대중음악에 힙합을 주류로 끌어올린 '서태지와 아이들’이 자신의 그룹명을 등장시키는 파격적인 가사를 선보인 이래 ‘자화자찬’으로 이뤄진 노랫말은 가요에서도 일반화됐다. 자기 ‘뻐기기swagger, 스웨거’와 특정 상대를 ‘비난하기diss, 디스’는 배틀 문화의 원형을 잘 보여 줬다.

그 바탕에는 ‘블랙’에 대한 매혹, 흑인 문화에 대한 열광이 있었다. 서구 대중문화와 하위문화, 청년문화의 역사에서 흑인 문화는 오랫동안 강력한 영향력을 끼쳐 왔으며 이를 대표적으로 보여 주는 것이 재즈에서 유래된 ‘힙스터’다. 1990년대 이후 국내 가요에서도 흑인 음악, 특히 힙합은 점차 주류로 떠올랐다. 통기타 세대와 386세대가 포크록과 일렉트릭록, 스탠더드팝, 발라드 등 백인의 음악 장르에 경도됐다면 90년대 이후의 세대는 랩, 힙합, 리듬&블루스, 솔 등 흑인 음악에 취했다. 흑인 문화는 음악을 비롯해 스포츠와 패션, 댄스, 그래피티벽낙서 등 젊은이의 라이프스타일에서 지배적인 양식이 됐다. 이것이 바로 ‘힙스터’다. 2000년대 중반 2~3년간 주류 대중문화를 휩쓸었던 B보이 열풍은 국내외 B급 문화의 폭발력을 보여 준, 말춤의 오프닝 무대였다고 할 수 있다.

개인주의 양식으로서의 B급

나는 싸이코다, 나는 삼류다. 나를 포함해 한국인들은 삼류다. 일류는 겉과 속이 다르지 않다. 학벌이나 지연 때문에 배타적이지도 않다. 위선과 가식도 없고, 싸이코는 그런 세상에 대한 정신적

'삐딱이'다. 그런 세상은 싸이코의 시선으로 봐야 제대로 볼 수
있다.

— 싸이, 〈동아일보〉, 2001년 4월 1일 인터뷰

싸이는 방송, 인쇄 매체와의 인터뷰에서 당당하게 '나는 3류다,
B급이다' 라고 말한다. 튀어나올 듯한 배를 가려 주는 재킷, 노래
중간에 그것을 벗어젖히면 소매 없는 쫄티가 나온다. 노래 중간
에 잠깐 얼굴을 찌그러뜨려 만드는 웃음은 차라리 배설의 욕구를
참는 고통스런 표정에 가깝다. 진지한 듯한 표정에서 묻어 나오
는 묘한 촌스러움은 어쩔 수 없다.

— 〈한겨레〉, 2001년 5월 5일

싸이 1집 – 〈새〉 공연

2001년 1월 싸이가 1집
앨범 〈Psy from psycho
world〉을 내놓은 이후 국내
가요계는 발칵 뒤집혔다. 자
신이 '양아치, 쌈마이, B급'
임을 내세우며 등장한 신인
가수도 없었거니와, '완전히
새됐어' '아이 러브 섹스'
등 노골적이고 파격적인 가
사로 무대와 방송을 휘젓는
뮤지션도 처음이었기 때문

이다.

싸이는 첫 등장부터 스스로의 정체성을 B급이라고 규정했다. 이때 B급이라는 의미는 도대체 무엇일까? 우리가 'B급이란 무엇인가'에 답을 하는 데 있어 영국의 문화 저널리스트 딕 파운틴과 데이비드 로빈스가 저술한 《세대를 가로지르는 반역의 정신 Cool》^{원제 Cool Rules: Anatomy of Attitude}은 좋은 참고가 된다. 이 책은 서양의 청년들이 '좋다' '멋지다'는 의미로 '쿨하다'라고 할 때 '쿨'에 담긴 인류·사회·문화학적 의미를 분석한 책이다. 서양 청년들이 '쿨하다'라고 하는 것만큼이나 우리는 'B급이다' 'B급스럽다'는 말을 자주 쓰는데, 공교롭게도 서양과 한국에서 두 단어가 뜻하는 문화적 맥락이 상당히 유사하다.

저자들은 이 책에서 '쿨은 개인주의의 새로운 양식들로 입증된다'며 '규율대로 살아가는 산업사회의 생활 방식이 프로테스탄트 직업윤리라면 쿨은 소비민주주의에 바탕을 둔 후기산업사회에서 개인적 삶을 선택하는 방식'이라고 규정했다. 또 '쿨이 서로 다른 역사적 시기와 사회에서 출현한 태도이자 개성 양식'이라고 말했다. 이 책을 번역한 이동연은 '딕 파운틴과 데이비드 로빈스는 쿨을 하나의 태도로 본다, 쿨은 특정한 사회 현상이나 유행이 아니라 그것에 반응하는 어떤 태도를 의미한다'며 '어떤 현상을 재단하는 윤리관이나 가치 판단이라기보다 그에 반응하는 개성의 양식이자 태도'라고 저자들의 견해를 요약했다.

결국 '쿨'은 하나의 문화적 조류이기 이전에 개성을 드러내는 양식이자 개인적인 삶의 태도를 뜻한다고 볼 수 있는데 싸이가 'B급'이라고 할 때의 맥락과 정확히 일치한다. 즉 'B급'은 하나의 문화적인 현상이나 조류이기 이전에 동시대 사회에 대한 태도와 개성을 드러내는 개인의 스타일이라고 할 수 있다.

그런데 중요한 점은 B급이라는 '딱지'는 제3자가 싸이에게 붙여 준 것이 아니라 스스로 부여한 정체성이라는 사실이다. 이로 인해 B급, 삼류라는 단어는 태생부터 저항적이며 비판적인 뉘앙스를 갖게 된다. 즉 '자칭 B급'은 'A급'으로 상징되는 주류에 대한 반발을 담고 있는 것이다. '그래, 나는 A급이 아니다, 나는 B급이다. 마음껏 욕해도 좋다. 나는 삼류니까 저질이고 저속하며 싸구려이고 유치하다'는 반발심이 깔려 있다.

주류 문화와 상류 계층의 고상함, 세련됨, 우아함, 고급함, 값비쌈에 대한 조롱과 비꼼, 일탈이 내재된 것이 '자칭 B급'이다. '자칭 B급'을 선언한 또 다른 인물로는 좌파 논객인 김규항을 들 수 있다. 그는 스스로를 B급 좌파라고 규정했는데, 이는 국내 '엘리트 좌파'들의 현학성에 대한 비아냥을 담고 있는 표현이다.

고상하지 않고 세련되지 않으며 저급하고 싸구려인 것은 무엇인가. 한마디로 '싼티, 촌티, 날티'다. '명품'은 장인의 수공을 거친 세련된 디자인과 최고급의 소재로 만들어진 초고가의 예술품이나 상품이다. 반면 B급은 고급인 척 비싼 척하지 않고 일부러 '싼티'를 낸다. 후기산업사회에서 싸다는 것은 무엇인가? 그것은 대량복제 가능한 공산품이라는 말이다. 그것은 미묘하게 배합된 색상과 엄밀하게 다듬어진 무늬를 갖는 예술품이 아니라 촌티 나는 원색으로 쳐 바르며, 아무렇게나 뭉텅뭉텅 그려진 무늬의 대량 생산 상품이다. 조각 같은 얼굴과 오랜 시간 단련한 식스팩의 복근을 가진 미남 미녀가 아니라 폭식과 폭음의 증거인 비곗살을 가진 오빠나 아저씨다. 절제와 훈련이 A급의 미덕이라면 과잉과 무절제는 B급의 증거다. 고도의 상징과 은유를 사용한 지적이며 문학적이고 교양에 넘치는 표현이 A급이라면 직설적이고 적나라하며 욕설을 마다 않는 저속하고 촌스러운 말투는 B급이다. ‘날티’란 무엇인가. ‘날라리 티’다. 날라리는 공부하기 싫어하는 학생, 일하기 싫어하는 어른이다. 조직의 규율로부터 이탈하고 일탈과 비행을 저지르는 스타일이 ‘날티’다.

개성의 양식으로서 ‘B급’이 일개 가수에 의해 ‘선언’될 만큼 유력한 의미를 띠게 된 것은 왜일까? 2000년대 초반에 B급 영화를 추종하는 영화감독이 대거 등장하고, 2012년에 와서 ‘B급 문화’가 주목받은 이유는 무엇일까?

전복과 저항의 새로운 사회 문화적 흐름으로서의 B급

B급의 출현 및 유행을 낳은 사회적 조건은 무엇일까? 1990년대와 2000년대는 한국 사회 보수·진보 진영 모두에서 ‘집단주의’와 ‘엄숙주의’, 노동 중심의 윤리가 파산을 선고한 때다. 해방 이후 한국 사회는 ‘하면 된다’는 가치에 매달렸다. 지금의 삶을 즐기는 대신 미래를 위해 끊임없이 현재의 행복을 유예하는 ‘개발의 논리’에

집착했다. 그것은 서양의 '프로테스탄트의 윤리'에 상당하는 가치였다. 금욕과 절제는 독재 권력에 대항한 진보 진영을 지배하는 미덕이기도 했다. 민주주의와 민중 중심의 담론, 마르크스 레닌주의로 상징되는 진보적인 이데올로기가 지배했던 1980년대 대학에선 개인주의와 소비주의가 마약처럼 배척당했다. 적어도 캠퍼스 안에선 민중가요가 아닌 대중가요는 금기시됐고, 개성을 드러내는 차림새도 백안시됐다.

1990년대 들어 한국 자본주의에서 후기산업사회의 징후들이 나타나고 좌·우 진영 모두에서 노동 중심의 윤리관이 급속하게 힘을 잃으며 개인의 쾌락과 행복, 개성의 표현이 중요해졌다. 1990년대 초반은 한국 사회의 격변기였고 대학 및 청년문화도 '빅뱅'을 겪었다. 1991년 한 대학 신입생이 시위 중 전경에 맞아 사망하는 사건이 일어나 이에 항의하는 대학생과 시민들의 물결이 전국을 뒤덮었고, 이듬해에는 문민정부인 김영삼 정권이 탄생했다. 세계적으로는 냉전시대의 한 축이었던 소비에트연방이 해체된 것도 이때였다. 소련의 붕괴는 대학 내에 진보적 이데올로기의 급속한 퇴조를 가져왔고, 그 자리를 대신한 것이 '서태지와 아이들'로 대표되는 대중문화였다. 노래방, 커피 전문점, 록카페, 클럽도 이때 우후죽순 생기기 시작했고, 강남에선 '오렌지족'이라고 불리는 일군의 부잣집 아이들이 출현했다. 오렌지족은 당시 부유한 부모를 두고 물질적인 풍요를 누리며 살던 10대 후반에서 20대 초반의 청년들을 가리키는 말이었다. 고가의 명품 옷과 신발로 치장했고 수입차를 타고 다니며 소비와 이성 교제에 자유분방한 사고 및 행태를 보여 기성의 보수층과 진보 진영 모두에게 비난의 화살을 맞았다.

하지만 90년대에 대학 시절을 보낸 이들은 과거 선배들의 엄숙
주의와 집단주의로부터 결별했고, 대중문화의 세례를 기꺼이 받아
들였으며 소비주의나 개인주의적인 성향을 강하게 보였다. B급은
이러한 사회·문화적 변화 과정을 거치면서 오늘날 중요한 화두로
등장한 것이다. 77년생인 싸이가 90년대 '오렌지족'의 라이프스타
일을 가졌음에도 기성의 문화에 대한 비판과 저항의 시선을 갖고
있다는 사실은 매우 의미심장하다.

전형적인 압구정족으로 고교 시절부터 나이트클럽을 휩쓸었다.
부모 잘 만난 덕에 물리도록 고액 과외를 했고 그래서 공부도 빠
지지 않을 정도로 했다.

— 싸이, 〈국민일보〉, 2001년 3월 29일

고등학교 때부터 방에 재떨이가 있었고, 5~6년을 나이트클럽에
서 배회하며 지금의 포복절도할 춤동작을 만들어냈다고 한다.

— 〈한국일보〉, 2001년 2월 14일

출신도 흥미롭다. 반도체 회사를 경영하는 아버지와 카페를 운영
하는 어머니를 둔 부잣집 아들. 김광민, 양파, 조피디 등이 나온
'미국 버클리 음대'를 나왔다는 사실은 그에 대한 호기심을 더욱
자극했다.

— 〈한겨레〉, 2001년 5월 5일

싸이는 '골방에서 사회주의를 논하고 거리에서 화염병을 던지는 80년대의 투사'와 결별한 세대를 대표한다. 그들에겐 저항이나 전복 자체도 놀이의 일종이다. 2008년 미국산 소고기 수입 반대 촛불 시위는 젊고 새로운 세대의 저항 방식을 잘 보여 줬다. 결국 'B급 문화'는 젊은 세대의 놀이·유희의 감성과 결합되면서 한국 사회에 새로운 충격파를 던지고 있다. 투표도 놀이로 '인증'하고 집회도 유희로 경험하는 새로운 세대는 '정치는 국회의사당 안 금배지들의 고담준론 속에 있다'는 고정관념을 벗어났으며, 진정한 노래는 〈나는 가수다〉의 명품 가창력에 있다는 편견으로부터 자유로워졌고, 수백억의 웰메이드 블록버스터만 영화가 아니라 스마트폰으로 찍은 영상도 예술일 수 있다는 발상의 전환을 이뤄냈다. 결국, A와 B, 두 알파벳은 오늘 우리 사회에서 차이와 공존, 문화적 다양성과 정치적 민주주의의 다른 이름이 됐다.

강남 좌파, 강남 B급, 그리고 대한민국의 플랜B

이 책은 'B급'을 개성의 한 양식이자 우리 사회의 새로운 문화적 현상으로서 다룰 것이다. B급의 의미와 기원을 추적하고 B급 담론을 낳은 우리 사회의 경제, 정치적 조건에 대한 분석을 시도할 것이다. 그 바탕 위에 B급 문화를 이루는 다양한 장르와 영역의 작품과 현상을 불러낼 것이다. 여기에는 최근 대중들의 폭발적인 관심을 끈 방송, 가요, 영화, 패션, 미술, 문학, 만화, 대중 스타 등이 포함된다. 이를 통해 'B급 문화'와 'B급에 관한 담론'에 담긴 우리 사회의 욕망, 그리고 변화와 개혁의 열망을 찾을 것이다. 상위 1%가 아닌 99%의 목소리를 내기 위한 문화적 움직임을 규명하려 할 것이다.

이를 위해 이 책에선 '강남 B급'이라는 새로운 개념도 제안할 것이다. '강남 좌파'가 부유하지만 좌파적 이념을 가진 '가식의 지식인'을 의미하기도 하지만, 진보적 이상과 개인의 욕망이 평화롭게 만날 수 있다는 가능성을 보여 준 현상으로 파악한다면, '강남 B급' 역시 주류와 비주류 문화의 '소통'을 보여 주는 개념일 것이다.

좌파의 이념은 '상류층'과 '지식인'의 태내에서 기원했다. 마르크스와 레닌은 모두 상류층이었고 귀족이었다. 구체제에 대한 대중적 저항이 상류 지식인층의 심장과 머리를 움직여 좌파의 이념으로 탄생했다. B급은 주류에서 시민권을 얻은 저류의 문화, 비주류의 문화, 하위문화를 뜻한다. 그것은 곧 A급, 주류가 차용한 하나의 양식이자 스타일이다.

'강남 좌파'나 '강남 B급'은 '강남'으로 상징되는 소비자본주의사회의 욕망을 긍정하는 개념이다. 좋은 집에서 살고 고급차를 끌고 다니며 명품을 착용하고 해외여행을 즐기는 '부르주아의 삶'을 배척하거나 증오하지 않는다. 누구나 상위 1%의 삶을 살고 싶어 하는 욕망을 인정한다. 동시에 이러한 양질의 의식주와 좋은 교육을 누릴 권리가 동시대 더 많은 다수에게 주어져야 한다는 평등과 연대, 민주주의의 사고를 지향한다. 그래서 '강남 좌파'는 상위 1%의 행복이 나머지 99%의 부당한 희생에 의해 얻어지는 사회 제도나 정치 체제를 뜯어고쳐야 한다고 주장한다. 소수 특정 계층의 경제적 독점과 정치적 지배를 반대하고 더 많은 사회 구성원들에게 더 많은 부와 자원, 권리를 분배해야 한다는 요구를 관철시키기 위해 노력한다. '강남 B급'은 상위 1%만이 진정한 즐거움을 누릴 수 있다는 주류의 문화를 비틀고 조롱하고 야유하며 이 시대 다수가 느끼는 희로애락을 더 쉽고 친숙하며 신랄한 언어로 예술 작품과 문화 상품 속에 담아낸다. '강남 좌파'가 정치·경제적 민주주의의 지향에 대한 표현이라면 '강남 B급'은 문화 민주주의의 열망을 담은 개념이다.

'강남 좌파'와 '강남 B급'이 지향하는 바, 과연 소비 사회의 욕망과 사회 진보 열망의 행복한 결합은 가능할까? 그것을 정치경제학적으로 증명하는 것은 이 시대의 또 다른 과제가 될 것이다. 다만 '강남 좌파'와 '강남 B급'은 이율배반적인 두 가지 속성이 결합한 현상이기 때문에, 긍정성과 위험성을 동시에 안고 있다는 점만은 분명해 보인다. '좌파의 정치관을 지향하는 부자' 혹은 '부자 좌파가 되고 싶은 로망'은 좌·우 대립하고 상·하로 양극화된 우리 사회에 '평등'과 '연대' '소통'의 새로운 흐름을 만들어낼 수도 있고, '엘리트 지식인들의 한가한 진보 타령'이나 '기득권층의 대중의 지지를 얻으려는 위선적이고 가식적인 정치적 책략'이 될 수도 있다. 마찬가지로 '강남 B급'은 주류와 비주류의 예술, 고급문화와 대중문화의 경계 넘기로 우리 사회 문화의 다양성을 확장할 수도 있는 반면, '비주류 이미지를 차용한 자본의 고도 마케팅 전략'에 그칠 수도 있다. 이 책은 '강남 좌파'와 '강남 B급'에 대한 비판적 시각을 견지하면서도 그 속에 담겨 있는 우리 사회의 변화상을 들여다볼 것이다.

강남 B급…… 우리 문화의 새로운 진화이자 희망의 상징

요컨대, 'B급'은 주류 문화의 엘리트주의나 고상하고 세련되며 고급스럽고 값비싼 예술과는 거리를 두고 창조된 예술이나 문화다. 거기에는 '의도적인 싼티, 촌티, 날티'가 배어 있고, 고급 예술 및 주류 문화에 대한 야유와 조롱, 비판이 깔려 있다. 이를 통해 'B급'은 예술의 대중주의와 문화적 민주주의를 지향한다. 'B급'은 주류 질서와 고급 예술에 대한 비판적인 태도이자 개성 및 개인주의의 한 양식이며, 사회적으로는 상위 1%가 아닌 99%의 목소리이자 '존재 증명'이다. 역사적으로는 한국 자본주의의 발전과 지난한 민주화운동은 한편에선 '강남'으로 상징되는 소비 사회의 욕망을 키웠으며 또 다른 한편에선 '사회 진보의 열망' 및 '문화적 대중주의와 민주주의'를 확산시켰다. 그 결과로서 '강남 좌파'와 '강남 B급'이라는 새로운 현상이 나타났다. '강남 좌파'와 '강남 B급'은 우리 정치와 문화가 새로운 단계에 이르렀음을 보여 주는 '징후'이며, 그런 면에서 대한민국의 가능한 플랜B, 대한민국이 올려 보낸 '노아의 비둘기'가 될 것이다.

B급을 의도적인 '싼티, 촌티, 날티'를 통해 주류 문화에 대해 냉소와 저항, 조롱을 보내는 개성의 양식이자 태도이며 스타일로 규정한다. 주류로부터 배제된 욕망과 좌절한 주체가 스스로를 증명하는 개성의 양식으로 정의한 것이다.

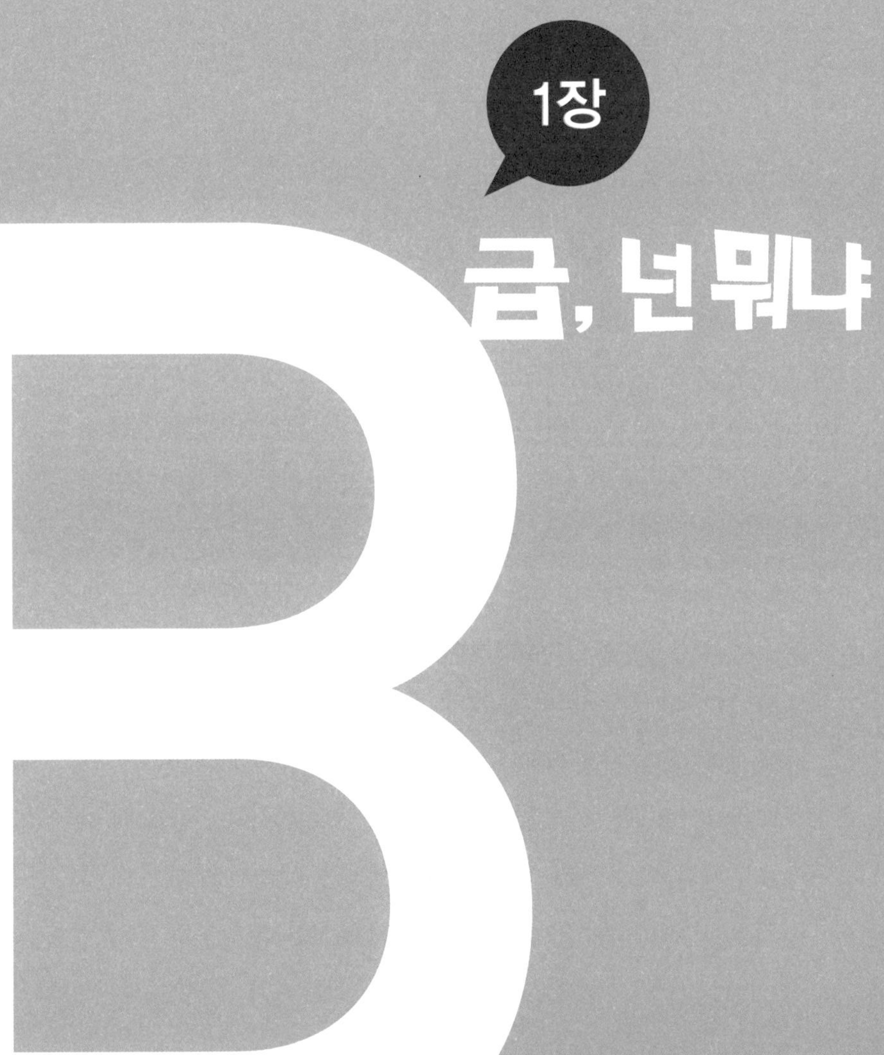

A냐 B냐,
당신의 문화적 혈액형은?

B급을 하나의 사회·문화적 현상이기 이전에 개인의 삶의 태도와 스타일, 정서와 세계관의 표현 양식이라고 할 때 그 특징을 가장 직접적으로 드러내는 것이 말, 언어다. 일단 언어는 화자와 청자 사이의 관계를 직·간접적으로 보여 준다. 우리는 누군가의 대화를 들으면 양자 간 지위의 고하, 친소의 여부, 지배-복종의 권력 관계를 쉽사리 알아차릴 수 있다. 뿐만 아니라 양자 사이에 흐르는 다양한 감정과 화제에 대한 입장을 간파할 수 있다. 즉 희로애락과 동의, 공감, 부정, 비판, 조롱, 혐오 등의 태도까지 파악된다. 뿐만 아니라 한 개인이 구사하는 말의 특성에 따라 화자와 청자의 학벌, 연령, 성별, 출신 지역, 사회경제적 계층까지 미루어 짐작할 수 있다.

그렇다면 B급은 A급의 존재를 전제로 한 개념이라고 했을 때, A와 B가 상징하는 세계는 언어를 통해 어떻게 드러날까? 개인의 삶의 태도와 스타일로서의 A와 B의 차이는 무엇일까?

B급, 비판과 배설의 디지털 구술문화가 해체한 주류의 문자 권력

A급은 글의 세계고 문어체다. B급은 말의 세계고 구어체다. 싸이는 B급을 자칭하고 나온 1집부터 구어체의 세계로 문어체의 세계에 대한 전복 의지를 뚜렷이 했다. 1집 앨범의 가사를 보자.

뭐 달라구 뭐 혼날라구 혼 힘내자고 힘 어쩌라구 어/ 나 한순간에 새됐어 당신은 아름다운 비너스/ 이랬다가 저랬다가 왔다 갔다/ 나 갔다가 너는 밤낮 장난하나/ 나 한순간에 새됐어 당신은 아름다운 비너스/ ……/ 두려운 거야 드러운 거야 아니면 좋아서 내숭떠는 거야/ 쇼하는 거야 뭐야 당신 나랑 지금 장난하는 거야/ 당신 갖긴 싫고 남주긴 아까운 거야 이 십원짜리야

— 〈새〉 중

내숭떠는 여자 쎈 척하는 남자 술 빼는 남자 술 버리는 여자/ 이런 사람들은 다 나가 이런 사람들은 모두 아웃/ 밤을 지나 새벽 건너 날 밝을 때까지 웃다가 울다가 울다가 웃다가/ 어지럽다 멀쩡하다 뻥 터질 때까지 손뼉치며 노래하며 랄랄랄라 춤을 춥시다

— 〈놀아보자〉 중

그 이전까지 이토록 완벽하게 구어체를 구사하는 대중가요가 있었던가? 글에서 말로, 문어체에서 구어체로의 변화는 문자 권력의 해체를 의미한다. 그것은 계몽주의에서 민주주의 시대로의 전환과

맥을 같이한다. 동양대 진중권 교수는 카이스트 정재승 교수와 함께 쓴 책《크로스》의 위키피디아 항목에서 이렇게 말한다.

> 과거의 백과사전은 필자와 독자의 신분적 구별 위에 서 있었다. 이 관계에서는 유식한 지식인이 무식한 민중을 깨우치는 일방적 '계몽'만이 있을 뿐이다. 하지만 위키피디아는 필자와 독자의 이 신분제를 무너뜨렸다. 거기서는 독자가 필자가 된다. 계몽주의가 민주주의 프로젝트의 일환이었고, 민주주의가 자기가 자신을 다스리는 '자치'의 이념이라면, 위키피디아는 이 계몽주의가 목표로 삼았던 민주주의의 궁극적 완성이라고 할 수 있다. 이제 민중은 스스로 가르치고, 스스로 배운다. (……) 위키피디아는, 한마디로, 문자문화의 총아^{백과사전}가 디지털 구술문화의 옷을 입고 새로 탄생한 것이다.

구술, 즉 구어체는 'B급 미디어'와 'B급 사이트'의 전형적인 특성이기도 하다. 지난 1998년 김어준이 만든 〈딴지일보〉는 B급의 구술문화를 제대로 보여 준 B급 미디어였다. 〈딴지일보〉는 '한국 농담을 능가하며 B급 오락영화 수준을 지향하는 초절정 하이코메디 씨니컬 패러디 황색 싸이비 싸이버 루머 저널'을 지향하겠다고 내놓은 창간 선언부터 기존의 맞춤법과 문장 형식을 통절히 뒤엎은 기사 형식으로 큰 인기를 끌었다. 풍자와 패러디, 정치 비판, 성적 묘사 등 소재도 소재였거니와 〈딴지일보〉가 일대 혁신을 가져온 것은 그 표현 스타일이었다.

B급을 자처한 〈딴지일보〉의 구술 표현 방식은 하늘에서 떨어진 것이 아니었다. 인터넷은 〈딴지일보〉 출현 이전에 이미 문자문화를 쇠퇴시키고 구어체 문화를 대중화시켰다. 그 진원지는 '게시판'이라는 인터넷 특유의 공론의 장이었다. PC통신 시절부터 게시판은 각 네티즌들의 개인적인 의견을 가감 없이 표현하는 장이 돼 왔다. 여기서는 정제된 표현이 중요한 것이 아니라 특정 현상이나 기사, 사건, 글에 대한 즉각적이고도 신랄하며 감정적인 반응이 중요했다. 게시판의 축소된 형태로서 '댓글'은 구어체 문화를 부추겼다. 인터넷은 '실시간'이 중요한 속도의 공간이자, 입에서 입으로 전해지는 흐름이 중요한 매체다. 따라서 자신의 생각과 감정을 거르고 주술 관계와 맞춤법이 맞는 문장을 구사하는 게 중요하지 않다. 비문이어도 되고 표기법이 틀려도 상관없다. 때로는 욕설과 비속어도 용납이 되는 것이 바로 디지털 구술의 세계다.

1998년 〈딴지일보〉의 창간에 이어 B급 디지털 구술문화의 꽃을 피운 것이 1999년 선보인 〈DC인사이드〉다. 원래 이 사이트는 디지털 카메라 정보의 교류와 공동 구매 및 중고 물품 교환을 목적으로 생겨났으나 점차 다양한 취향과 소모임들이 모이는 거대한 커뮤니티 집산지가 됐다. '갤러리'라고 이름 붙은 다양한 주제의 게시판에는 욕설이나 음담패설부터 고도의 정치적인 견해까지 올려져 있다. 지난 2007년 시사 주간지 〈주간경향〉에선 〈DC인사이드〉 김유식 대표를 인터뷰했는데 이 기사에서 민경배 경희사이버대학교 교수는 '어쨌든 한국 네티즌의 새로운 인터넷 문화가 〈DC인사이드〉라는 공간 내에서 창출되었고, 인터넷의 독특한 언어 방식, 패러디, 폐인 문화, 놀이를 넘어 탄핵 무효 운동으로 나간 것처럼, 놀이에서 정치까지 다양한 영역에서 네티즌의 독특한 문화의 진원지가 되었던 것은 사실'이라고 평가했다.

〈주간경향〉이 보도한 것처럼 〈DC인사이드〉의 일부 유저들은 2004년 노무현 정부 때 대통령 탄핵 무효 시위가 벌어질 당시 〈DC인사이드〉의 깃발을 들고 참여했다. 또 2006년 벌어진 '황우석 줄기세포 조작 사건' 때도 〈DC인사이드〉 유저들은 결정적인 구실을 했다. 과학 갤러리의 유저들이 황우석 연구팀의 논문을 '검증'해서 논문의 데이터가 조작되었다는 사실을 밝혀낸 것이다.

인터넷 사이트의 수많은 게시판은 정보의 공유와 교환 이외에 의견 개진 역할도 톡톡히 하지만 가장 중요한 기능이자 존재 이유의 하나는 '감정 배설'이다. 특정한 목적 없는 야유와 조롱, 한풀이, 욕설이 게시판 문화를 특징짓는다. 이에 대해선 끊임없이 폐해가 지적되고 있고, 인터넷 실명제를 가져온 명분이 되기도 했지만, '배설'과 '비판'의 차이는 그야말로 종이 한 장도 되지 않는다.

〈딴지일보〉는 인터넷 게시판 문화가 가진 배설의 기능과 정치 비판의 기능을 결합한 B급 미디어이며, 〈DC인사이드〉는 자연 발생적인 정치화를 보여 줬다. 지금도 인터넷 각 게시판엔 네티즌들이 '싸질러 놓았다'고 할 만큼 입에서 나오는 대로, 손이 움직이는 대로 써서 올린 글로 가득 차 있다. 〈딴지일보〉와 〈DC인사이드〉에 이어 유명한 게시판으로는 '일베'〈일간베스트저장소〉 '뽐뿌' '오유'〈오늘의 유머〉 '웃대'〈웃긴 대학〉 등의 사이트가 있다. 이들 사이트 역시 다양한 글 속에서도 정치적인 경향을 드러내는 경우가 많은데, '네이버지식인'의

한 답변에선 'DC인사이드 – 좀 우파/ 일베 – 강경 우파/ 뽐뿌 –
강경 좌파/ 오늘의 유머 – 강경 좌파/ 웃대 – 좀 좌파/ 엠엘비파크:
강경 좌파' 로 분류한 글도 있다. 물론 각 사이트의 게시판을 하나의
경향으로 묶을 수도 없거니와 네이버지식인의 글도 '믿거나 말거
나' 일 테지만, 분명한 것은 B급 미디어의 속성을 지닌 이들 사이트
가 분명 '정치적인' 성격을 강하게 드러낸다는 사실이다.

주류 미디어 vs B급 미디어

문어체가 대표하는 문화는 '공식의 문화' 이며 '주류의 문화' 이
다. 이는 신문과 B급 인터넷 사이트 게시판뿐만 아니라 지상파나
케이블 TV 등 메이저 방송 미디어가 사용하는 언어와 〈나꼼수〉나
〈그것은 알기 싫다〉〈주진우의 현대사〉〈서영석 김용민의 정치토
크〉〈유시민 노회찬의 저공비행〉〈김어준의 뉴욕타임즈〉〈이박사
와 이작가의 이이제이〉〈나는 꼼사리다〉 등 팟캐스트의 언어를 비
교해 보면 잘 알 수 있다. 아나운서나 앵커의 뉴스 보도로 대표되는
메이저 방송 미디어에선 문법적으로 완전하게 구성된 문장을 사용
하며, '맞춤법' 도 정확해야 하고, '표준어' 의 규정에 맞는 표현만
을 써야 한다.

반면 B급 미디어가 쓰는 언어는 '비공식의 언어' 이며 '비주류
의 언어' 다. 사전에 등기된 단어가 아니라 최근 유행하고 있는 조
어나 유행어, 은어를 활용한 사례가 많다. 문법적으로도 완전할 필

요가 없으며, 맞춤법보다는 소리 나는 대로 쓰는 것이 더 선호된다.

우리는 학교에 과제를 제출하거나, 논문·리포트·서류 등 공식적인 문서를 작성할 때 정제된 언어로 완결된 문장을 사용한다. 머리에 떠오르는 단상이나 감정을 그대로 드러내는 것이 아니라 몇 번이고 걸러내고 논리적인 형태로 재구성한다. 그래야 정보를 전달하고 상대를 설득할 수 있다고 생각한다. 반면, 인터넷 게시판에 글을 쓸 때는 사고 정제의 과정이 훨씬 적다. 머릿속에 있는 감정이나 생각을 논리적인 형태로 재구성하기보다는 날것 그대로 드러내는 경우가 더 많다. 게시판의 글은 정보 전달이나 설득, 공감을 목표로 하기보다는 자신의 감정과 의견을 드러내는 것, 즉 표현 그 자체를 목적으로 할 때도 적지 않다.

주류, 곧 A급의 언어와 문화가 바탕하고 있는 것은 무엇인가. 신문의 기자, 방송 미디어의 앵커나 아나운서는 이른바 '언론 고시'를 통과한 대한민국의 '엘리트'다. 현대 사회의 어느 나라나 저널리스트는 대부분 평균 이상의 학력 자본과 문화 자본, 상징 자본의 소유자다. 언론 고시를 통과한 그들은 평균 이상의 교양과 학력, 상식, 문화적 소양의 소지자라 할 수 있다. 그들은 세련된 취향과 고급의 언어를 통해 훈련받았다고 인정받는다. 인터넷 미디어를 제외하고 국내의 전통적 주류 미디어, 즉 중앙 일간지와 지상파·케이블 미디어의 저널리스트와 프로듀서 등은 여전히 명문대 졸업자나 석·박사 출신이 대부분이며, 주요 대도시 출신이 압도적이다.

반면, B급의 언어와 문화가 바탕하고 있는 것은 무엇인가? 다양성이다. 게시판을 쓰는 네티즌들은 학력과 지역, 세대가 다양하다.

이른바 '초딩^{초등학교}'부터 '직딩^{직장인}'까지, 초졸부터 박사 및 전문가들까지, 서울 강남부터 시골 오지까지 누구나 컴퓨터 혹은 스마트폰 한 대와 인터넷 전용선 혹은 와이파이만 있으면 게시판에 글을 올릴 수 있다. 그들이 쓰는 언어는 '주요 대도시 출신이며 명문대를 졸업한 교양인이고 언어 구사에 있어 일정 기간의 훈련을 받은 특정 연령 이상의 전문가'의 것일 필요가 없다.

그래서 B급의 언어와 문화는 A급, 주류 문화가 가진 권위를 전복하고 해체한다. A급이 '이성'과 '논리'의 세계라면 B급은 '감성'과 '비논리성'이 지배하는 문화다. 진중권 교수가 지적한 대로 평균 이상의 전문가 집단이 생산한 정보와 의견이 주류 미디어를 통해 목적하는 것이 '계몽주의'라면 B급 문화와 미디어가 존재하는 방식은 '민주주의'다. 주류 미디어는 '데스킹' 혹은 '게이트키핑'이라는 절차를 통해 전문가 집단이 '전달할 만한 가치가 있다고 판단되는 정보와 견해'만을 대중에게 보여 준다. 그러나 B급 미디어에서는 익명의 개인들이 말하고 보여 주고 싶은 현상이나 사건을 즉각적으로 드러낼 뿐이다.

디지털 구술문화와 다중지성

이처럼 A급-주류 미디어가 생산하는 정보와 견해의 주체가 전문가와 엘리트라면 B급 세계의 주인은 아마추어이며 익명의 대중이다. 그렇다면, B급에서 생산한 정보나 견해가 A급에 비해서 떨어질까. 한 번 더 '위키피디아'로 예를 들어보자. 《크로스》에서 언급한 정재승 교수의 글이다.

> 영국의 저명한 과학 저널 〈네이처〉는 전문적인 검토자들에게 42개의 똑같은 항목에 대해 위키피디아와 브리태니커 백과사전의 설명을 비교해 달라고 요청했다. 그 결과, 검토자들은 사실 기록 오류와 누락, 그리고 잘못된 설명에 대해 위키피디아에서는 162건, 브리태니커에서는 123건을 찾아냈다. 이처럼 위키피디아는 완벽하지 않다. 출판사들이 실수를 하듯, 위키피디아도 실수를 한다. 그러나 〈네이처〉는 위키피디아와 브리태니커의 정확도가 '크게 다르지 않다'는 결론을 내렸다.

정확도가 '크게 다르지 않을' 뿐 아니라 심지어는 '공식'과 '사실 검증'의 권위를 내세운 주류 미디어보다 비주류 미디어나 익명의 다수가 활동하는 인터넷 게시판의 정보가 훨씬 더 과학적이고 정확한 정보를 생산하기도 한다. 지난 2008년 촛불시위 때 포털 사이트 다음의 '아고라'나 황우석 논문 조작 사건 때의 〈DC인사이드〉가 대표적이다. 익명의 다수나 아마추어가 정보를 공유하면서 개인의 수준에서는 구현 불가능한 더 높은 수준의 정보나 견해를 창출하게 되는 것을 가리켜 '집단지성' 혹은 '다중지성'이라고 부른다. 이뿐만 아니라 수많은 인터넷 게시판이 새로운 정보 전달의 매체가 되면서 아예 이곳에 상주하는 주류 미디어의 기자나 저널리스트도 나타났으며, 이를 통해 습득한 정보가 종종 주류 신문이나 방송을 장식하기도 한다.

최고의 스태프와 영상 기술, 대규모 제작비, 고도로 훈련된 감독 및 톱스타 배우를 동원한 A급 영화보다 아마추어와 다르지 않은 신인 감독이나 무명의 배우, 저렴한 제작비, 조악한 영상 기술로 만들어진 B급 영화가 흥행에 종종 성공하는 등 대중 예술에서도 비주류 창작자에 의해 만들어진 작품이 엘리트의 그것을 넘어서는 경우도 심심치 않게 발견된다. 이 때문에 실제로는 고도로 훈련된 엘리트에 의해 창작됐음에도 '아마추어가 만든 싸구려'의 이미지를 차용하는 경우가 많다. '싼티, 촌티, 날티'라고 할 때의 맥락이 바로 이러한 B급 스타일을 의미한다.

B급 디지털 구술 언어의 쾌락주의

그렇다면 인터넷이나 SNS에서 개인들은 왜 자신의 감정을 표출하고 의견을 표명하는 것일까? 재미있기 때문이다. B급 문화를 지배하는 가장 큰 가치는 '재미'다. A급 문화가 교양과 계몽이 목적이라면, B급 문화의 바탕은 유희이며 쾌락주의다. 교양과 계몽의 세계는 곧 정신과 관념의 세계다. 반면 놀이와 쾌락의 B급은 곧 육체의 세계이며 물질의 세계다. 쾌락과 유희, 육체와 물질이라는 B급의 본능이 가장 잘 드러나는 것이 성적인 표현과 담론들이다. 실제로 〈딴지일보〉와 〈DC인사이드〉〈일베〉〈엠엘비파크〉 등 B급 미디어와 사이트에선 성을 이슈로 한 경험담이나 사진, 노골적인 표현이 콘텐츠의 중요한 일부를 이룬다. 싸이의 노래나 춤이 성적인 뉘앙스로 가득 차 있는 것과 비견할 만한 일이다. '어젯밤 클럽에서 이성을 만나서 논 이야기'나 '술집에서 질펀하게 보낸 광란의 밤'에 대한 경험담은 이들 사이트에서 손쉽게 찾아볼 수 있다. 학예회를 방불케 하는 조악한 세트에 노골적인 성적 농담과 세태에 대한 신랄하고 냉소적인 풍자를 곁들이는 예능 프로그램 〈SNL〉의 경우 과거라면 메이저 방송국에서는 절대 허락되지 않을 높은 수위의 노출과 농담을 과감하게 내보낸다. 자위나 성교를 의미하는 몸짓이나 농담도 거침없이 행해진다.

B급의 세계…… 다양한 말과 몸짓이 어울리는 마당과 광장의 문화

이명박 정부 들어 언론에 대한 검열이나 연예 스타의 언행에 대한 감시가 심해지자 '놀자고 한 판에 죽자고 덤빈다'는 말이 유행했다. '죽자고 하는 태도'가 권위주의와 엄숙주의를 나타낸다면 '놀자고 하는 판'은 쾌락주의와 유희 본능을 뜻한다고 할 것이다.

정서에 있어서 A급은 점잔 빼는 문화이며 겸양과 절제, 우아함과 세련됨을 미덕으로 치는 세계다. 반면 B급은 저속하고 자기 과시적이며 과장과 과잉, 발산을 특징으로 한다. 천박함과 촌스러움을 그대로 드러내는 문화다. 상징과 은유가 A급의 수사라면 B급은 직설의 어법을 가지고 있다. A급이 본심을 숨기거나 걸러서 가치 중립성과 객관성으로 포장한 '위선'의 세계라면 B급은 편파성과 주관성을 극단화시키고 과장해서 드러내는 '위악'의 세계다. A급이 통일과 조화를 추구하는 문화라면 B급은 차이와 혼돈이 미덕인 세계다. A급이 미래를 위해 끊임없이 현재의 행복을 유예하는 '인내'의 문화라면 B급은 오늘을 즐기는 '카르페 디엠Carpe Diem', 즉 쾌락주의의 문화다.

그래서 A급의 세계는 통일성과 품격, 세련되고 우아한 취향이 이룬 거대한 건축 구조물의 세계라면 B급의 세계는 다양한 말과 몸짓이 어울리는 마당과 광장의 문화다. A는 체계를 지향하지만 B는 '흐름'을 만들어낸다. B의 역동성과 창조성이 바로 여기에 있다.

B급과 세대

'B급'이라는 개념과 용어는 우리 사회와 미디어에서 언제부터 쓰이기 시작했을까? 그리고 B급 예술 혹은 B급 문화라는 '자의식'을 가진 세대는 언제 우리 대중문화사에 등장했을까? 우리 사회 정치·경제·문화의 변화상과 새로운 세대의 출현은 B급 문화와 어떤 관계를 맺고 있을까?

'B급'이라는 용어의 출현

'B급 영화'는 이미 1920년대 미국에서 출발한 것이지만, 한국에서의 'B급 문화'는 확실히 2000년대적인 현상과 담론이다. 'B급 문화'라는 말 자체가 2000년 이전 국내 매스 미디어에선 거의 쓰이지 않았다. 'B급 영화'라는 개념 자체도 1990년대 이후에나 국내 언론에서 본격적으로 나타나기 시작했다. 인터넷 포털 사이트 네이버에서 1920년에서 1999년까지 〈동아일보〉〈경향신문〉〈매일경제〉〈한겨레〉 등 기사들을 검색 및 스크랩할 수 있도록 한 '뉴스 라이브러리' 섹션에서 'B급 영화'라는 항목을 찾아보면 가장 이른 용례가 1990년 〈한겨레〉에서 발견된다. 그해 2월 1일 TV 프로그램 소개란에서 KBS-1TV의 세계걸작다큐멘터리 〈할리우드의 새 바람〉의 내용을 짤막하게 다루면서 1970년대 말 할리우드영화에 새로운 기운을 몰고 온 〈스타워즈〉의 조지 루카스나 〈조스〉의 스티븐 스필버그 감독을 'B급 영화의 고급스러운 재창조를 통해 흥미 위주의 영화를 만들어내는 데 뛰어난 재능을 발휘한 재간꾼들'이라고 표현했다.

90년대 전반기에는 미국영화를 소개하면서 'B급 영화'라는 표현이 심심치 않게 사용된다. 영화평론가 정성일은 1993년 〈한겨레〉기고 칼럼에서 B급 영화에 대해 이렇게 언급했다.

그러나 장면마다 피가 흥건하게 고여 뚝뚝 떨어지게 만든 것은 할리우드 신세대 캔틴^{쿠엔틴} 타란티노의 시나리오 솜씨다. 그는 영화에 관한 모든 것을 홍콩 누아르와 무협 영화에서 배웠다고 공공연하게 떠벌이며 할리우드 B급 영화 전통에 충성을 맹세하기로 작정한 '별난' 수다쟁이다. 앨라배마는 텔레비전에서 〈영웅본색 2〉를 보며 입을 벌리고 있고 클레런스는 자신을 강호의 협객이라고 굳게 믿고 있다. 캔틴 타란티노는 자신의 두 연인 주인공을 마음껏 두들겨 패기로 결심한다. 여기엔 선도, 악도 없다.

그들은 그야말로 무자비한 살육과 폭력과 총격전을 마치 장난이
라도 하는 것처럼 한껏 웃음을 참아가며 그려낸다.

– 정성일, 〈한겨레〉, 1993년 12월 31일

영화평론가 정성일이 고정 영화평 코너인 '영화 관람석'을 통해
당시 개봉했던 토니 스콧 감독의 〈트루 로맨스〉를 소개한 글 중 일
부다. 영화의 시나리오 작가인 쿠엔틴 타란티노의 작품 세계를 할
리우드 B급 영화 전통으로 설명하고 있다. 짤막한 영화평이지만 B
급 영화에 대한 속성이 잘 드러나 있다. 그것은 〈영웅본색〉 같은 잘
알려진 오락, 장르 영화에 대한 열광과 '장난이라도 하는 것처럼
한껏 웃음을 참아가며 그려내는' 쾌락적인 태도다. 정성일은 1994
년 2월 25일 같은 신문에 기고한 조 단테 감독의 〈마티니〉에 대한

B급 영화의 대표 감독 쿠엔틴 타란티노

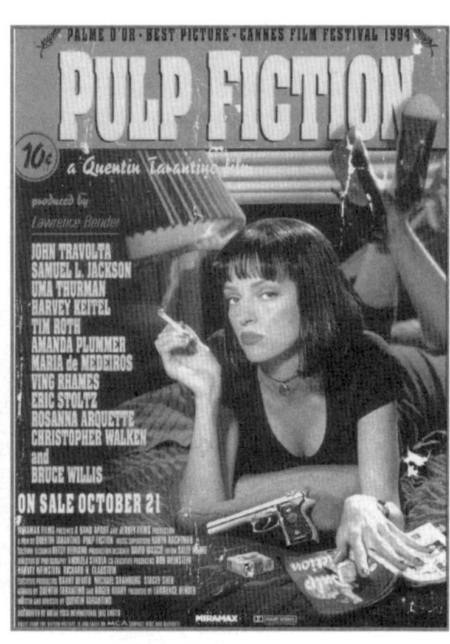

타란티노 감독의 문제적 데뷔작 〈펄프 픽션〉

영화평에서도 ‘세련된 첨단 SFX 특수 촬영을 버리고 고의적으로 50년대 저예산 B급 영화의 전통을 끌어들여서 로저 코먼 스타일로 포장’ 했다고 썼다.

정성일이 ‘할리우드 B급 영화 전통에 충성을 맹세하기로 작정한 별난 수다쟁이’라고 한 쿠엔틴 타란티노는 감독 데뷔작인 〈펄프 픽션〉으로 1994년 칸영화제 황금종려상을 받는다. 〈펄프 픽션〉은 미국의 3류 싸구려 대중 잡지를 가리킨다. 그해 8월 30일 영화 홍보를 위해 내한했던 쿠엔틴 타란티노 감독에 대해 신문은 이렇게 썼다.

타란티노 감독은 비디오 가게의 점원으로 일하면서 영화에 출연하고 시나리오를 쓰는 등 독특한 감독 수업을 거친 미국의 신예 감독이다. 〈펄프 픽션〉의 시나리오를 쓰고 등장인물로도 나선 그는 작가이자 영화배우이며 감독이다. 그는 또 현재 미국 내 흥행 1위인 올리버 스톤의 〈타고난 살인자〉〈내추럴 본 킬러〉의 시나리오를 썼다.

자신의 갱영화를 폭력 영화가 아니라 굳이 블랙코미디라고 부르는 그에게 영화 속 ‘엄청난’ 폭력은 일종의 재미다. ‘영화를 쓰고 감독하고 편집할 때 웃음소리를 듣는다. 감독은 영화가 의도하는 내용 이전에 관객에게 재미를 선사할 의무가 있다’는 게 그의 영화관이다. 걸작보다는 오히려 서부극과 홍콩영화 등 B급 영화의 폭력 장면에 매료됐던 비디오광 타란티노가 흔하디흔한 갱

영화를 만들면서 독특한 유머 구조를 찾는 것도 이런 비디오 학습의 결과인 셈이다.

- 〈한겨레〉, 1994년 9월 2일

1996년 11월 30일 〈경향신문〉은 문화 상식 코너에서 'B급 영화'의 개념을 이렇게 정리해 알려줬다.

최근 영화계는 신인 감독들이 만든 저예산 영화가 새로운 흐름을 만들고 있다. 할리우드에 맞설 경쟁력 있는 영화를 위해서는 거대 자본의 영입이 선행되어야 한다는 인식을 바꾸고 있는 것이다. 실제로 이들 저예산 영화는 작품성과 흥행성을 동시에 만족시키고 있다.
저예산 영화란 본래 미국의 'B급 영화'에서 유래된 것이다. 할리우드 메이저 스튜디오가 대작 영화에 끼워 팔기 위해 저예산으로 만든 영화이다. 히트한 영화의 줄거리를 그대로 따서 만든 B급 영화는 40년대 전성기를 맞았다. 'B'는 동시 상영 때 두 번째로 나온다는 'second'에서 나온 말. 그러나 'B급 영화'는 저예산의 강점을 살려 감독 고유의 작품성과 실험성을 반영할 수 있는 여지를 만들어 왔다. 현재 그러한 성격이 저예산 영화의 잠재력으로 이어지고 있는 것이다.

- 〈경향신문〉, 1996년 11월 30일

저예산 영화와 개념을 동일시한 오류는 보이지만, 비교적 B급 영화에 관해 정확하게 소개한 기사다. 당시 한국영화계에 새로운 흐름을 만들고 있는 신인 감독들의 저예산 영화가 구체적으로 어떤 작품을 지칭하는지는 정확치 않지만, 그 해 개봉해 평단의 주목을 받았던 홍상수 감독의 〈돼지가 우물에 빠진 날〉과 김기덕 감독의 〈악어〉를 비롯해 〈내일로 흐르는 강〉 〈미지왕〉 〈세 친구〉 〈유리〉 등을 가리키는 듯하다.

저예산 영화의 좌장 김기덕 감독의 〈악어〉

B급과 X세대의 등장

이처럼 1990년대에 들어서야 본격적으로 'B급 영화'에 대한 언급이 나타나고, 이를 변용한 'B급 문화'라는 개념은 2000년대 이후에나 출현한다는 것은 무엇을 뜻할까?

국내에서 'B급' 코드를 대중 예술의 한 기법으로 작품 생산에 차용하고, B급을 문화의 일부로서 자의식을 갖고 수용한 것이 '1990년대 이후'라는 사실이다.

그렇다면 90년대는 어떤 시기인가? 미국에서는 'X세대'라는 담론이 처음 출현한 시기다. 캐나다의 소설가 더글러스 쿠플랜드 Douglas Coupland가 1991년 뉴욕에서 출간한 장편소설인 《Generation X》에서 유래된 용어다. 미국에서 제2차 세계대전이 끝난 베이비붐 세대 이후에 태어난 이들로 출생 시기로 보면 대략 60년대에서 80년대에 걸쳐 있다. 미국에선 60년대 중반에서 70년대 초반에 이르는 세대가 중심이며 이 시기 전후에 출생한 연령층이다. 이들은 MTV로 상징되는 대중문화의 영향 아래 성장했으며 극단적으로 불안정한 고용 시장을 경험했다. 또 컴퓨터와 인터넷 등 첨단 기술과 함께 성장한 세대이며 정부나 거대 기업들의 약속을 신뢰하지 않는 정치적 성향을 지니고 있다. 사회 공통의 문제보다는 개인적으로 어떻게 살아가는가에 더 큰 의미를 부여한다. 즉 X세대는 개인주의, 탈권위주의와 함께 대중문화에 대한 열광, 기존 체제에 대한 불만, 첨단 통신 기술 및 매체에 대한 능숙한 조작을 특징으로 한다고 하겠다. 1963년생인 쿠엔틴 타란티노는 이러한 경향을 자신의 작품 세계에 고스란히 담아낸 'X세대의 아이콘'으로 불렸다.

흥미로운 것은 'X세대'라는 담론이 국내에도 90년대 전반기에 소개돼 큰 힘을 얻었다는 것이다. 실제로 60년대 말에서 70년대 중반에 태어나 90년대 전반기에 대학을 다닌 청년 세대들은 미국 X세대와 많은 공통된 양상을 보여 줬다. 한국에선 X세대라는 말과 '신세대'라는 표현이 함께 쓰였다. 쿠엔틴 타란티노가 미국 X세대의 아이콘이었다면, 한국에선 '서태지와 아이들'이 신세대의 대표 주자로 인식됐다.

2012년의 한국 대중문화 지형도를 보면 90년대 'X세대'라고 불린 이들이 영화, 가요, 방송 등 대중문화 전 분야에서 제작자, 기획자, 매니저, 감독, 연출자, 배우, 가수로서 트렌드를 이끌고 있다. 싸이 역시 77년생으로 X세대 문화의 영향력 하에서 성장했다. 싸이와 손잡고 〈강남스타일〉을 범세계적인 인기 콘텐츠로 만들어낸 소속사 YG엔터테인먼트의 양현석[1969년생]은 서태지와 아이들의 멤버였다. 싸이는 자기 또래인 리쌍의 멤버 길과 개리[1978년생], 래퍼 김진표와 함께 부른 6집 〈77학개론〉에서 그들의 10대 시절의 풍경을 이렇게 읊는다[이 곡은 1980년대 후반~1990년대 전반기 유행했던 속어와 비디오방, 일일찻집, 나이트클럽, 디스코바지, 음담패설, 첫 경험에 대한 신망, 세운상가의 저질 포르노 비디오테이프 등을 통해 싸이 또래의 세대가 '고삐리' 였던 시대를 묘사한 출중한 노래다].

말 그대로 어느 날 갑자기 나와 뜬 서태지와 아이들/ 10대들의 맘을 잡아끈 음악과 춤/ 학교가 끝나면 한 손엔 더블데크 들고 놀이터에서 춤을 추는 게 하루의 끝/ 좀 있는 놈들은 켈빈 클라인 아님 게스/ 없는 놈들은 뻥뜯거나 아님 거털이/ 말 안 들으면 존나게 팼어/ 그때는 겁만 주면 뭐든지 다 됐어/ 디스코 바지 앞에 뾰족한 알라딘 신발을 신고 놀러 갔지

— 싸이, 6집 〈77학개론〉 중

'B급 문화'는 현재 다양한 의미로 재해석되고 갖가지 장르와 문화적 현상으로 변용, 변형됐지만 뿌리는 역시 'B급 영화[B무비]'다. B급 영화에 대한 학습과 열광이 X세대의 출현과 비슷한 시기에 이루어졌다는 점은 상당히 의미심장하다. 80년대 중반 이후 할리우드 B급 영화를 보고, 이를 열광적으로 추종한 이들이 바로 영화평론가

정성일과 박찬욱 감독 등이었고, 김지운·봉준호·최동훈·장준환 등으로 이어졌다. 박찬욱 감독은 2004년 5월 7일 〈한겨레〉와의 인터뷰에서 자신의 데뷔작 〈달은 해가 꾸는 꿈〉을 만들게 된 계기를 이렇게 설명했다.

> …… 첫 영화 〈달은 해가 꾸는 꿈〉을 찍게 됐죠. 조건은 유덕화의 〈천장지구〉 냄새가 나는 통속적인 멜로드라마를 만들어 달라는 거였고, 그때 이미 저예산 B무비에 열광했기 때문에 그런 조건을 거절하는 건 상업 영화 감독이 아니라고 생각했죠. 어떤 악조건에서도 창조성은 발휘될 수 있다…….
>
> – 박찬욱, 〈한겨레〉, 2004년 5월 7일

〈영웅본색〉에 열광한 쿠엔틴 타란티노와 〈천장지구〉 스타일의 작품으로 첫 영화를 만든 박찬욱. B급에 대한 공통점이 보이는가? 쿠엔틴 타란티노는 〈펄프 픽션〉으로 1994년 칸영화제 황금종려상을 받은 10년 후인 2004년, 심사위원장의 자격으로 칸영화제 시상식 자리에 섰다. 그리고 '심사위원대상'의 수상작으로 박찬욱의 〈올드보이〉를 호명한다. B급에 열광한 두 천재 감독이 시상자와 수상자로 만난 것이다.

B급에 열광한 세대가 대중 예술의 중요한 작품을 만들고, 젊은 세대가 이를 소비하고 수용한다. 어떤 조건에서 이것이 가능했을까? B급 문화를 생산하고 수용하는 세대는 도대체 어떤 특징을 갖고 있을까? 'X세대'와 B급 영화의 관련성은 우리에게도 시사하는

유덕화 주연의 홍콩영화 〈천장지구〉 B급에 열광한 박찬욱 감독

바가 크다.

X세대에서 88만원 세대로

미국의 X세대는 '베이비붐 세대'가 끝나고 베트남전쟁 전후로 태어나 80년대 로널드 레이건과 90년대 초 조지 부시 등 공화당 정부의 반공주의, 권위주의, 보수주의 시대에서 성장하고 사회에 진출한 이들이다. 레이거노믹스와 신자유주의 아래에서 엄청난 대학 등록금 빚을 안았으며 실업과 해고, 고용 불안의 고통을 겪었다.

한국의 X세대, 신세대는 민주화 세대인 '386' 이후의 세대다. 경제 개발에 박차를 가하던 풍요로운 80년대에 성장해 탈이데올로기 시대인 90년대에 청년기가 됐으며 사회 진출 무렵에는 IMF를 만났다. 2013년 현재 대략 30대 후반에서 40대 중반까지의 세대이며, 이들이 이끌고 10대~30대가 호응하며 'B급 문화'라는 새로운 현상을 만들어냈다고 할 수 있다.

경제적으로 40대는 IMF를 통과하며 어렵게 사회에 진출했지만 50대가 누린 '부동산 투자' 붐의 끝물에 편승해서 결국은 이명박 정부 때 폭락한 집값으로 '하우스푸어'가 된 세대이며 감당하기 어려운 자녀의 교육비 지출로 인해 '에듀푸어'가 된 세대다. 20대는 높은 대학 등록금으로 인해 각종 대출을 안고 사회에 진출한 '등록금푸어'이자 정규직 취업이 하늘에 별 따기인 '88만원 세대'이며, 취업 후에는 각박한 현실에도 불구하고 빚^{유예 할부}을 안고 고급 차부터 사야 하는 '카푸어' 세대다.

2040 세대가 동시에 만들어낸 문화적 풍경

여기서 우리는 B급 문화와 특정한 세대와의 관련성을 읽어낼 수 있다. 88만원 세대라고 부르는 지금의 20대와 X세대 혹은 신세대라 호명되며 등장했고 사회 진출기에 IMF라는 폭탄을 맞았던 40대. 이들의 경제적인 지위는 취업난 및 해고 위협 등 주류로부터 소외돼 있으며 정치적으로는 민주화운동의 영향을 받아 반권위주의 성향을 갖고 있다. 동시에 1990년대 이후 급속하게 발전한 대중문화로부터 세례를 받아 쾌락주의적이고 소비주의적인 문화 욕망을 내면화했다. 8비트 컴퓨터에서 '286-386-486'을 거쳐 '노트북과 태블릿PC'까지, '삐삐^{무선 호출기}'에서 '시티폰-휴대폰-스마트폰'까지, 'PC통신에서 인터넷을 거쳐 SNS'까지 첨단 통신 매체에 대한 능숙한 조작력을 가진 세대도 이들이다. 사회·경제적으로는 매우 불안하고 소외된 지위에 있지만 소비·기술·문화적 욕망만은 들끓고 있는 세대가 만들어낸 문화적인 풍경이 B급이다.

B급은 A급이 아닌, 예술의 생산에서든 소비에서든 '주류에서 떠밀려났거나 이탈한 계층이나 세대'를 전제로 한다. B급은 주류 경제 구조에 성공적으로 편입하거나 진출하는 데 어려움을 겪거나 실패한 '경제적 마이너'들의 욕망과 정서를 표현한 문화이기 때문이다. 기존의 고급, 주류 예술의 엄숙하고 점잖으며 고상하고 난해한 표현 방식에서는 만족하지 못하는 '문화적 마이너'들의 언어가 B급의 언어다.

우리 사회에서 X세대는 386세대로부터 계승한 민주주의적 감성을 갖고 있으되, 386세대가 내면화했던 주류의 집단주의, 군사주의에 대한 반감 또한 큰 세대였다. 경제적으로는 '소품종 대량 생산' 사회에서 '다품종 소량 생산' 자본주의 체제^{포스트 포디즘}로 한국 경제가 이전하는 과정에서 태어나고 성장해 후기소비사회의 개인주의적이고 쾌락주의적인 성향을 갖게 됐다. 이들은 군사 독재뿐 아니라 선배들의 민주화운동에 고스란히 남아 있는 전체주의, 권위주의, 집단주의, 서열주의, 엘리트주의에 대한 강한 반감을 갖고 있다.

우리 역사를 들여다보면 한국전쟁과 개발독재시대, 냉전 이데올로기를 경험한 60대 이전 세대가 순종주의, 반공주의, 유교주의 등에 길들여진 세대라면, 지금 50대 전후가 된 386은 반독재를 기치로 내건 민주화운동 세대였다. 하지만 386의 민주주의란 집단적인 항거였고, 개인보다는 집단, 전체, 사회의 이해에 우선 가치를 둔다는 점에서 자신들이 항거했던 독재 체제의 또 다른 거울이었다. 반면 X세대는 과거 세대와는 달리 개인의 욕망을 집단 전체의 이해보다 우선시했다. 이들은 한국 경제의 성장가도 속에 학교를 다녔고, 사회 진출기인 20대에야 처음으로 IMF 체제로 인한 취업난에 부딪쳤다. 반면 지금의 20대와 30대는 경제 침체로 인한 고통을 일상적으로 받고 있는 세대다. '할아버지의 재력과 어머니의 정보력, 아버지의 무관심이 자녀를 성공시킨다' 는 극심한 경쟁, 서열, 성공지상주의 사회의 압력을 어린 시절부터 받고 자란 세대이며, 경제 침체의 고통이 전세대보다 훨씬 일상화된 연령층이다. 그 한편으로는 개인주의적인 성향이 더 강화됐으며 후기자본주의의 소비 성향에 더 큰 영향을 받는 세대다. B급 문화에 열광하는 20대와 40대에 이르는 세대가 정치적으로는 진보적인 성향을 보이며, 문화의 가장 중요한 소비층이라는 점은 실제로도 다양한 조사를 통해 확인된다. 좀 더 들여다보자.

2012년, 2040세대의 정치적 지향과 문화적 감성

먼저 세대별 정치적 성향이다. 지난 2012년 12월 19일 치러진 제18대 대통령 선거에서 방송 3사의 출구조사를 보면, 세대별 지지 후보가 뚜렷하게 갈렸다. 20대~30대는 야권 단일 후보인 민주통합당 문재인 후보에 대한 지지가 압도적이었고, 50대와 60대 이상에선 새누리당 박근혜 후보가 절대적인 우위를 보였다. 세대별 분화 양상에서 '캐스팅 보트'라고 지목됐던 40대는 타 세대보다는 양 후보에 대한 지지가 엇비슷했으나, 그래도 문재인 후보에 표를 던진 이가 많았다.

문재인 후보는 20대에선 65.8%, 30대에선 66.5%의 득표율을 기록해 압도적인 우위를 보여 준 반면, 50대와 60대 이상에선 각각 37.4%와 27.5%로 열세였다. 박근혜 후보는 20대와 30대에선 각각 33.7%와 33.1%를 득표해 문재인 후보에 큰 격차로 졌지만, 50대와 60대 이상 연령층에선 각각 62.5%와 72.3%의 높은 지지를 얻은 끝에 당선됐다.

40대에선 문재인 후보의 근소한 우세였다. 55.6%를 얻어 44.1%를 득표한 박 후보에게 앞섰다. 박근혜와 문재인 후보가 각각 보수와 진보 진영을 대표한다고 했을 때, 50~60대는 7:3으로 보수 지향이 강했고, 20~30대는 3:7로 진보 성향이 우세했다고 볼 수 있다. 40대는 4:6 진보 강세로 어림잡을 수 있다. 40대 중에서도 X세대라고 할 수 있는 45세 이하 연령층에서의 문재인 지지는 40대 평균을 훨씬 웃돈다.

결국 박 후보는 50대 이상에게 절대적인 지지를 받았고, 문재인 후보는 20~40대에게 전폭적인 지지를 이끌어냈다고 할 것이다. 팽팽한 세대 간 정치 분화 양상 속에서 박근혜 후보가 당선될 수 있었던 이유는 뭘까. 중앙선거관리위원회에 따르면, 지난 대선 유권자의 세대별 인구 분포는 20대 18.1%, 30대 20.1%, 40대 21.8%, 50대 19.2%, 60대 이상 20.8% 등으로 나타났고, 출구조사 결과의 세대별 투표율은 20대 65.2%, 30대 72.5%, 40대 78.7%, 50대

89.9%, 60대 이상 78.8%였다. 인구수가 가장 많은 연령층인 40대
는 문 후보가 근소 우세였지만 두 번째로 인구수가 많았던 60대 이
상에선 박 후보가 절대 우세였고, 투표율도 40대보다 높았다. 20대
와 50대는 유권자수가 비슷했지만 투표율의 격차가 65.2%대
89.9%로 현격한 격차를 보였다.

결국 18대 대선은 50대 이상 세대가 대한민국의 명운을 좌우할
가장 영향력 있는 세대임을 입증한 것이다. 〈헤럴드경제〉와 여론조
사 전문 기관인 케이엠조사연구소가 대선 1년 전인 지난 2011년 12
월 9~13일 19세 이상 전국 성인 남녀 2,000명을 대상으로 전화 면
접을 통해 '세대별 의식 여론조사('대한민국 40대 리포트' 중)'를 실
시한 결과는 대선과 거의 정확히 맞아떨어졌다. '대한민국에서 어
느 세대의 영향력이 가장 크냐'는 질문에 가장 많은 답변은 'F세대
(39.3%)'였고, 2위가 베이비붐 세대(33.6%)였으며 2030세대(16.5%)
와 은퇴기 · 고령자(9.0%)가 그 뒤를 이었다. 여기서 F세대는 40대
forties, 잊혀진 세대forgotten generation 등의 뜻으로 1966~1974년생 세대를
가리킨다. 2012년 현재 38~46세다. 베이비붐 세대는 49~57세로
1955~1963년생, 2030세대는 20~37세인 1992~1975년생, 은퇴기
고령층은 58세 이상인 1954년 이전 출생자를 가리킨다. 가장 영향
력 있는 세대로 F세대가 꼽혔지만, 베이비붐 세대와 은퇴기 · 고령
층을 합하면 가장 많은 42.6%다. 20~30세대와 50대 이상의 연령
층 사이에서 '캐스팅 보트'로 꼽히는 40대의 '표심'보다는 50대
이상의 정치적 경향이 대한민국에서 가장 영향력이 크다는 말이다.

그렇다면 보수층, 안정희구층인 50대 이상의 정치적 영향력이

문화도 지배할까? 역시 같은 설문조사에서 세대별 문화 소비 양상을 보여 주는 좋은 자료가 있다. 한마디로 이야기하자면 젊을수록 독서, 영화, 공연 등 다양한 대중 예술을 접하는 빈도가 높고, 나이가 많을수록 TV 시청이나 등산 등에 더 많은 시간을 보낸다. 정치적 성향과 문화 생활 간의 관계도 비교적 뚜렷했다. 자신이 진보적이라고 생각할수록 영화·공연 관람, 독서, 스포츠, 여행 등 비교적 다양한 문화 생활을 즐기는 반면, 보수층이 향유하는 문화 생활 중에선 TV 시청과 등산의 비율이 압도적으로 높았다.

TV시청은 〈헤럴드경제〉-케이엠조사연구소가 공동으로 실시한 세대 의식 변화 여론조사에서 19~37세 응답자 층을 제외하고는 모든 연령층에서 가장 많은 여가 시간을 보내는 문화 활동으로 나타났다. 전체 응답자 중 25%가 TV 시청을 1순위[복수 응답]로 꼽았고 58세 이상에선 34.1%, 49~57세가 24.1%, 38~46세가 21.7%, 19~37세가 19.1%로 드러났다. 연령이 많을수록 TV로 시간을 보내는 비율이 높았다. TV 시청이 아닌 문화 활동을 첫손에 꼽은 연령층은 19~37세가 유일해 영화 관람이 23.9%로 가장 높았다.

38~46세, 즉 X세대, 신세대로 불렸던 세대의 주 문화 활동은 'TV 시청-독서(13.9%)-영화 관람(13.7%)-여행(12.6%)-스포츠(11.9%)-등산(10.7%)' 순서로 나타났다. 특히 주 문화 활동을 독서와 여행이라고 답한 비중이 다른 연령층에 비해 가장 높았다. 전반적으로는 문화 생활이 다른 연령층에 비해 다양했고 고루 분산돼 있었다.

이들의 바로 윗세대인 1차 베이비붐 세대[49~57세]에선 육체적 활동

비중이 높았는데 노년기를 앞두고 건강에 대한 관심이 커짐을 반영했다. TV 시청 다음으로 등산을 주 문화 생활로 꼽은 응답자 비중이 무려 20.7%나 돼 다른 연령층에 비해 압도적이었다. 등산은 19세~27세에서 선호도가 가장 낮아 단지 5.2%만 주 문화 활동이라고 꼽았다. 49~57세에선 스포츠라는 응답자 비율도 16.6%나 차지했다.

세대별 주 문화 활동은 기업 마케팅의 타깃 연령층을 명확하게 보여 줬다. 영화와 공연의 주 소비층은 20~30대임이 다시 한 번 확인됐고, 출판·여행 시장의 트렌드를 움직이는 연령층은 F세대였다. 50대 장년층은 스포츠·등산 레저용품 시장의 큰 고객층이었으며 60세 이상 노년층은 TV 시청률의 상수, 안방극장의 지배자로 드러났다.

정치적 성향에 대한 응답을 보면 2030세대는 중도 43.8%, 보수 14.4%, 진보 41.8%라고 답했으며, 40대는 진보 45.4%, 중도 34.0%, 보수 20.6%이었다. 베이비붐 세대는 진보 23%, 중도 42.4%, 보수 49.8%였고, 은퇴기나 고령층은 진보 14.8%, 중도 35.4%, 보수 49.8%라고 답했다. 이러한 정치적 성향은 대선에 고스란히 반영됐다.

요컨대, B급 문화의 생산자이자 수용자들이 대거 분포한 2040세대는 '경제적인 소외층'이며 정치적으로는 민주주의에 열망을 갖고 있는 진보적 성향이 강하고, 문화적으로는 다양성을 지향한다고 하겠다.

한편, 미국에서 X세대를 특징짓는 요소 중 하나가 첨단 기술에 대한 능숙도다. 이는 국내에서도 마찬가지다. 실례로 한국광고주협회와 미디어리서치가 지난 2011년 9월을 기준으로 전국 1만 명을 조사한 결과 트위터 이용자 연령대별 구성비를 보면 20대가 58.8%, 30대가 28.8%, 40대가 10.2%, 50대 이상이 2.2%였다. B급 문화의 한 특성이 'UCC'다. UCC란 'User-created-contents'로 매체의 사용자가 직접 만든 콘텐츠를 의미한다. 또 다른 말로는 '내가 직접 하기', 즉 'DIY^{do it yourself}'라고 할 수 있다. 거대 자본에 의지하지 않고 저예산으로 직접 영화를 촬영하며, 패러디 영상을 만들어 유튜브에 올리고, 트위터 같은 사회관계망서비스^{SNS}로 자신의 적극적인 의사 표현을 하는 세대가 바로 2040이다.

2011년 7월, 미국의 온라인 잡지 〈애드버스터스〉가 트위터 등 SNS를 통해 '월 스트리트를 점령하자^{Occupy Wall Street}'는 제목으로 시위를 제안했다. 지난 2008년 미국의 비우량 주택 담보 대출, 즉 불량 대출을 뜻하는 서브 프라임 모기지와 리먼 브라더스 사태로 인해 전 세계가 경제적 충격과 불황, 파산에 빠졌다. 미국 정부는 공적 자금을 대거 투입하면서 경제를 회복하려고 했으나 국민 혈세로 모은 돈은 결국 월가의 보너스 잔치로 끝났다. 이러한 금융 자본의 '도덕적 해이^{모럴 해저드}'에 항거한 시위가 바로 월가 점거 운동이다. 이는 전 세계로 파급됐다. 월가 시위는 부를 독점하는 1%에 대한 나머지 99%의 목소리였다.

한국의 각 세대는 이러한 시위를 어떻게 볼까. 미국 월가 시위에 대한 찬성률을 보면 19~37세는 52.6%에 이르렀고 38~46세는 56.6%, 47세 이상 50대에선 40.6%에 그쳤으며 58세 이상에선 24.6%에 불과했다.

월가점거운동은 세계적인 현상이었지만 그 이전 우리에겐 훨씬 더 강력했던 경험이 있다. 바로 촛불시위다.

1%가 아닌 99% 목소리를 대변한 자발적 촛불시위

대규모 촛불시위는 2002년 6월 주한미군의 장갑 차량에 깔려 숨진 두 여중생 신효순·심미선 양의 사인 규명과 추모를 위해 그해 11월 처음 열렸다. 이어 2004년엔 노무현 대통령 탄핵 반대 촛불시위가 이어졌으며 2008년엔 미국산 소고기 수입 반대 운동으로 절정을 맞았다. 촛불시위는 과거의 민주화운동과 달리 특정 단체나

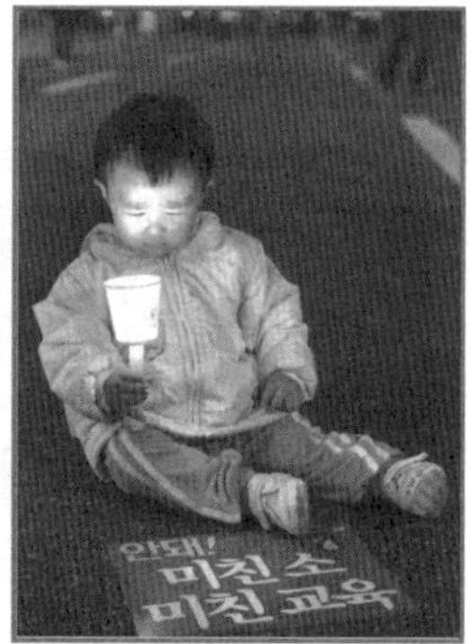

2008년 미국산 소고기 수입 반대 촛불시위

집단의 '지도'나 지휘, 전략이 아닌 개인의 자발적인 참여에 의해 이루어졌다. 또 모두 인터넷과 SNS를 기반으로 개인이 제안하고 이에 다수가 호응하면서 거대한 운동으로 발전했다. 2008년 촛불시위 당시 포털 사이트 다음의 아고라는 '민주화의 성지'로 불릴 정도였다. 주류 언론이 99%의 목소리를 외면하는 동안, 소외된 다수의 다양한 함성이 대안 미디어에서 터져 나온 것이다. 촛불시위는 네티즌에 의해 제안됐으며, 인터넷과 모바일에서 '조직'되고 '실천'됐으며, 인터넷 매체로 중계됐다. 촛불시위의 처음과 끝엔 인터넷과 SNS가 있었다.

러시아혁명 당시 레닌은 '혁명'의 가장 중요한 당면 과제이자 필수 조건이 전위당의 건설과 전국 신문의 창설이라 했지만, 인터넷과 SNS 시대는 그 두 가지 모두가 시대착오임을 여지없이 증명했다. 누군가의 지도가 아니라 시민들의 자발적 참여와 컴퓨터·스마트폰 한 대면 사회의 개혁이 가능함을 보여 준 것이다. 촛불시위를 퍼 나르던 게시판과 유튜브, 트위터는 〈강남스타일〉이 세계적인 신드롬을 일으키는 데 진원지가 됐다. 온라인 네트워크의 본질적인 대중성과 민주적 성격, 그리고 이에 기술적인 친숙함을 가진 2040 세대들은 '주류 정치 바깥의 정치와 주류 문화 바깥의 문화'의 생산자와 소비자가 된 것이다.

한국전쟁을 경험했던 60대 이상의 세대는 자기 목소리가 없는 세대였다. 대한민국의 발전이 나의 발전이었다. 선진국, 산업 대국 건설을 위해 내 한 몸 다 바쳐야 한다고 생각한 세대였다. 386세대라고 불렸던 지금의 50대들은 집단적인 항거를 경험했던 세대였다.

집단 속에서 자기 목소리를 찾으려는 세대인 것이다. 골방, 밀실에서 모의해 거리로 나가 한목소리를 외친 세대였다. 반면 2040세대는 개인들의 서로 다른 목소리가 전체의 함성보다 중요하다고 생각한 세대였으나 '광장'에 몰려 나와 제각각의 목소리로 외쳤다. 2002년 한일월드컵의 응원 경험과 2008년의 촛불시위는 2040에게 강렬한 경험이었다.

2012년 우리 사회에 B급 문화가 하나의 현상으로 등장한 것은 1990년대 이후 새로운 세대로 부상한 2040의 정치·경제·문화적 감성과 경험에 바탕했으며 이들은 기성세대와는 다른 자기표현 방식을 진화시켰다.

B급의 기원과 다양한 개념들
캠프 · 키치 · 하위문화 · 청년문화

사람을 착한 사람과 나쁜 사람으로 나눈다는 것은 우스운 짓이
다. 매력적인 사람과 지루한 사람이 있을 뿐이다.

— 오스카 와일드, 《윈더미어 부인의 부채》 중

캠프의 진짜 요지는 엄숙함을 폐위시키자는 것이다. 캠프는 놀기
좋아하며, 엄숙함에도 반대한다. 좀 더 정확히 말하자면 캠프는
'진지한 것'과 새롭고도 좀 더 복잡한 관계를 맺는다. 하찮은 것
에 진지할 수 있으며, 경건한 것을 사소하게 여길 수 있는 것이
캠프다.

— 수전 손택, 《캠프에 관한 단상》 중

키치가 거짓말로 인식되는 순간, 그것은 비–키치의 맥락에 자리
잡게 된다. 키치가 권위적인 힘을 상실하면 그것은 모든 인간의

약점처럼 감동적인 것이 된다. 왜냐하면 우리 중 어느 누구도 초인이 아니며 키치로부터 완전하게 벗어날 수는 없기 때문이다. 우리가 아무리 키치를 경멸해도 키치는 인간 조건의 한 부분인 셈이다.

– 밀란 쿤데라, 《참을 수 없는 존재의 가벼움》 중

저급 문화와 하위문화로서의 B급

‘B급 문화’의 가장 일반적인 이미지는 ‘저급하다’는 것이다. ‘싼티, 촌티, 날티’라고 했을 때, B급 문화는 ‘고급문화’와 구별되는, ‘고급문화’보다 저열한 문화라는 의미를 지닌다. ‘고급문화’는 학계나 사회에 의해서 ‘인간의 지식과 정서를 고양시킨다고 공인된 예술이나 문화’를 뜻한다. 어떤 권위에 의해 ‘표준’으로서 인정된 양식이라는 것이다. 대개는 훈련받은 감각으로 향유하거나 생산할 수 있는 문화, 예술 작품이며, 그것은 생산자와 수용자에게 일정한 훈련이 필요하다. 현대 사회에서의 ‘클래식’이 대표적이다. 클래식 음악이나 고전 문학, 르네상스기의 회화, 현대 추상 회화를 창작하거나 온전히 감상하기 위해서는 일정한 교육이 필요하다고 여겨진다. 그러한 교육과 훈련을 받는 데 유리한 이들은 프랑스 사회학자 피에르 부르디외가 말한 바, 대개 경제적 자본과 학력 자본, 상징 자본을 갖춘 엘리트인 경우가 많다. 클래식 음악을 작곡하고 듣는 재능, 고전 문학 작품을 읽고 논평할 수 있는 실력, 순수 회화를 그리고 감상할 수 있는 능력은 아무나 가질 수 있는 것이 아니라는 이야기다. 그렇다면 '저급문화'는 이와 반대로 교육이나 훈련을 애초부터 받을 기회가 없었던 이들, 혹은 사회의 공식적이고 권위적인 커리큘럼을 거치지 않은 이들의 문화라 할 것이다. 이를테면 모차르트나 베토벤의 작품을 듣고 논하려면 어렸을 때부터 꾸준히 음반이나 공연 감상의 기회를 제공받아야 하고, 악보를 볼 줄 알며 대개는 피아노나 바이올린 연주 기법에 대해 알아야 한다. 하지만 가요를 듣거나 만화를 보는 데는 특별한 훈련이 필요하지 않다. 그렇다면 오늘날 '저급한 문화'는 어떻게 하나의 예술과 독자적인 생활양식으로서 인정받을 수 있었을까? 바로 '저급한 문화'를 향유하는 다양한 하위 집단이 존재하기 때문이다. 요컨대 B급 문화는 일반적으로 저급한 문화를 가리키며 저급한 문화는 특정 하위 집단에 의해 향유되는 하위문화_{subculture} 다.

주류 사회에서 일탈한 하위 – 대항문화의 주체

하위문화란, 한 사회의 지배적인 문화, 전체 구성원을 아우르는 표준적인 문화를 일컫는 '전체 문화'와는 달리, 다양한 지역, 인종, 세대, 종교, 집단 등에서 나타나는 갖가지 생활양식이라 할 수 있다. 전체 문화는 사회를 지배하는 공인된 가치와 규준에 의한 생활양식이다. 반면 하위문화는 전체 사회를 이루는 다양한 집단과 조직의 서로 다른 가치와 문화를 의미한다. 예를 들자면 미국은 건국 이후로 주로 중상류층 백인 남성 문화가 표준이었다. 하지만 미국 사회는 백인뿐 아니라 흑인, 스페인계, 아시아계, 아랍계 등 다양한 인종으로 구성돼 그 집단에 따라 독자적인 생활양식과 가치를 발전시켰다. 종교적으로도 개신교뿐 아니라 구교^{천주교} 등 기독교의 다양한 종파와 이슬람, 힌두, 불교 등 갖가지 신앙 집단이 존재한다. 남성뿐 아니라 여성, 게이, 레즈비언, 양성애 등 사회적 성^{젠더}도 다양하다. 사회경제적 신분, 즉 계급이나 계층별로도 문화는 분화돼 있다. 중상류층의 문화가 전체 사회의 기준이 돼 왔지만, 화이트칼라부터 노동자, 실업자 계급간의 문화가 서로 다르고 수입과 소득에 따른 이념과 가치, 생활양식에서도 서로 큰 차이를 보인다. 금융 · 통신 · 컴퓨터 · 예술 · 육체노동 등 직종에 따라서도 라이프스타일은 상호 이질적이다. 청소년, 청년층, 노년층 등 연령이나 도시-농촌, 북부-서부 등 지역별로도 편차가 크다. 이렇듯 전체 사회 속에 다양하게 분포된 인종, 지역, 연령, 성, 종교 등의 집단이 가진 문화를 하위문화라 부른다.

하위문화가 현대 사회에서 중요한 의미를 띠게 된 것은 그 다양성과 함께 전체 문화에 대한 전복적인 특성 때문이다. 하위문화에 대한 개념 및 연구가 1950년대 후반 미국 사회학계에서 비행^{非行} 청소년 연구의 일환으로 처음 시작되었다는 사실은 의미심장하다. 1950년 데이비드 리즈먼은 '상업적으로 주어진 스타일과 의미를 받아들이는 다수의 문화'로서의 전체 문화와 '소수자^{마이너리티}의 스타일과 의미를 추구하는 하위문화'를 구분했다. 딕 헤브리지는 1979년 발간된 책 《하위문화: 스타일의 의미》에서 하위문화는 '정상성에 대한 전복'이라고 주장했다. 그에 따르면 하위문화는 지배적인 사회적 표준에 대해 비판적인 성격을 갖고 있기 때문에 기성 제도나 사회에서 부정적으로 받아들여진다. 이미 하위문화의 주체가 대개는 주류 사회에서 배제되고 소외돼 '비정상적'이거나 '비규범적'이라고 규정되는 청소년, 노동자, 동성애자, 소수 민족 등이기 때문이다. 이들에 의해 생산되고 수용되는 하위문화는 주류 문화에 대한 비판과 저항의 성격을 짙게 띤다. 하위문화가 대개 대항문화counterculture와 연관되는 이유다. 2007년 켄 젤더는 하위문화의 특징을 6가지로 꼽았다.

그의 이론을 쉽게 설명하면 하위문화의 주체들은 첫째, 일정한 직업을 갖고 있지 않거나 가지려고 하지 않기 때문에 보통 '게으르다' '놀기 좋아한다'는 비난을 듣는다. 둘째, 전통적인 계급에 대한 소속감이 없고 이중적인 태도를 보여 준다. 과거 마르크스주의에서 말하던 자본가와 노동자 계급의 이분법적인 구분으로는 환원되지 않는 다양한 주체들이 있다는 것이다. 셋째, 경제적 지위나 소득, 자산보다는 거주 및 활동 지역으로부터 더 큰 영향을 받는다. 넷째, 가족에 대한 부정적인 인식을 갖고 있거나 가족으로부터 자유로운 생활 태도를 갖는 경우가 많다. 가족보다는 또래 모임으로부터 더 많은 영향을 받곤 한다. 다섯째, 과장되고 과잉된 스타일을 선호한다. 여섯째, 평범한 삶이나 대중적인 것에 대한 본능적인 거부감을 갖고 있다.

우리 사회에도 역시 계층과 종교, 지역, 연령에 따른 다양한 하위문화가 있었다. 하지만 하위문화가 주류 문화와 대립된 의미를 띠고, 각 집단의 중심이 되는 이념 및 가치관, 라이프스타일로 폭발하게 된 시기는 1990년대 이후다. 그 전까지 우리 사회에서 하위 집단은 전체 문화의 지배적인 가치관과 정치 이념에 의해 강제적으로 억압당해 왔기 때문에 독자적인 하위문화로 발전시키기 어려웠다. 전통적인 유교 사상뿐 아니라 정치적으로는 군사 독재에 기반한 권위주의 사회의 가치 체계 아래에서는 하위문화가 제 목소리를 내기 어려웠던 것이다.

B급 문화와 청년문화

하위문화에서 가장 중요한 지위를 차지하는 것은 데이비드 리즈먼의 연구에서 보듯 청소년을 포함하는 10대~20대의 청년문화다. 1990년대 이전 우리 사회의 대표적인 하위문화가 1970년대의 '청바지, 통기타 문화'와 1980년대 대학 내의 '운동권 문화' 였다는 점을 환기할 만하다. 하위문화는 전복적이거나 일탈적인 행위, 대항 문화로서의 요소 때문에 때로 규제나 징벌 대상이 된다. 미니스커트나 두발 단속, 연예인들의 대마초 사건, 대중가요 금지곡 등이 대표적인 사례다.

앞선 글에서 살펴봤듯 1990년대 초에는 문민정부의 수립으로 상징되는 민주화의 진전과 냉전의 해체로 인한 대학 내 이념 투쟁의 쇠퇴 , 후기자본주의 사회의 특성 발현 등을 배경으로 과거 억눌려 있던 다양한 계급과 계층, 세대, 성적 욕망이 폭발하기 시작했다. 청년문화에서의 급속한 개인주의화가 진행됐던 것도 이 시기다. 학업 경쟁이 치열해지면서 각급 학교에서는 청소년들의 일탈적인 행위가 점증됐고, 주류로부터 소외된 청소년들의 하위문화로의 편입이 급속하게 진행됐다. '운동권'으로 묶여 있던 대학 사회 내의 다양한 목소리들도 시민권을 주장하기에 이르렀다. 이 같은 배경 하에서 '서태지와 아이들'의 출현은 대중문화와 하위문화, 청년문화가 복합적인 연계를 맺어가는 시발점이 됐다.

B급 문화는 A급, 곧 주류로부터 이탈한 다양한 집단과 주체를 전제로 한다. B급 문화는 '하위문화'와 전적으로 동일한 개념은 아니지만, 하위 집단과 하위문화의 존재를 전제로 했을 때만 가능한 개념이다. 단일한 기준과 취향의 전체 문화만 존재한다면 주류에서 이탈한 B급 문화란 가능할 수 없기 때문이다. B급 문화는 주류로부터 이탈하거나 일탈한 집단이 생산한 예술 작품이나 그들의 이해와 감성, 취향, 목소리가 반영된 예술 양식이며, 그들이 수용한 가치 및 라이프스타일이다. 주류로부터 이탈하거나 일탈한 집단과 주체가 바로 하위 집단이라고 할 수 있다. 그래서 B급 문화는 하위문화라는 개념과 많은 특성들을 공유한다.

B급 문화와 하위문화는 이른바 공인된 고급 예술인 '클래식'이 아닌 대중문화로부터 더 강력한 영향을 받으며 대중문화에 대한 열광과 도취를 보여 준다. 또 주류 사회의 지배적인 감성과 취향, 가치와 세계관에 대한 반감 및 야유, 조롱, 거부 등 다소 적대적인 태도를 드러낸다. 앞서 켄 젤더가 규정한 하위문화의 6가지 특성 중 상당 부분이 B급 문화에도 해당된다.

B급 문화와 키치 예술, 그리고 캠프

B급 문화는 또 키치 예술과도 깊은 연관을 갖고 있다. 켄 젤더가 말한 하위문화의 특성 중 스타일의 과장과 과잉은 키치의 본래적인 속성이기도 하다.

그렇다면 키치^{kitsch}란 무엇인가? 한마디로 말한다면 '나쁘거나 저급한 취향'의 예술을 뜻한다. 무엇이 나쁘거나 저급한 취향일까? 그것은 싸고 가짜이며 거짓말이고 실체가 없으며 허황되고 경박하며 천박하고 투박한 예술이다. 다듬어지지 않아 조악하고, 내용이나 실체 없이 과장된 스타일만 있으며, 유일하기보다는 마구 복제된 값싼 모조품이다. 음식으로 비유하자면 세계적인 셰프가 최고급 레스토랑에서 최고급의 재료로 만들어낸 캐비어가 '고급 예술'이

키치 예술의 대표적 뮤지컬 〈로키 호러 픽처쇼〉

라면 '키치'는 그 맛을 흉내낸 통조림에 든 싸구려 캐비어 유사품인 것이다. 일본 명인이 만들어낸 최고급 라면이 '고급 예술'이라면 한 개에 천 원짜리 라면은 키치인 셈이다. 고급 예술품이 수제 명품이라면 키치는 공장에서 찍어낸 '짝퉁'이다.

키치는 절제와 균형미를 통해 인간의 감성과 지식을 고양시키는 것이 아니라 과장되고 시끌벅적하며 화려한 스타일을 통해 말초적인 감각을 자극한다. 바그너의 오페라가 고급 예술이라면 성적인 혼란과 괴성의 음악, 과장된 분장의 뮤지컬 〈로키 호러 픽처쇼〉는 키치적인 예술이다. 바하의 음악을 듣고 눈물을 흘린다면 그것은 고귀한 관람 행위이지만, 라디오에서 흘러나오는 3류 유행가를 듣고 감동을 받는다면 그건 키치적인 감성이다.

키치를 포함하는 과장된 스타일과 나쁜 취향에 대한 열광은 '캠프'의 특성이다. '캠프'는 키치에 비해 다소 어려운 개념으로 1964년 미국의 저명한 문화평론가 수전 손택이 제기해, 그녀를 일약 학계의 스타로 만든 용어이다.

수전 손택은 1964년 발표한 〈캠프에 대한 단상〉이라는 글에서 자연스러운 것보다는 인위적인 것을 추종하고, 진지한 것을 경박한 것으로 바꾸어 버리며, 일부 집단에 의해 열광적인 지지를 받는 예술 양식을 '캠프'라고 했다. 수전 손택에 따르면 고급문화는 도덕주의에 입각해 진리, 아름다움, 엄숙함을 추구하지만 '캠프'는 내용보다는 스타일을 앞세우는 장식 예술이며 탐미주의적인 성격을 갖는다. 캠프는 고급문화의 엄숙함을 폐위시키며 천박한 것, 과장된 것, 벗어난 것, 제 상태가 아닌 예술과 사물을 선호하는 경향을 보인다. 고급문화가 비극의 창조에 골몰하는 동안, 캠프는 모든 것을 인용 부호 속으로 불러내며 어떤 사물이나 인물, 현상과 예술 작품의 배후에 숨은 희극적이고 우스꽝스러운 맥락을 발견하려 애쓴다. 이처럼 캠프는 희극성과 쾌락주의에 스스로를 빠뜨려 대량복제된 생산물로부터 창의적인 즐거움을 찾아낸다. 거기에는 열광, 과장, 무절제, 희화화의 정서가 깃들어 있으며 극단적이고 무책임한 환상을 품고 있다. 캠프는 결국 '형편없는 예술'이라는 의미에서 키치 예술과 일맥상통하며 영화, 음악, 미술, 문학, 건축 등의 예술 작품뿐만 아니라, 사물과 세계를 보는 사람들의 시각이나 행동에서 발견되는 특성이기도 하다.

요컨대 주류의 심미안으로부터 '저급한 것'으로 평가받는 B급 문화는 대중문화와 하위문화가 충분히 성숙한 조건 아래에서만 독자적인 미적 가치를 갖는 예술 및 표현 양식으로 출현할 수 있다. 하위문화 중에서는 특히 청년문화와 긴밀한 관계를 맺고 있다. B급 문화는 '싸고 저급하며 통속적이며 속물적인 감성'이라는 점을 공공연히 내세우고 이를 통해 대중에겐 쾌락을 선사하고 주류 문화에는 반감을 보인다는 점에서 키치 예술에 대해 열광할 수 있는 가능성을 갖고 있다. 고급 예술의 엄숙주의와 도덕주의를 벗어나 희극성과 쾌락주의에 도취한다는 점에서 B급 문화는 수전 손택이 뜻하는 바 '캠프 취향'의 속성과 동일한 면모를 갖고 있다고 하겠다.

이 밖에도 B급 문화는 현대 사회의 다양한 현상 및 개념들과 관계를 맺고 있다.

차브^{Chav} 영국에서 주로 쓰이는 말로 브랜드 로고가 커다랗게 새겨진 스포츠웨어와 싸구려 금 장신구를 즐겨 착용하는 하층 노동자 계급의 청년들을 가리킨다. 마약을 하거나 술을 마시고 폭력을 휘두르는 등 반사회적인 행태를 보이는 삐딱한 십대들을 싸잡아 비난조로 일컫는 말로 1998년 인터넷에 처음 나타났고, 2002년부터 미디어에서 공공연히 쓰기 시작했다. 흑인 갱스터 문화의 영향을 받은 하층 백인 청년문화를 뜻하는 말로서 처음에는 부정적인 뉘앙스가 강해 이 단어의 사용을 두고 '새로운 인종차별주의'나 '엘리트주의' '계급 차별' 등 논란이 일기도 했으나 2000년대 중반 이후에는 '차브'의 패션, 언어, 음악 등이 독자적인 하위문화로 자리 잡기 시작했다. 2004년엔 옥스퍼드 영어 사전에 등재되며 '올해의 단어'에 오르기도 했으며 패션업체의 마케팅 전략으로도 수용됐다. 주류 문화로부터의 일탈과 기성 사회 체제에 대한 반감, 통속적이고 과시적이며 싸구려적 스타일은 B급 문화와 통하는 특성이다.

힙스터^{Hipster} 1940년대 미국 재즈계에서 유래됐으나 1990년대 들어 도시 중산층의 청소년 및 청년들의 하위문화를 가리키는 용어가 됐다. 인디록과 독립영화, 비주류 패션 스타일을 선호하며 진보적이고 자유주의적인 정치 성향을 갖고 있다. '힙-합'에서의 '힙'^{Hip}과 무리를 가리키는 '갱스터'가 결합한 단어다.

도시부족^{urban tribe} 1985년 프랑스 사회학자 미셸 마페솔리가 《부족

의 시대: 대중 사회에서의 개인주의의 쇠퇴》라는 저서에서 정립한 개념이다. 도시 지역에서 직업이나 여가 생활 같은 공동의 관심사로 모여 유대감을 형성하는 시민들을 뜻한다. 이들이 구성하는 다양한 소모임은 이해와 서열에 따른 공식 대면이 아닌 격식 없는 1차적 상호 작용에 기반해 있다는 뜻에서 '부족'이라 일컬어진다. 공동의 취미나 이슈뿐만 아니라 비슷한 정치 성향과 예술 취향, 패션 스타일과 행동 패턴을 보인다. 애초 '도시부족'은 대면 접촉을 전제로 한 개념이었으나 인터넷 및 모바일, SNS 등이 발전한 오늘날엔 새로운 형태와 의미를 띠게 됐다고 할 수 있다. 컴퓨터나 카메라 등 디지털 기기에 대한 정보 공유 및 중고품 거래를 목적으로 생겨난 〈DC인사이드〉나 여성들의 가사·육아·직장 생활·부부 관계 등 정보 교류를 위해 만들어진 〈82쿡닷컴〉〈레몬테라스〉, 미국 메이저리그 야구 마니아들의 동호회 사이트였던 〈엠엘비닷컴〉 등이 사이버 시대의 대표적인 '도시부족'화 현상을 보여 주는 사례라 할 수 있다. 이들 사이트 회원들은 공통의 취미 및 정보뿐만 아니라 특정의 사회 현안에 대한 정치적 발언이나 공동의 실천에 나서기도 한다. '도시부족'은 하위문화의 새로운 주체이자 B급 문화의 새로운 진원지 역할을 하고 있다.

컬트 Cult 원래는 소수의 집단이나 추종자들을 이끄는 광신적인 신앙과 종교를 가리키는 말이었으나 대중문화에서는 특정의 영화, 음악, 게임, TV 드라마, 문학 작품, 대중 스타에 열광하는 집단이나 현상을 뜻하는 단어가 됐다. 열광이나 숭배의 정도에 있어서 팬이나 마니아보다 훨씬 더 적극적인 의미를 담고 있다. 컬트의 팬cult follower들은 자신이 추종하는 작품이나 스타의 출연작을 완전히 외울 정도로 반복해서 관람하고 감상하며, 관련 상품들을 수집하고, 극중 인물로 분해 '코스튬 플레이코스프레'를 즐긴다. 숭배의 대상에는 〈스타워즈〉같이 공인된 걸작도 있으나 괴짜 B급 영화감독 에드 우드의 작품나 뮤지컬 영화 〈록키 호러 픽처쇼〉 같은 작품도 있다. 이 같은 과정을 거쳐 과거에는 무시되고 평가절하됐던 작품이나 예술가가 재발견되는 경우도 적지 않다. 컬트팬들은 작품이나 예술가를 단지 위대하기 때문이 아니라 끔찍하고 놀라우며 기괴하고 우스꽝스럽기 때문에 숭배하기도 한다. 컬트, 즉 광적인 열정은 B급 문화와 '캠프'가 가능할 수 있는 조건이다.

인디Indie, 언더그라운드 컬처Underground culture, 대항문화Counter culture

'인디'는 메이저 자본과 상업주의적인 투자·제작·유통 시스템으로부터 독립된 방식으로 만들어지고 소비되는 영화나 음악, 미술 등의 대중 예술을 뜻한다. '언더그라운드 컬처'는 지배적인 체제 바깥에서 창작되고 수용되는 예술과 문화로 대중문화의 획일적인 장르나 유행, 가치, 스타일을 따르지 않으며 기성 사회의 세계관을 거부하는 특성을 갖는다. '인디'는 작품의 속성보다는 작품이 만들어지고 유통되는 과정 및 방식에 초점을 둔 개념이라면, '언더그라운드'는 독립적인 제작 및 유통 방식을 견지하는 동시에 반反주류, 반反대중문화의 노선을 명확히 한 작품이나 경향을 뜻한다. 하위문화의 하나로 때로 기존 사회 규범에 의해 규제의 대상이 돼 마찰을 빚기도 한다. 기존 문화의 가치나 미학, 제작·유통 시스템에 반기를 들고 새로운 질서를 모색한다는 의미에서 이들은 모두 대항문화카운터 컬처로서의 특징을 갖는다. B급 문화는 반드시 독립적인 제작 방식에 의존할 필요가 없으며, 언더그라운드의 반대중문화 노선을 따르지도 않는다. 또 '저급, 비주류'의 태도나 작품이 반드시 기존 질서에 대한 저항이나 부정, 개혁의 추구로 나타나는 것도 아니다. 다만 주류에서 이탈하고 일탈한 하위문화로서 B급 예술은 처음부터 자본으로부터 지원을 받을 가능성이 적기 때문에 독립적인 방식으로 제작될 가능성이 크다. 다시 말해 저예산이긴 하지만 상업적인 목적이나 기존 규범으로부터 탈피, 자유롭게 만들 수 있는 가능성이 보장되며, 이 때문에 기존의 주류 문화와는 다른 가치와 미학을 추구하는 '대항문화'로서의 성향을 나타내는 것이다.

비, 소 쿨 B, SO COOL!

홀 안은 쿵쿵 울리는 시끄러운 댄스 음악에 맞춰 몸을 흔드는 청춘 남녀들의 열기로 가득하다. 그 틈을 뚫고 가죽 재킷을 입은 한 청년이 들어온다. 건들거리는 태도에는 불량기가 가득하다. 그는 거침없이 DJ 부스 속으로 발걸음을 향하더니, 잘 돌아가고 있던 턴테이블의 바늘을 내려놓는다. 일순 정적에 휩싸여 어리둥절한 얼굴로 바라보는 뭇 젊은이들의 시선을 받으며 사내는 또 다른 레코드판을 올려놓는다. '짱짱짱짱~'. 홀을 채운 음악은 베토벤의 〈운명〉이다. 사내는 뭐 볼 거 있냐는 듯 무심한 얼굴로 소파에 가서 털썩 주저앉는다.

아주 오래전 영화의 한 장면이다. 당대 최고의 배우이자 한국의

B급 감성의 하위문화인 신성일 주연의 〈맨발의 청춘〉

제임스 딘이라고 꼽히던 신성일이 주연한 1964년 영화 〈맨발의 청춘〉이다. 1960년대 서구 문화의 담론 속에서 이 장면이 해석됐더라면 '캠프 취향'이나 'B급 영화'적 표현이라고 할 만하다. 이 영화는 'B급 감성'을 잘 보여 준다.

영화 〈맨발의 청춘〉에 드러난 B급 감성

먼저 신성일이 재현하는 B급의 감수성은 하위문화인 뒷골목 문화와 '하층 청년문화'의 양식이다. 홀 안에서 춤을 추고 있던 이들은 누구인가? 60년대에 고급 클럽에서 술을 마시고 이성과 교제하던 남녀라면 상류층 청년들이다. 부잣집 도련님과 아씨들이다. 이들에 대한 반감, 이들로부터 떨어져 있다는 거리감을 가죽 재킷을 입은 신성일이 행동으로 보여 준다. 홀을 울리던 댄스 음악을 멈추게 하고 뜬금없는 클래식 음악을 턴테이블에 건다. 자신은 꿈도 꾸지 못할 부잣집 자제들에 대한 야유이자, 자신은 제대로 교육받지 못했던 클래식 음악에 대한 조롱이다. 이중의 비틀기인 셈이다. 이는 자기 모멸적인 행동이기도 하다. 왜냐하면 이 작품에서 신성일은 미천한 깡패로 최고 상류층인 엄앵란을 사랑하기 때문이다. 자신이 이룰 수 없는 목표에 대한 좌절감과 자괴감을 드러낸 것이다. 여기서 중요한 것은 상류층에 대한 반감과 자신에 대한 환멸을 분노와 증오가 아닌 '역설적 초연함'으로 보여 준다는 사실이다. 그는 무심하게 음악을 바꾸고 소파에 앉으며 자신을 주목하는 이들에게 왜 그러냐는 듯 반문의 눈빛을 보내는 것으로 모든 감정을 다 표현했다. 신성일은 자신의 감정과 행동의 사회적 맥락을 단숨에 '스타일화'한다. 수전 손택의 '캠프'라는 개념과 마찬가지로 'B급'에 있어 강조되는 것은 행위의 의도나 주제가 아니라 행위의 형식, 실천의 스타일이다. 신성일이 보여 주는 '가죽 재킷을 입은 반항아의 역설적인 초연함'. 멋있다. '쿨'하다.

하지만, 1964년의 이 작품이 하위문화로서 당대 청년문화와 키치 예술^{싸구려로 소비되는 베토벤의 《운명》}에 바탕한 'B급 감성'을 보여 줬다고 해서 그 자체로 'B급 영화'나 'B급 예술'로 인정할 수는 없을 것이다. 왜냐하면 하나의 작품이 B급 예술과 B급 문화로 수용되기 위해서는 일군의 열광적인 추종자들이 나타나고, 그들에 의해 창작자의 의도와 작품의 맥락이 끊임없이 '인용'되고 재독해되어야 하기 때문이다. 창작자의 의도와 추종자들의 인용, 작품의 재발견, 열광적인 숭배가 B급 예술과 B급 문화의 조건이다. 이 과정을 통해 작품에 내재한 이중, 삼중의 의미가 드러남으로써 진지한 것은 경박한 것으로, 경박한 것은 심오한 것으로 다시 읽혀져야 비로소 'B급 문화'로 수용될 수 있다.

만일 1964년 작의 〈맨발의 청춘〉을 오늘에 와서 인용한다면 이는 'B급'이 될 수 있는 가능성이 있다. 오마주^{경의를 표하는 것으로서의 인용}든 패러디든 '인용'에는 모종의 유머와 장난이 개입하기 때문이다. 만일 더빙된 신성일의 과장된 목소리와 태도, 전형화된 통속 멜로물의 태도를 오늘날에 와서 재현한다면 그것은 당시의 진지함을 경박한 것으로 만들고, 이 경박함을 통해 우스꽝스러운 풍자와 해학을 드러내는 'B급적인 태도'가 될 것이기 때문이다. 그러므로 우리는 1964년 작 〈맨발의 청춘〉은 'B급 예술'이 되기엔 너무 진지한 시대와 너무 심각한 관객을 만났다고 말할 수 있을 것이다.

〈맨발의 청춘〉뿐만 아니라 1960년대 한국영화는 '주류' 조차 할리우드적인 의미에서 B급 영화의 제작 방식으로 만들어졌다. 당대의 스타 배우들은 작품 내용 전체를 알 수도 없이 하루에도 2~3군데의 촬영장을 돌아다니며 한꺼번에 3~4편 이상의 영화를 찍었고, 감독 또한 마찬가지였다. 극의 논리적인 개연성이나 영상의 완성도는 접어 두고 저예산으로 작품 편수를 늘이는 데 급급해 마구 찍어낸 것이다. 미국의 서부극, 공포물, 멜로물을 번안하거나 차용한 값싼 작품이 공장에서 물건 찍어내듯 만들어졌다. 임권택 감독이 영화 100편을 찍고, 당대 스타 배우들의 경우 수백 편의 필모그래피를 자랑할 수 있었던 것은 60년대 충무로를 지배했던 B급 영화적인 제작 방식 때문이었다. 이들 작품에는 제작 방식으로부터 비롯된 B급의 감수성이 짙지만, 그 자체로 'B급 영화'라고 할 수는 없다. 왜냐하면 B급이 하나의 지위를 가질 만큼 '주류'의 대중문화 시스템이 갖춰지지 않았기 때문이다. 당연한 말이지만, 주류가 없으면 비주류도 없고, A급이 없으면 B급도 없다. 뿐만 아니라 주류 가치관과 미학에 대한 반응과 코멘트라는 창작자의 자의식도 없었을뿐더

류승완 감독의 〈다찌마와 리〉

러 끊임없이 인용하고 의미를 재독해하는 열광적인 추종자들도 결여됐다.

하지만 1960년대 한국영화가 품었던 'B급의 감성'은 오늘날 새롭게 평가되고 있다. 2008년 작인 류승완 감독의 〈다찌마와 리: 악인이여 지옥행 급행열차를 타라!〉는 제목부터 장르^{일제 배경의 첩보 액션극}, 극의 작위적인 전개, 연극적으로 과장된 배우들의 연기 스타일까지 1960년대 액션 영화 스타일을 재현했다.

창작자와 수용자의 태도와 취향이 내포…… 멋있고 쿨해야 한다

이로부터 우리는 B급 문화의 본질 중 하나를 발견하게 된다. B급은 어떤 특정한 예술 작품이나 문화 상품, 그 자체만으로 이루어지는 것이 아니라 그것을 받아들이는 창작자와 수용자들의 태도와 취향을 필수적으로 포함한다는 사실이다. 1960년대의 한국영화들이 저예산, 전형적인 장르의 공식, 통속 신파적인 감성 등 B급 영화의 제작 방식으로 만들어졌다고 해도 B급 영화라고 규정할 수 없는 이유다. 1960년대의 한국영화가 2000년대의 젊은 예술가들에 의해 'B급'으로 재발견됐다고 말해야 옳을 것이다.

요컨대, B급의 감성은 '역설적인 초연함^{차가움}'과 이에 대한 열광적인 숭배·추종^{뜨거움}이라는 상반된 두 개의 짝패로 이루어졌다고 하겠는데, 양자를 매개하는 것은 '멋있다' '쿨하다'는 감탄이다.

B급은 쿨하다, 따라하고 싶을 만큼

다시 1964년, 〈맨발의 청춘〉이 남긴 명장면을 다시 한 번 인용해 보자. 가죽 재킷을 입은 신성일이 그랬듯이 싸이의 〈강남스타일〉역시 이중의 야유를 보여 준다. 하나는 강남이라고 상징되는 욕망에 대한 조롱이며 또 다른 하나는 '강남'이라는 소비 사회의 로망을 진지하게 비판하는 시선에 대한 풍자이다. 고상한 척, 우아한 척, 명품인 척하는 '강남'도 우스꽝스럽지만, '젠체'하며 목에 힘주고 강남의 욕망을 비판하는 이들도 가식적이긴 마찬가지다. 결국 〈강남스타일〉의 태도는 '비판'이 아니라 '무심함'이다. '너네가 뭐라 하든, 나는 논다. 강남이라고 부르든, 양아치라고 부르든 상관

없다.' 싸이는 그저 무심하게 '잘 놀아보자'고 말한다. 〈강남스타일〉은 결국 메시지가 아니라 스타일만 남는다.

미국 일간지 〈워싱턴 포스트〉의 모라 저드키스 기자는 "〈강남스타일〉은 특별히 바보스럽게 보이는 춤동작을 '쿨'한 것으로 만들었다. '강남스타일'이 '갱스타gangsta'와 비슷하게 들린다는 사실은 별 문제가 되지 않는다. 이제 유대인의 성인식에서 말춤을 보는 것은 시간문제일 뿐이다. 말에 올라타서 고삐를 잡으시길!"이라고 말했다.

그렇다. 〈강남스타일〉은 '쿨하다'! '쿨'이란 '멋지다' '좋다'는 의미로 흔히 쓰이는 말이다. 《세대를 가로지르는 반역의 정신 Cool》에서 영국인 저자 딕 파운틴과 데이비드 로빈스는 이렇게 예를 든다.

어젯밤에 〈X-파일〉을 보고 무슨 생각을 했지? 대답은 '쿨했죠'이다. '신노동당에 투표했어요.' 대답은 '쿨하군요.' 당신은 대답을 망설이다가 특별히 할 말이 없을 경우에 이 말이 제격임을 알게 될 것이다.

'쿨'이라는 말은 '좋다'나 '옳다'는 윤리적인 언명이 아니라, '멋지다' '근사하다'는 심미적인 평가다. '고급문화의 감수성은 도덕주의를 기저로 하는 반면 캠프B급는 철저히 탐미적'이라는 수전 손택의 말을 다시 한 번 환기하자. '멋있다' '근사하다'는 것은 무엇인가? 따라하고 싶다는 말이다. 그러니까 '쿨하다'는 말은 당대의 지배적인 가치관이나 도덕, 윤리와는 상관없이 특정의 하위 집단, 특히 청년 세대에게 따라하고 싶을 만큼 멋진 스타일이라는 뜻을 담고 있다.

옥스퍼드 사전에는 '쿨'이 '흥분과 열정의 기운을 잃은, 덜 열광적이고 열심인, 열정과 감정에 영향 받지 않으며 흥분하지 않고 심사숙고하며 조용한'이라고 정의돼 있다. 또 조나손 그린이라는 이는 《속어사전》에서 쿨의 쓰임새에 대해 이렇게 적었다. '쿨: 19세기 후반-좋거나 즐거운. 20세기-조용하고 침착하고 박식하고 현학적인. 1940년대-패션에 민감하고 우아한'.

그래서 딕 파운틴과 데이비드 로빈스는 '쿨'을 '공식적 가치에 진지하게 맞서는 대안적 가치의 집합 개념'이라고 정의한다.

B급 감성과 취향, 예술이 한 시대, 한 사회에서 '문화'가 되기 위해선 특정 세대나 집단의 구성원에게 '멋지다'는 감탄과 '따라하고 싶다'는 열망을 불러일으켜야 한다. 〈워싱턴 포스트〉의 모라 저드키스 기자의 표현을 살짝 바꾼다면 김태호 PD가 연출하고 유재석, 정형돈, 박명수, 정준하, 하하 등이 출연한 예능 프로그램 〈무한도전〉에 대해서도 같은 이야기를 할 수 있을 것이다. 〈무한도전〉은 특별히 바보스럽게 보이는 인물과 대화, 행동을 '쿨'한 것으로 만들었다고 말이다. 〈무한도전〉은 루저, 즉 낙오자들의 바보 같은 도전을 담고 있다. 평균보다 모자란 캐릭터들의 좌충우돌 도전기다. 미국으로 치자면 스턴트맨들의 무모하고 황당한 도전을 그려 인기를 얻은 뒤 영화로까지 제작된 리얼리티 프로그램 〈잭 애스〉와 닮았다. 대개 이들이 도전하는 목표란 기성세대에겐 의미가 없거나 황당무계하고 부질없기 짝이 없다. 이들이 임무를 수행하는 과정에

서 보여 주는 과장되고 장난스러운 질시와 음모, 경쟁, 이합집산은 충분히 유치하고 바보 같다. 하지만 이들이 땀을 뻘뻘 흘리며 시련을 딛고 목표를 성취해 갈 때 시청자들은 감동을 받는다.

무모하고 우스꽝스러운 도전에 대한 진정성 어린 도전. B급은 진지한 것을 경박하게 만들어 웃음을 자아내지만, 반대로 우스꽝스럽기 짝이 없는 것으로 심각하고 열정적인 감정을 불러일으키기도 한다. 이러한 양면성은 〈무한도전〉 멤버들의 이중적인 태도에서 나타난다. 이들은 돈과 서열, 외모, 인기 등에 대한 욕망과 가치 지향을 서슴없이 드러내면서 끊임없이 극단적인 자기비하와 자기만족의 경계를 넘나든다. 서로 약점을 잡아 인신공격을 하기도 하지만, 과장되게 부풀린 칭찬을 주고받기도 한다.

다시 한 번 딕 파운틴과 데이비드 로빈스의 저서를 인용해 보자.

우리는 쿨이 서로 다른 역사적 시기와 사회에서 출연한 태도이자 개성 양식이라고 주장한다. 쿨은 다양한 사회적 기능을 해왔지만, 표현 방식은 다음과 같은 독특하고 개성적인 특징_{나르시시즘, 역설적 초연함, 쾌락주의의 세 가지 요소가 결합한 상태}으로 인지된다.

B급, 쿨의 미학과 쾌락주의…… '멋지다'에 '재미있다'까지

한 집단의 구성원에 의해 '멋지다'는 동의를 얻은 스타일은 곧 유행이 된다. 한 집단의 구성원들은 비슷한 옷차림을 하고 그들끼

리만 통용되는 은밀한 언어를 쓰며 서로 닮은 취향과 라이프스타일을 나누면서 하나의 하위문화 집단을 형성하게 된다. 이들에겐 전체 문화, 지배적인 가치와 주류의 기준을 그대로 따라하는 '범생이^{모범생}'는 '순응하는 얼간이'일 뿐이다. 이들은 주류 집단의 획일화된 기준 속에서 자신의 개성을 희생시키고 싶어 하지 않는다. 그들은 자신을 내세우고 자신의 취향과 감성을 드러내고자 한다. '나는 멋쟁이'라는 평판을 또래로부터, 소속 집단의 구성원들로부터 얻고 싶어 한다. 나르시시즘이다.

B급이 문화로서 유행하기 위해선 '멋지다'는 구성원들의 동의에 더해, '재미있다'는 반응을 얻어야 한다. 다시 말해 '쾌락주의'이며 감각에 호소한다는 의미다. B급은 쿨하고, 쿨하다는 것은 멋질 뿐만 아니라 재미있다. B급의 쾌락주의 맞은편엔 주류의 참을 수 없는 '지루함'이 있다. 우리는 어떤 물건이나 예술 작품을 온전히 감상할 만한 훈련이 부족해서 대상을 느낄 수 없을 때 이를 지루하다고 한다. 예를 들어 바하의 어떤 음악, 바그너의 어떤 오페라, 타르코프스키 감독의 어떤 영화에 대해 지루하다고 말할 수 있다. 그것은 정말로 그 작품이 별로이기 때문에 지루할 수도 있지만 그보다는 대개 감상자가 그 작품을 받아들일 능력이 없다는 뜻이다. 고급문화라고 평가받은 상당수의 영화, 미술, 음악, 소설, 연극은 일정한 고급 독자나 고급 관객을 전제로 하고 있다. 그것은 어렸을 때부터 훈련받은 결과다. 예를 들어, 바로크 음악과 고전주의 음악의 차이를 아는 청중에게 바로크 음악의 고전주의 스타일의 연주는 매우 흥미로울 것이다. 미국 회화의 화풍과 일본 회화의 스타일을

잘 아는 감상자에게 일본 회화의 화풍을 빌려 온 미국 화가는 매우 흥미로운 탐구 대상일 수 있다. 하지만, 클래식 음악에 정통한 이가 아니라면 비발디의 〈사계〉는 현대 악기로 연주하든, 원전 악기로 들려주든, 휴대폰 벨소리로 듣든 다 똑같은 비발디의 〈사계〉일 뿐이다. 회화를 감상할 만한 충분한 교육과 기회를 받지 못한 이에게 칸딘스키의 뜨거운 추상과 몬드리안의 차가운 추상의 구별은 지나치게 난해하거나 부질없는 짓이다. 수전 손택은 〈하나의 문화와 새로운 감수성〉이라는 글에서 '지루함은 좌절감의 다른 이름이다. 우리 시대의 흥미로운 예술이 구사하는 새로운 언어가 교육받은 사람들 대다수의 감수성을 좌절시키고 있는 셈'이라고 했다.

반면, 소녀시대의 〈텔미〉를 싸이가 부른다고 치자. 아니면 영화 〈도둑들〉을 TV 드라마나 뮤지컬로 만든다고 가정해 보자. 많은 이들의 구미를 당길 것이다. 소녀시대의 〈텔미〉나 영화 〈도둑들〉을 모르는 대한민국 사람은 거의 없거나 드물기 때문에 많은 사람들이 궁금해하고 흥미로워 할 것이다. 어떤 하나의 현상이나 예술 작품이 '재미있다'는 것은 감상자가 맥락을 충분히 익숙하게 이해함을 전제로 한다. 그렇기 때문에 B급 문화가 유행하기 위해서는 전체 대중문화가 일정한 발전 수준에 이르러야 한다. 한국에서 B급 예술과 문화에 대한 관심과 감성이 1990년대 이후에 본격적으로 나타난 것은 그때에 이르러서야 우리 대중문화 수준이 서구적인 수준에 접근하기 시작한 때문이다. 방송, 영화, 대중음악, 연극, 뮤지컬 등 대중문화가 일정 수준으로 발전하면 미술이나 문학, 클래식 음악, 현대 무용 등의 전통적인 순수 예술이 대중문화의 작품이나 장르,

재미와 쾌락을 최고의 가치로 추구하는 B급 무비 〈도둑들〉

이미지를 차용해 더 많은 감상자들을 만나려고 시도한다. 키치나 팝아트를 포함해 B급 미술, B급 문학이 나오는 이유다.

〈도둑들〉과 〈강남스타일〉에 등장하는 쾌락주의

'재미'를 최고의 가치로 추구하는 B급의 쾌락주의는 한국영화의 흥행 판도도 뒤집어 놓았다. 2012년 개봉해 1298만 명을 동원하며, 〈괴물〉[1302만 명]에 이어 한국영화 개봉작 중 역대 2위의 흥행작이 된 〈도둑들〉은 사회적·역사적 주제를 담은 '의식 있는 작품' 보다 대중적 어법과 영화적 쾌감에 충실한 '재미있는 영화'의 전성시대가 개막했음을 알렸다.

서구의 장르 공식에 충실하고 상업적인 감각을 지녔으며 대규모 제작비를 투입하고 톱스타를 대거 캐스팅한 할리우드형 흥행 공식이 국내 극장가에서도 '주류'가 되기 시작했음을 증명한 사례였다. 〈도둑들〉은 한국영화의 '계몽주의'와 대중문화의 '엄숙주의' 시대가 종언을 고했음을 확증하는 작품이라는 점에서 가요계에서 싸이의 〈강남스타일〉이 일으킨 신드롬과도 맥락이 닿는다. 수전 손택은 '예술의 목표는 예외 없이, 궁극적으로는 쾌락을 선사하는 것이다'라고 말했다. 그리고 이 같은 경향이 현대 예술의 새로운 감수성이라고 했다.

새로운 감수성은 예술에게 '내용'을 별로 요구하지 않고 '형식' 과 스타일의 즐거움에 훨씬 더 열려 있기 때문에, 훨씬 덜 속물적 이며 덜 교훈적이다. 예술의 즐거움이 꼭 교훈과 연결되어야 한 다고 요구하지 않는다는 점에서 말이다. 예술이 감정을 훈련시키 는 형식이자 감각을 구성하는 형식이라면 라우센버그의 그림이 뿜어내는 감정혹은 감각은 슈프림스의 노래가 뿜어내는 감정과 비슷 한 것일 수도 있다. 마찬가지로 버드 보에티셔의 '다이아몬드 다 리의 흥망성쇠'가 보여 주는 생기발랄함과 우아함, 혹은 디온 워 윅이 노래하는 스타일을 복잡하면서도 유쾌한 사건이라고 평가 할 수도 있는 것이다. 이런 예술들은 우리가 고상한 체하지 않으 면서도 즐길 수 있는 예술이다.

– 수전 손택, 〈하나의 문화와 새로운 감수성〉 중

정상적이지 않은 캐릭터들의 통쾌한 분투 〈무한도전〉

B급이 쿨한 것은 통쾌함을 선사하기 때문

영화 〈도둑들〉뿐 아니라 B급의 감수성을 내뿜는 TV 프로그램 〈무한도전〉을 비롯해 〈개그콘서트〉 〈SNL〉 〈코미디빅리그〉는 패러디와 인용, 희화화를 통해 웃음을 유발하고 성적인 농담을 거리낌 없이 내뱉으며 웃음을 선사한다. B급의 감성을 훨씬 더 노골적으로 보여 주는 인터넷 사이트들도 많다. 〈딴지일보〉와 〈DC인사이드〉 〈오늘의 유머〉 등은 계몽과 엄숙주의를 벗어나 가감 없는 욕설과 은어를 사용하며 오로지 재미만을 추구한다.

마지막으로 B급이 '쿨'한 이유는 지배적인 가치와 생활양식, 태도를 조롱하며 가치를 전복시키고 '통쾌함'을 선사하기 때문이다. B급은 통쾌하다. 〈무한도전〉이 통쾌한 이유는 공식적인 표준에서 벗어난 캐릭터들이 '정상적이지 않은' 혹은 '고귀하지 않은' 목표를 설정하고 이를 위해 도전한다는 데 있다.

　　B급 문화의 장…… 전복의 열망과 자본의 욕망이 제휴하고 충돌하는 싸움터

　　요컨대, B급은 쿨하다. 멋지다. 독자적이며 자기만족적이다. 또 재미있고 통쾌하다. 그래서 한발 더 나아가면 B급은 '소비주의 사회'에서 마케팅 전략이 된다. 젊은이들이 '멋지다'고 생각하는 것은 곧 따라 하고 싶다는 것이고 그것은 자본주의 사회 속 기업에겐 새로운 상품 판매의 기회를 의미하기 때문이다. 이에 따라 B급 문화의 장은 기존의 질서와 주류 시스템을 전복하려는 변화의 열망과 이윤 창출의 대상으로 포획하려는 자본의 욕망이 때로 제휴하고 때로 거래하며 때로 충돌하는 싸움터가 된다. 이에 따라 비주류였던 B급 예술 작품이나 B급 문화 현상이 주류 대중문화나 고급문화의 최상급 상품이 되기도 하며, 당대의 지배적인 표현 양식으로 각광받기도 한다. 반대로 B급 문화가 당대의 주류적인 가치를 모방하고 받아들이며 새로운 하위문화를 형성하기도 한다.

한국 대중문화사와 B급
대한민국은 어떻게 싼티, 촌티, 날티에 열광하게 됐나

'싼티, 촌티, 날티' 라는 B급에 대한 열광과 유행은 어느 날 하루 아침에 대한민국에 떨어진 것이 아니다. 2000년대에 들어와 주류 문화 내에서 B급적 감수성이 영향력을 얻는 데엔 1960년대 이후 대중문화의 발달이 중요한 영향을 끼쳤다.

저류의 문화, 민중의 문화는 어느 시대에나 나타나지만, B급은 자본주의 사회에서 두드러지게 나타나는 문화의 속성이다. 대중을 상대로 한 예술 작품이 생산되고, 대규모로 복제하고 유통하는 생산 − 유통 시스템이 발전해야 하며, 이를 대규모로 소비하는 익명의 다수가 있어야 한다. 즉 대중문화가 어느 정도 수준으로 발전되지 않으면 B급 문화는 나타날 수 없다.

기술복제시대의 예술, 대중문화

대중문화는 대규모 복제기술시대에 나타난 문화다. B급의 한 특성인 키치적 감성은 고급 예술의 희소성, 독창성, 오리지널리티에 대한 반동으로서 대량복제시대에 출현했다. 발터 벤야민은 1939년 발표한 《기술복제시대의 예술 작품》이라는 글에서 다음과 같이 진단했다.

예술 작품은 원칙적으로 항상 복제가 가능했다. 사람들이 만든 것은 늘 사람들이 모방할 수 있었다. 그러한 모방은 예술 실기 연습을 하려는 제자들에 의해, 작품을 널리 보급하려는 장인들에 의해, 마지막으로는 이윤을 탐하는 제3자에 의해 수행되었다. 이에 비해 예술 작품의 기술적 복제는 좀 새로운 현상이다. 기술적 복제라는 이 새로운 현상은 역사적으로 긴 간격을 두고, 그러나 점점 더 강도를 더해 가면서 관찰되었다.

발터 벤야민이 '예술 작품의 기술적 복제시대' 라고 판단하게 된 가장 중요한 매체는 사진과 영화였다. 그 전에는 예술 작품의 모방이나 복제가 인간의 손에 의해 이루어졌지만, 카메라의 발명은 이전과는 비교할 수 없을 정도의 대규모로 정확한 모사가 이루어질 수 있도록 했다. 발터 벤야민은 같은 글에서 '사진술이 발명되면서 손은 영상의 복제 과정에서 처음으로 그것이 지금껏 담당해 온 가장 중요한 예술적 임무들에서 벗어날 수 있었다' 며 '석판 인쇄 속에 삽화가 들어 있는 신문이 잠재적으로 숨겨져 있었다면, 사진 속에는 유성 영화가 숨겨져 있었다'고 썼다. 발터 벤야민의 주장을 요약하면 기술복제시대의 예술 작품은 연극이나 회화 감상에서 '지금, 여기'라고 하는 고유의 가치, 즉 '아우라'를 벗겨낸다. '지금, 여기'는 한 번뿐, 영원히 다시 오지 않는다. 사진과 영화의 시대 이전, 예술 작품이란 특정한 시간과 공간에서 느낄 수 있는 유일무이하며 다시는 마주할 수 없는 특별한 순간의 미학적 체험을 의미했다. 그것은 제의를 통해 신의 존재를 느끼는 종교적 체험 혹은 황홀경과 같은 것이었다. 그러나 기술복제시대의 예술 작품이란 무한히 반복해서 감상 가능한 대상이 됐다. 예술 작품을 둘러싼 종교적인 숭고함은 사라지고, 언제 어디서든 보고 즐길 수 있는 쾌락의 대상으로서의 가치가 중요해졌다. 과거의 예술 작품이 지닌 '제의적 가치'를 대신해 '전시적 가치'가 더 우위에 서는 것도 기술복제시대의 특성이다.

이러한 예술 작품의 기술적 복제는 '대중'을 기반으로 했거나 대중의 출현 및 형성을 부추겼다. 즉 대량으로 복제된 예술 작품은 특정한 개인을 위해 창조된 것이 아니라 익명의 다수가 감상할 것을 전제로 한다. 발터 벤야민은 '대중은 예술 작품을 대하는 일체의 전통적 태도가 새로운 모습을 하고 다시 태어나는 모태matrix'라며 '양은 질로 바뀌었다. 예술에 참여하는 대중의 수적 증가는 참여하는 방식의 변화를 초래하였다'고 했다. 참여하는 방식의 변화는 '즐거움' 즉 쾌락의 강조로 나타난다. 발터 벤야민은 과거의 예술이 '정신 집중'을 요구한다면 새로운 시대의 예술은 '정신 분산',

즉 오락에 대한 열정 속에서 수용^{소비}된다고 말했다.

우리는 여기서 발터 벤야민이 이야기한 전통적인 예술과 기술복제시대의 예술 작품을 순수문화-대중문화라는 대립이나 고급예술-저급예술로 바꾸어도 무방할 것이다.

수전 손택은 〈하나의 문화와 새로운 감수성〉을 통해 이렇게 말했다.

> 부분적으로 고급문화, 저급문화의 구분은 단 하나뿐인 것과 대량 생산된 물품의 차이점을 둘러싼 평가에서 파생된 것이다. 대량 복제가 가능한 기계 시대에도 진지한 예술가의 작품은 특별한 가치를 지닐 수 있다. 그 작품이 유일무이한 작품이거나, 그 작품에 예술가가 손수 남긴 서명이 있다면 말이다. 대중문화의 작품들^{그리고, 오래 세월 이 범주에 속해 있던 영화들}이 별다른 가치가 없게 여겨지는 이유는, 예술가 개인의 흔적을 담지 못한 채 대량으로 제작된 작품들이기 때문이다-이런 작품들은 무차별 대중을 위해 집단적으로 만들어진 혼합물이다. 그러나 현대의 예술 활동에 비춰 보자면, 이런 구분은 수박 겉핥기에 지나지 않는다. 최근 수십 년 동안 나온 진지한 예술 작품들은 대부분 뚜렷이 비개성적인 성격을 띠고 있다. 예술 작품 자체가 '예술가 개인의 표현'이라기보다는, '물건^{공장에서 대량 생산되어 통속 예술에 가까워진 물건}'으로 평가받고 있는 것이다.

우리 대중문화의 형성과 발전: 1960년대

우리 사회는 1960년대에 비로소 TV의 등장과 영화 제작의 활기를 바탕으로 본격적인 대중문화 시대로 접어들었다. 지난해 싸이의 〈강남스타일〉 신드롬으로 재조명된 B급 문화가 21세기적 현상이라고 할 때, 우리의 B급 문화는 1960년대부터 본격화한 대중문화의 태내에서 자라났다고 할 수 있다. B급 문화는 1960년대 대중문화에서 배양됐고, 70~80년대의 태내에서 성숙됐으며, 90년대에 태어나 21세기에 만개했다고 할 수 있다. 시대별로 정리해 보자.

1. 1960년대: TV와 영화를 중심으로 한 대중문화의 형성기
2. 1970~1980년대: 대중문화와 청년문화의 정립. 청년문화와 민주화운동의 혼합과 분화
3. 1990년대: 케이블 TV의 등장. 하위문화와 청년문화의 부흥기. 다양한 개인적 욕망의 발현. 서구 B급 문화에 대한 재발견 및 재조명. 서구 청년문화의 수용. 민주화운동에 억압돼 있던 청년문화와 대중문화의 결합. 독립영화, 인디 음악 등 언더그라운드 예술 진영의 형성. 검열의 해제. '서태지와 아이들'의 등장
4. 2000년대 이후: 영화 산업, 대중음악 산업 등 주류 상업 시스템의 발전과 다양한 독립, 저예산, 마이너, 비주류 문화의 형성. B급 문화의 정체성 확립

1960년대는 한국 대중문화가 최초로 '폭발'한 시기다. 5·16 군사 쿠데타로 정권을 장악한 박정희 정권은 1961년 12월 31일 KBS-TV를 개국했고, 민영 방송 TBC-TV와 MBC-TV가 1964년과 1969년 연이어 탄생했다. 군사 정부가 TV를 대대적으로 장려해 월부 판매를 도입할 정도였다. TV는 즉각적인 열풍을 불러왔다. 두 가지 방향이었다. 하나는 여성 시청자들에게 통속 멜로물의 신드롬을 가져왔다.

1969년 MBC의 〈개구리 남편〉으로 시작해 1970년엔 TBC의 〈아씨〉로 이어져 1972년 KBS 〈여로〉에서 절정에 이르렀다. 이로 인해 안방극장의 메이저 장르로서 불륜 소재의 통속 신파극이 정착됐다. 라디오 드라마로 출발해 TV에서 꽃을 피운 통속 멜로물은 치정과 불륜, 삼각관계, 윤리적 징벌로 끝나는 장르적 공식을 개척해 완성했다. 기존 사회에서 받아들여질 수 없는 욕망을 소재로 하지만, 이를 전형화된 장르적 공식으로 다룸으로써 결국은 사회의 통념 및 윤리와 타협한다는 점에서 이들 통속 멜로드라마는 할리우드 B급 영화의 속성과 다를 것이 없었다.

TV 최초 불륜 드라마라는 수식어를 얻은 〈개구리 남편〉은 유부남인 과장이 신입 여사원과 사랑에 빠진다는 내용을 담아 거센 사회적 논란을 일으켰으며 그 결과 애초 계획된 100부작을 다 채우지 못하고 조기 종영됐다. 〈아씨〉는 1930년대부터 1950년대에 이르는 시대를 배경으로 양반댁에 시집온 아씨의 수난기를 담았다. 남편의 외도와 냉대 속에서도 인내와 순종만이 여자의 부덕으로 알고 시부모를 봉양하고 지아비를 섬기나, 남편이 객지에서 죽고 섬기던 시부모도 돌아가신 뒤 혼자서 쓸쓸히 여생을 보낸다는 내용이다. 이어 TV 드라마의 전성시대를 연 〈여로〉는 일제강점기에서 한국전쟁까지를 배경으로 한 여인의 기구한 인생역정을 그렸다. 당대 최고 드라마로 떠오른 이 작품의 줄거리는 약간 모자란 지적 장애인이지만 마음은 순박한 신랑에게 가난한 집의 여인이 시집을 가 주위의 놀림과 시어머니의 학대를 받으면서도 부부애를 잃지 않고 꿋꿋이 살아간다는 내용이다. 이 드라마의 등장인물이었던 '영구'는 1980년대 코미디 프로그램에서 부활해 우리 대중문화사의 대표적인 '바보 캐릭터'가 됐다.

여성들에게 통속 멜로물이 있었다면 아이들과 남성 시청자들에겐 프로레슬링이 있었다. 1960년대 중반, 장영철과 박치기왕 김일의 라이벌 구도가 형성되면서 한국의 프로레슬링은 1970년대 중반까지 폭발적인 호응을 얻어 TV의 대중화에 큰 몫을 했다.

1960년대는 한국영화의 첫 번째 르네상스 시기이기도 했다. 연간 100~200편에 이르는 다양한 영화가 쏟아져 나왔으며 멜로, 액션, 공포, 코미디 등 장르적으로도 풍성했다. 1969년 233편의 제작편수와 1억 7,800만 명이라는 연간 총 관객수 기록은 2012년까지 깨지지 않을 정도였다. 당시 한국영화는 박정희 정권의 전폭적인 지원에 힘입어 새로운 시대의 총아로 떠오른 TV와 경쟁을 벌이며 양과 질 모두에서 성숙해 갔다. 재미있는 것은 TV가 통속 멜로드라마와 프로레슬링을 통해 각각 여성과 남성 시청자 층을 브라운관으로 끌어당긴 것처럼, 한국영화 또한 다양하게 장르를 분화하며 여성, 남성, 청년층 관객을 유인했다는 점이다.

영화진흥위원회가 펴낸《한국영화사: 開化期에서 開花期까지》
_{김미현 책임편집, 2006}에선 1960년대 한국영화의 장르적 흐름을 이렇게 기록
했다.

> 1963년 이후의 한국 장르 영화를 크게 두 부류로 구분한다면, 멜
> 로드라마, 사극, 희극 영화처럼 기존에 성립했던 장르가 진화를
> 통해 재생산된 범주와, 스릴러 액션, 청춘 영화, 문예 영화와 같
> 이 새롭게 등장한 경향으로 나눌 수 있다.

여성들을 대상으로 한 통속 멜로물의 인기는 TV뿐 아니라 스크
린으로도 이어졌다. 대신 영화에선 안방극장과 경쟁하기 위한 특별
한 무엇인가가 필요했다. 그래서 도입된 것이 '컬러'였다. 1960년
대 말엔 컬러 영화가 일반화된다.

> …… 고통받는 여인의 자학에 가까운 사랑과 삼각관계의 비극이
> 스크린을 점령하였는데, 〈미워도 다시한번〉^{1968, 정소영}의 성공 이후
> 신파 멜로드라마는 구원의 희망을 잃은 대중 심리의 투영체로 등
> 장하였다. 또한 1969년에 이르면 TV에 대항하기 위한 영화의 차
> 별 전략으로 컬러 영화가 전체 영화의 96%를 차지하게 되었다.
> 원색의 선명한 화면은 울긋불긋한 멜로드라마 속 여인의 옷차림
> 과 소품을 비롯한 미장센으로 시각화되었고 대중 영화의 이미지
> 에 들러붙은 상투성을 치장하였다.

그렇다면, TV에서 남성 관객들의 열광적인 지지를 받았던 프로
레슬링의 역할을 했던 한국영화 장르는 무엇이었을까? 바로 액션
영화였다. 1960년대 중반 이후엔 도시의 뒷골목 '주먹'들의 세계를
그리거나, 일제시대 항일 투사의 활약을 담은 한국식 웨스턴, 남북
분단 상황을 배경으로 무대를 홍콩이나 동아시아로 넓힌 첩보물 등
다양한 하위 장르의 액션 영화가 제작됐다. 이는 서구에서 〈007 시
리즈〉와 같은 첩보 액션물이 인기를 얻고 할리우드 서부극의 유행,
홍콩 무협 검객물의 바람을 탄 것이기도 했다.

아직 여성들의 사회 활동이 눈에 띄지 않았던 당시, 가정에 들어
앉은 주부를 대상으로 한 통속 멜로물은 브라운관과 스크린에서 공
히 인기를 얻었고, 남성들을 위해선 TV의 프로레슬링과 스크린의
'사나이의 기개를 보여 주는' 액션 영화가 있었다. 이들로부터 소
외된 청년 세대는 한국영화가 새롭게 발견한 소비자이자 관객층이
었다. 신식 교육을 받고 주한 미군을 통해 들어온 미국의 영화, 음
악 등의 영향을 받고 자라난 청년 세대는 〈맨발의 청춘〉 같은 청춘
영화에 열광했다. 이러한 장르의 영화는 서양 문화의 영향 속에 자
라난 새로운 관객층의 등장과 더불어 인기를 끌게 됐다.

재미있는 것은 60년대 인기를 끌었던 TV와 영화가 오늘날에 다
시 맥을 잇거나 재현되는 방식이다. 불륜과 치정, 며느리 수난기,
조강지처 잔혹사, 출생의 비밀 등을 소재로 하는 '통속 멜로물'은
반세기 이상 맥을 이어오며 안방극장의 여성 시청자들을 TV 앞으
로 끌어당기고 있다. 〈무한도전〉은 기획 특집으로 '프로레슬링편'
을 방영해 대단한 인기와 호평을 모았다. 1960년대 후반~1970년

김지운 감독의 〈좋은놈 나쁜놈 이상한놈〉　　　이만희 감독의 〈쇠사슬을 끊어라〉

대 초반의 액션 영화도 젊은 세대 감독들의 솜씨로 변주됐다. 김지운 감독의 〈좋은놈 나쁜놈 이상한놈〉에서 이만희 감독의 1971년 작 〈쇠사슬을 끊어라〉의 뿌리를 찾기란 어렵지 않다.

〈쇠사슬을 끊어라〉는 일제시대 만주 벌판을 무대로 항일 투사와 마적, 일본 스파이가 보물을 얻으려 추적과 대결을 벌이는 한국판 서부극이었다. 류승완 감독의 〈다찌마와 리: 악인이여 지옥행 특급 열차를 타라〉는 1960년대 첩보 액션 영화에 대한 '오마주' 이자 패러디였고, 〈베를린〉은 21세기의 어법과 영상 기술로 재탄생시킨 스파이물이었다. 김기영 감독의 1960년 작 치정 스릴러 〈하녀〉는 2010년 임상수 감독이 동명의 작품으로 리메이크했다. 원본과 그것의 인용 및 재현 사이에 놓인 반세기의 시간은 한국 대중문화의 성숙 과정을 압축하고, B급 문화의 수정과 배양, 출현의 역사를 요약하기에 충분하다.

1970년대: 청년문화의 개화

1960년대 말 맹아기였던 청년문화는 1970년대 들어 본격적인 하위문화로서 정립되며 최초의 폭발기를 맞는다. 유신 체제의 억압적 사회 분위기 속에서도 청년들은 자신들만의 패션, 언어, 음악, 서사를 꽃피우기 시작한다. 1970년대는 무엇보다 당대의 '저급 문학'으로 폄하됐지만 청년 세대로부터 뜨거운 지지를 받았던 대중소설가 최인호의 시대였으며, 장발과 청바지, 미니스커트, 생맥주, 통기타의 시대였다.

한국 대중문화사에서 B급 문화를 말하자면, 1960년대는 B급 문화가 태동할 수 있는 대중문화가 형성됐고, 그 중심인 TV와 영화가 본격 궤도에 오른 시기였다. 이어 1970년대는 막 꽃피우기 시작한 대중문화가 주 소비층인 청년 세대와 조우한 시대다. 이로써 B급 문화는 대중문화와 하위문화로서 청년문화라는 두 부모를 만난 셈이다. 앞서 언급한 《한국영화사》는 당시 우리 대중문화와 청년문화의 풍경을 이렇게 묘사한다.

1974년 〈조선일보〉에 연재되었던 최인호의 인기 동명 소설을 이장호가 영화화한 〈별들의 고향〉은 비수기임에도 불구하고 46만여 명이라는 경이적인 관객 동원 기록을 세우며 불황에 빠진 한국영화계에 새 돌파구를 마련했다. 이른바 '대중 소설의 영화화'라는 영화 제작의 새로운 풍토를 조성하면서 한국영화계의 판도를 송두리째 바꾸어 놓았던 것이다. 이를 부추긴 것이 1975년

1월부터 국도극장에서 연이어 개봉된 이장호의 〈어제 내린 비〉[최인호 원작], 김호선의 〈영자의 전성시대〉[조선작 원작], 하길종의 〈바보들의 행진〉[최인호 원작]의 흥행 릴레이였다. 이 시기 대중 소설의 영화화는 외화 수입 쿼터를 얻기 위해 많은 문학 작품을 영화화했던 1960년대 문예 영화 현상과는 다른 경향이었다. 다시 말해, 대중 소설이라는 것이 '가볍고 사소한 일상성에 주목하며 세속적이고 감상적인 내용을 주로 다루는 상업주의 소설'을 의미하는 만큼, 대중 소설의 영화화는 우수 영화이자 예술 영화라는 인식이 강했던 문예 영화와는 달리 바로 이러한 상업성에 기반한 1970년대라는 산업화 시대에 걸맞은 한국영화의 제 경향이었던 셈이다. 또한 이 시기에 영화화된 대중 소설들은 소위 일제시대의 경험이 없는, 즉 해방 후에 한글 교육을 받은 세대를 일컫는 '제3세대' 작가들의 작품이었고, 영화화 역시 비슷한 또래의 30대 젊은 감독들에 의해 주도됨으로써, 일본 문화의 영향에 속해 있던 이전 세대의 영화들과는 다른 '새로운' 감수성과 영상 언어를 구현했다는 평가를 받았다.

《한국영화사》는 또 〈바보들의 행진〉에 대해 '작가 최인호와 하길종 감독의 1970년대식 청년문화가 빚어낸 변증법적인 답안지로서의 청춘 풍속도'라며 '이 영화에는 당시 청년문화의 상징인 팝송, 통기타, 생맥주, 장발, 청바지 미니스커트가 등장한다'고 썼다.

경제 불황과 유신 체제의 억압 속에서 당시 청년들은 호프집과 음악다방을 찾아들며 자신들만의 은거지를 마련했고, 권위에 막힌

숨통을 틔웠다. 새로운 영상 언어를 추구하고 포크 뮤직에 심취한 청년 예술가들은 서울 무교동과 명동의 카페와 음악다방을 아지트 삼아 기성세대와는 다른 물결을 창조했고 자신들만의 커뮤니티를 형성했다.

청년들이 삼삼오오 모여들던 호프와 카페, 음악다방뿐만 아니라 이른바 '재개봉관'도 향후 'B급 정서'와 'B급 문화'의 조류를 형성하는 데 중요한 역할을 했다. 당시는 오늘날과 같이 전국 수십, 수백 개 극장에서 한 영화를 동시에 상영하는 멀티플렉스^{복합 상영관}가 없었다. 대신 하나의 작품이 한 도시의 하나의 극장에서만 개봉 가능했으며 어느 정도 시일이 지나면 다른 곳으로 옮겨 상영을 하는 식이었다. 이때 가장 먼저 상영하는 곳이 가장 고급이라고 할 수 있는 개봉관이었으며 이후 2번관, 3번관, 4번관 등 필름 프린트를 넘겨가며 순차적으로 관객을 만났다. 이때 개봉관을 제외한 상영관이 바로 재개봉관이다. 개봉관은 보통 도시 중심가에 있었던 반면, 재개봉관은 변두리의 공단이나 주택 지역에 입지했다. 관객의 성향이나 계층, 연령대가 다르니 개봉관과 재개봉관의 상영 프로그램에도 차이가 있었다.《한국영화사》에 따르면 '개봉관이 아카데미 수상작 등 사회성이나 예술성을 갖춘 외화를 선호했다면 노동자 계층이 관객의 중심이었던 재개봉관은 상대적으로 폭력이나 섹스 장면이 많은 중국 무협이나 미국 액션 영화 등을 선호했다'. 결국 재개봉관은 도시 내 변두리에 자리 잡은 하류 노동자 계층이라는 하위 집단의 문화적 성격을 잘 드러내는 공간이 됐다고 하겠다.

1970년대의 한국영화의 장르는 전체적으로 〈미워도 다시 한번〉

시리즈로 대표되는 여성 중심의 최루성 신파극과 〈별들의 고향〉을 비롯한 대중 소설에 바탕한 새로운 감각의 멜로드라마, 황폐한 시대 청년들의 좌절감을 표상한 〈바보들의 행진〉 같은 청춘 영화가 각축을 벌였으며, 후반부에 와서는 급속한 도시화와 근대화 속에서 가정 바깥으로 뛰쳐나온 여성들의 처절한 삶과 사랑을 그린, 이른바 '호스티스' 영화가 대거 나타났다.

〈영자의 전성시대〉가 대표적인 작품으로 시골-상경-식모-직공-바걸-여차장-창녀로 요약되는 여성들의 비극적 삶을 통해 급속한 경제 발전의 그늘을 그린 작품들이었다. 한편에선 중고등학생, 즉 십대 후반의 청소년들을 가리키는 '하이틴'이 대중문화의 새로운 소비 주체이자 하위 집단으로 나타난 것이 새로운 현상이었다. 이는 이른바 학원 청춘 영화 〈고교얄개〉 시리즈나 〈진짜 진짜〉 시리즈의 뜨거운 인기가 그것이었다.

1980~1990년대: 이율배반의 시대를 거쳐 대중문화의 분화와 폭발기로

1980년대에는 이른바 5공화국의 '3S정책_{스포츠, 섹스, 스크린을 의미하는 것으로, 영화와 프로 스포츠, 선정적 성문화를 통한 우민화 정책을 말한다}'에 따라 컬러 TV가 시작되고 프로야구와 프로축구 리그가 신설됐으며, 〈애마부인〉 시리즈 같은 이른바 에로 영화들이 극장가의 한편을 장악했다. 더욱 엄혹해진 검열과 감시가 횡행하는 권위주의 체제에서 대학은 '대항문화'와 '청년문화'의 유일한 거점으로서 대중문화와는 거리를 둔 채 독자적인 하위문화를 발전시켰다. 전통 연희의 형식에서 새로운 문화의 지향을 찾는 문예 운동, 민족이나 노동의 담론을 앞세운 리얼리즘 문학 운동이나 영화 운동이 대학을 중심으로 펼쳐졌다. 당시 십대와 이십대를 보낸 남성들에게 1980년대는 〈선데이 서울〉로 대표되는 선정적인 싸구려 주간지의 시대였으며, 주윤발과 유덕화, 장국영의 '홍콩 누아르' 시대였고, 에로 비디오와 에로 영화 시대였으며 세운상가에서 파는 저질 포르노 비디오의 시대였고, 프로야구의 시대였으며 〈스포츠신문〉의 시대였다 영화 〈말죽거리잔혹사〉와 이를 만든 유하 감독의 시집 《세운상가 키드의 사랑》, 산문집 《이소룡 세대에 바친다》, 영화 〈품행제로〉 등에 십대 남성이 보낸 1980년대의 시대 풍경이 잘 드러나 있다. 극심한 검열로 인해 TV에선 트로트와 댄스 뮤직, 발라드의 사랑 타령이 계속되는 동안 통기타 세대는 헤비메탈과 하드록 세대로 바통을 넘겨줬다. 부활, 시나위, 백두산, 들국화 등 쟁쟁한 하드록 밴드들이 결성돼 일부 젊은이들 중심으로 인기를 끌었다. 하지만 TV에선 이들을 찾아보기 어려웠다. 이렇게 10대를 보낸 청년들은 대학에 들어가 '의식화 교육'을 받고 대중문화로부터 방어막을 친 채 민주주의운동과 진보적 사회 이론에 기반한 문화 운동에 뛰어들었다.

1990년대는 대중문화가 청년문화로서 대학에서 다시 한 번 시민권을 얻은 때다. '서태지와 아이들'은 주류와 비주류 문화 모두에서 즉각적인 환호와 열광적인 지지를 이끌어냈고, 통기타-하드록으로 이어지던 '청년 음악'의 계보는 1990년대 중반 이후 홍대의 클럽을 중심으로 결성된 인디 록밴드가 이어갔다. 처음엔 펑크록과

얼터너티브록이 주를 이뤘지만, 점차 장르가 다양화됐다. 노동, 민
족을 앞세운 리얼리즘의 제한에서 벗어나 다양한 장르와 소재의 독
립영화들이 만들어졌고 독립영화제나 프린지페스티벌같이 정기적
으로 관객과 소통하는 장도 마련됐다. '압구정' '홍대앞' 이라는
하위문화의 새로운 지역 개념이 본격적으로 형성된 것도 90년대 들
어서였다.

　요컨대, 60년대에서 90년대에 이르는 한국 대중문화사는 B급의
전사^{前史}였던 것이다.

진지하고 심각한 B급은 없다. 웃기고 자빠져야 B급이다. 드라마보다 시트콤이, 시트콤보다 예
능·오락 프로그램일수록 'B급의 난장' 에 더 충실한 이유다. 웃음이야말로 은밀한 욕망, 숨겨
졌던 욕망, 소외된 욕망을 마음껏 발산하는 가장 적절한 형식이 아니겠는가? 강한 자들을 야유
하고, 강한 자들에게 농락당했던 자신을 조롱하는 웃음으로써 대중들은 카타르시스를 경험한다.

2장

B급으로 읽는 대중문화

소외된 욕망의 목소리

싸이, 잘 노는 게
혁명이다

잘나가는 작곡가를 꿈으로 객지 생활 마치고/ 한국으로 노래가
안 팔려 쪽팔려 죽으러 가려다/ 에라 모르겠다 마지막으로 내가
직접 불러보자/ 어떻게 되나 보자 칼을 뽑았으니 무라도 썰어보
자/ 새됐어 좆나 외쳤어 좆나 춤췄어/ 그래 나 미쳤어 엽기 열기/
2001년이 나를 살리고 좆나게 달리고/ 전국에 알리고 어딜가나
사람들 난리고/ 쪽 좆나 잘 팔리고 행복했어/ 역시 1위 내가 하는
모든 일이/ 어쩜 이리 잘되나 싶더니/ 한줌의 잿더미 물의를 일
으켜서 죄송해서 어쩌니

– 싸이 정규 5집 〈PSYFIVE〉, 1번 트랙 〈싸군〉

싸이가 2012년 7월 발표한 〈강남스타일〉로 신드롬을 일으켰고
B급적 감수성과 B급 문화에 대한 관심에 불을 지폈지만, 그 곡이
수록된 6집은 싸이의 정규 앨범 중 가장 건전하고 순화된 스타일을

보여 주고 있다는 점이 아이로니컬하다. 싸이는 대중음악계의 주류에서 음반을 발표했고, 1집부터 TV 가요 프로그램에서 대단한 환호를 이끌어내며 성공시대를 열었지만, 그의 음악은 줄곧 B급적인 태도와 감성을 유지했다. 대개 앨범의 절반 이상에 속어와 욕설, 적나라한 성적 묘사 등을 담아냈다. 이는 한국 대중음악사에서 흔치 않은 사례다. 아니 거의 처음이라고 봐도 좋을 것이다. 1990년대 서태지와 아이들이 싸워서 얻어낸 음악적 자유의 토양 위에서 싸이는 B급의 감수성을 주류로 이끌어내는 독보적인 뮤지션이 됐다.

B급 감수성을 주류로 이끌어낸 독보적 뮤지션, 싸이

싸이의 1집부터 6집까지의 정규 앨범은 힙합에 대한 뛰어난 해석력과 이를 주조로 로큰롤 및 일렉트로니카, 테크노, 댄스 비트의

싸이 〈강남스타일〉 시드니 공연

훌륭한 결합 양상을 보여 준다. 주로 어미와 조사 등을 사용해 라임을 만들던 기존 랩과 달리 명사와 부사, 형용사 등을 자유자재로 구사하며 맞추는 가사나 일상 대화의 억양을 사용하는 래핑의 완성도도 뛰어나다. 전반적으로 볼 때 〈강남스타일〉이 수록된 6집은 곡이나 가사의 완성도에 있어서 결코 싸이의 최고작이라 할 수는 없을 것이다. 그만큼 싸이의 디스코그래피는 음악적으로도 대단한 성취를 보여 준다.

B급 문화에서 상상의 주체는 주류로부터 배제됐거나 의도적으로 이탈한 존재다. 작품 속에서 상상된 '자아'는 주류에 대한 반감과 혐오감을 거침없이 드러낸다. 이는 자기에 대한 과장된 긍정, 곧 나르시시즘을 불러온다. 말하자면 '나는 너네들과 달라, 주어진 대로만 사는 너네들은 나를 삐딱하다고 무시하지만, 나야말로 대단한 놈인걸!' 이라는 태도다. 하지만 이는 주류 사회에서 좌절된 욕망의 또 다른 표현일 뿐이다. 나르시시즘의 이면은 좌절감이며 자괴감과 자기비하다. 1집 타이틀 〈싸

싸이 1집 앨범 〈싸이 프롬 더 싸이코 월드〉

이 프롬 더 싸이코 월드〉에서 싸이는 스스로를 '싸이코'라고 규정하면서 출발했다.

'싸이코'란 무엇인가? 주류 사회에서 '정상'이라고 부를 수 없는 존재다. 정상적인 규범과 가치에서 이탈한 '비정상'의 태도와 윤리를 가진 이다. 또 싸이는 '싸이코'일 뿐 아니라, '싸구려ᶜʰᵉᵃᵖ'다. 말장난, 곧 동음이의어를 활용한 농담과 조어 능력에서 누구도 따라올 수 없는 탁월한 감각을 보여 주는 싸이는 2집을 〈싸2〉라고 지으며 부제로 'cheap'라는 영어 단어를 붙였다.

3집은 〈3마이〉 즉 3류였으며 4집은 〈싸집〉이다. '싸다저렴하다'고 할 때의 '싸'와 집. 영어 부제가 'cheap house'였다. 6집의 〈육甲〉은 1집의 〈싸이코〉와 일맥상통한다. 즉 비정상적인 이들의 발광이 바로 〈육甲〉인 것이다. 자기 긍정과 자기비하가 공존한다. 이를테면 '나는 너희들이 말하는 대로 싸구려고 싸이코다. 그래서 뭐, 어

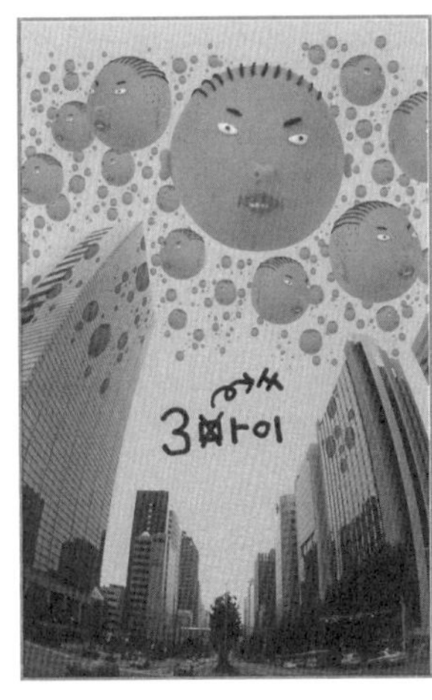

싸이 3집 〈3마이〉

싸이 4집 〈싸집〉

쩌라구?’라는 대꾸다. 마지막으로 ‘짜’라는 글자는 배설하다는 의미의 ‘싸다’의 어근이기도 하다. 노래와 음반은 싸이가 지껄여 놓은, 싸질러 놓은 배설의 흔적이자, 배출의 욕망이다.

싸이, 전무후무한 자칭 B급 캐릭터의 등장

싸이는 1집의 첫 곡으로 한국 주류 대중문화에서 전무후무하게 노골적이고 신랄한 B급 캐릭터의 등장을 알린다. 꽃미남 아이돌 스타들의 화려한 숲 속에 나타난 낯설고 괴이한 존재의 출현. ‘싸이코’는 주류 문화에서 B급이라는 ‘타자’로서의 자기규정이다.

거짓과 가식에 우거진 숲을 헤쳐 왔어/ 내가 왔어 드디어 Psy feature!/ 길들여진 원숭이가 아닌 P.S.Y./ turn it out yo!/ 앞뒤 다른 항상 같은/ 입에 발린 말만 하는 가식적인(분들 냉큼 잽싸게 꺼져)/ 얼른 임 자식들 혼날라 음?/ 왜 옷을 꼭 맞춰 입나/ 니넨 혹시 합창단이 아니신가?/ 카메라만 오나 안오나 보다가/ 원숭이 가 바나나 보듯 쫓아가나⋯⋯

– 싸이 1집 〈인트로〉

싸이는 이 노래에서 기존의 아이돌 댄스 그룹을 ‘항상 나름대로 갱스터’인 척하지만 ‘그 뒤엔 귀엽고 발랄한 댄스’뿐이며 ‘언제나 조작된 쇼프로’에서 ‘착한 척 순진한 척’ 하는 ‘길들여진 원숭이’라고 비난한다.

힙합에서 다른 뮤지션을 욕하는 것을 '디스'라고 한다. 디스^{dis}는 디스리스펙트^{disrespect}, 즉 비난이라는 뜻이다. 반면 자신에 대한 과장된 자신감, 허세를 '스웨거^{swagger}'라고 한다. 디스와 스웨거가 혼합된, 나르시시즘과 자기비하가 함께하는, 자기 고백은 5집에서 최고조에 달한다. 싸이는 5집의 첫 곡 〈싸군〉에서 자신의 가수 경력을 간단하게 요약한다.

새됐으 외치다 엽기가수 용 됐으 챔피언 외치다가 국민가수 다 됐으/ 싸이의 형제자매여 소리 질러 봐봐 (봐) 날 씹어대는 씹새리들 FUCK YA MAMA (YEAH)// 홧김에 2집을 내더니 성인식 패러디 몇 번 하다/ 슝 사라지더니 자숙과 자습을 거쳐/ 2002년 시청을 거쳐 3집을 던져 마지막으로 해보자 어떻게 되나 보자/ 칼을 뽑았으니 무라도 썰어보자/ 챔피언 좆나 외쳤어 좆나 춤췄어/ ……/ 그래 나 미쳤어 길거리 열기 2002년이 나를 살리고 난 다시 달리고 전국에 알리고 어딜가나 여전히 난리고 쪽 다시 잘 팔리고 쿨과 함께한 낙원 역시 넘버 원/ 그리고는 산업기능요원 3년 의무 틈새 실무/ 내 여자라니까 애송이들아 딴따라 나부랭이가 과연 공인이었나/ 공자와 맹자 성인군자가 공연을 할까/ 이 버클리가 저 버클리냐 대졸이건 고졸이건 좆도 틀리냐/ 욘사마처럼 환한 미소가 있나 비처럼 빽가는 몸과 춤이 있나/ 하나 딱 하나 좌우간 공연과 음악 힘나게 신나게 좆나게/ 남 씹으려면 나나 잘하라고 날 씹는 너는 뭘 잘하냐고/ ……/ 내가 아라리요 목표

는 4강이요 //

상암에서 시청 시청에서 과천 찍고 CF 줄줄이 찍고/ 한 여자의 연예인이 되고 올나잇스탠드 전국투어 해내고/ 이러쿵저러쿵 개소리 씨부리다 까불다 찍혔네/ 좆 될 때 좆 되도 싸군이 싸군다워야 싸군이지//

예비군 통지서와 입영통지서를 같은 날 받아 본 적 있냐/ 여기서 55개월을 씹냐 어디서 남 씹을 시간에 네 계발에 힘을 써/ 제대 후 공연 제대로 파트너는 발차기 훈/ 전국 공연장에서는 공연둥이 건강하게 자라다오 나의 쌍둥이/ 완타치 투어 25번 그리고 울려줘 다시 한번 또 한번 울고 웃었어 원정 16강의 꿈을 이뤘어/ 대마 1년 자숙 1년 대체복무 3년 재판 1년 현역 2년 합이 8년 데뷔 10년에 활동 2년/ 이제부터 쉼 없이 달려볼란다 큰일 난다 불이 난다 내 맛대로 멋대로 법대로 좆대로/ 자~ 나 간다 이 씹쒜리들아

이 정도면 훌륭한 '자서전'에 육박하는 노래다. 물론 B급 스타일로 쓴 자서전이다. 위키피디아의 요약대로 조금 더 풀어 써보자. 싸이는 1999년 조 PD 2집 〈In Stardom Version 2.0〉에 참여하였고, 2001년 1집 〈PSY From The Psycho World!〉로 정식 데뷔했다. 1집에선 한 여자를 좋아하다가 농락당한 후 차어 버렸다는 내용의 노래 〈새〉로 큰 인기를 얻었다. 1년 후인 2002년 1월 발표한 2집에선 박지윤의 〈성인식〉을 샘플링 및 패러디한 노래 〈신고식〉이 실렸다. 스무 살 성인이 된 여자 친구와의 첫날밤을 상대에게 허락

받았다는 내용을 담았다. 그 사이 1집은 선정적이고 성적인 내용의 가사로 사회적 논란을 일으키면서 '18세 미만 이용 불가 판정'을 받았고, 싸이의 출신 대학이 'UC버클리'냐 '버클리음대'냐를 두고 학력 논쟁이 벌어지기도 했다. 2001년 11월 15일엔 대마초 흡입 혐의로 경찰에 검거돼 벌금형에 처해졌다. 자숙 기간을 거쳐 2002년 월드컵 응원전으로 연예계에 복귀했고, 같은 해 내놓은 3집에선 월드컵으로부터 영감을 받은 〈챔피언〉이라는 곡이 대대적인 성공을 거뒀다. 하지만 2007년 싸이는 또다시 논란의 도마 위에 오른다. '병역 부실 복무' 논란이다. 싸이는 2003년부터 2005년 11월까지 정보처리사 자격증에 기초해 컴퓨터 소프트웨어 개발 분야의 병역 특례 요원으로 선발돼 모 회사에서 병역을 마쳤으나 복무 중 작곡 및 공연 활동이 문제가 돼 '부실 복무' 논란에 휩싸였다. 하지만 부실 복무는 무혐의로 결정 났고, 검찰은 지정 업무 외 종사 사유로 병무청에 싸이의 행정 처분을 요청했다. 결국 싸이는 2007년 12월 재입대, 2009년 7월에 제대했다. 이후 김장훈과의 공연 등으로 다시 인기에 불을 지폈고, 2012년 〈강남스타일〉로 신드롬을 일으키기에 이른 것이다. 인기를 얻고 유명세를 타는 것을 '쪽 잘 팔리고'라고 표현하고, 부실 복무를 비난하는 네티즌들과 '공인으로서의 책임의식을 가져야 한다'는 언론에 대고 싸이는 '딴따라 나부랭이가 과연 공인이었나 공자와 맹자 성인군자가 공연을 할까'라고 독설을 퍼붓는다. 학력 논란에 대해선 '이 버클리가 저 버클리냐 대졸이건 고졸이건 좆도 틀리냐'고 조롱한다. 언론과의 인터뷰에서 병역청을 비판해 문제가 됐고, 당국의 미움을 산 끝에 군대를 두 번 가게 됐다는 사실을 '이러쿵저러쿵 개소리 씨부리다 까불다 찍혔네 좆 될 때 좆 되도 싸군이 싸군다워야 싸군이지 예비군 통지 서와 입영통지서를 같은 날 받아 본 적 있냐'며 읊는다. 논란이 생 길 때마다 자신에게 비난을 퍼붓는 일부 대중들에겐 '좆나게 남 씹 으려면 나나 잘하라고 날 씹는 너는 뭘 잘하냐' 고 비아냥대고 '남 씹을 시간에 네 계발에 힘을 써' 라며 반격한다. 2006년 결혼을 했 는데, 이를 '한 여자의 연예인이 되고' 라고 표현한 것이 재미있다. B급의 언어와 어법, 독설, 비유, 농담으로 충만하다.

싸이가 투영한 세대적 경험: X세대, 오렌지족에서 B급으로

싸이는 4집에선 대놓고 '나는 양아치' 라고 호기롭게 선언한다.

나는 양아치/ 가진 것도 믿는 것도 달랑 두 짝/ 창피한 게 없어 두꺼운 낯짝/ 소주 맥주 양주 막걸리 무조건 원샷/ ……/ 난 화끈 한 남자 무조건 직진이야 유턴은 없다/ 갖다 박기 싫은 놈이 비켜 라/ ……/ 멋지게 살어 내 멋대로 살어 거칠게 살어 내 법대로 살 어/ 꼴리는 대로 살어 꼴리지 않으면 말어 간지에 죽고사는 양아 치라 하네

싸이는 이른바 90년대 초중반, 강남 압구정동에 둥지를 마련한 부잣집 도련님, 즉 오렌지족이다. 부모님이 부자인 덕에 어릴 때부

터 고급 외제차를 끌고 다니며 목에 힘주고 잔뜩 뻐기며 '밤문화'
를 즐겼던 '강남의 날라리'였다. 싸이는 1집 〈성공의 어머니〉에서
자신의 오렌지족 시절을 이렇게 떠올린다.

> 좋은 부모님 만나 돈 왕창 받아다가 무슨 벼슬이라도 한 듯/ 호의
> 호식하며 좋은 독일차 사서 우주선 만들어 날아다녔어/ 그러나
> 세상이란 끝이 없더군 사람의 욕심이란 것도 끝이 없더군/ 이제
> 와 생각하니 참 불행했었군/ 가진 것의 소중함을 몰랐던 박군
>
> — 싸이 1집 〈성공의 어머니〉 중

싸이는 6집에서 오렌지족으로서의 자신의 경험을 세대의 시대
적 풍경과 정서적 동질감으로 확장시킨다. 제목이 1977년생들의
이야기라는 뜻으로 〈77학개론〉이라고 이름 붙였다. 개인적인 독백
이 흔치 않은 부잣집 아들로서의 체험에 바탕하고 있다면 〈77학개
론〉에서는 훨씬 더 보편적인 대중의 경험과 정서를 노래한다. 이 노
래는 2010년대 3040들의 문화적 경험과 'B급 감수성'이 어떻게
형성됐는지 잘 보여 준다. 〈77학개론〉은 1977년생 동갑내기인 싸
이와 김진표, 길과 1978년생인 개리가 함께 부른 노래다.

> 나이는 어려 보이지 않으려는 노력 오히려/ 영락없는 고삐리 원
> 하는 건 대삐리 언니와의/ 하룻밤의 사랑을 찾아 방랑자/ 맥주에
> 노가리/ 이리와 따가리 포카리에 소주 타면 뼉가리/ 분위기 타면
> 비디오방 분위기 모방 무질서한 낙서 젊음을 막 써/ 이쁜 손끝에

닿아도 그땐 막서/ 딱딱하게 말하지마 네가 나를 딱딱하게 만들
었잖아/ 첫 담배는 아찔해 첫 키스는 달콤해 첫 섹스는 강렬해/
얼떨결에 시작했던 설레었던 것들 이제 익숙한 것들

'첫경험'을 동경하는 10대 소년이 어른 흉내를 내며 보낸 성장
기의 감성은 서태지와 아이들이 등장하고, 모든 청소년이 켈빈 클
라인과 게스 청바지를 입고 싶어 하며, 디스코 바지와 앞코 길쭉한
구두를 신고 뻐기며, 껄렁한 아이들은 '뻥을 뜯고^{갈취}', '일일찻집'
을 몰래 열어 모이고, 여자와의 하룻밤을 무용담처럼 자랑하는 당
대의 청소년 문화와 조우한다. 이러한 풍경은 영화 〈말죽거리잔혹
사〉나 〈품행제로〉에서도 나오는 그대로이며, 80~90년대 10대 소
년의 성장담을 여성판으로 만든 것이 〈써니〉였다.

**'아이 러브 섹스' 주류에 대한 독설과 조롱…… 가식과 위선은 걷어
치워라**

싸이는 1집의 첫 곡에서 비슷한 차림새를 하고 나와 비슷한 노
래를 앵무새처럼 반복하며 TV 카메라나 기다리는 아이돌 그룹 중
심의 주류 가요계에 포문을 열며 의기양양하게 등장했다. 주류 가
요계에 대한 비판은 위선과 가식의 세태에 대한 풍자와 조롱, 야유
로 이어진다. 점잖은 체, 고상한 체, 품격 있는 체, 도덕적인 체하는
것들에 대한 환멸과 비난이다.

위선과 가식으로 똘똘 뭉친 우리나라 좋은 나라/ 일류를 가장한 삼류투성이 나도 그중 하나/ 뭐하나 진실된 것 없이 사람과 사람 사이마다 왜 높고 두꺼운 마음의 벽이 서나/ 이성에 자연스레 눈 뜰 나이에 짓밟혀 있다가 뒤늦게 어색하게 소개팅 미팅 부킹/ 무슨 동서 분간 못하는 개들 짝짓나 애들 장난하나/ 삼삼오오 머릿수 맞춰 일렬로 나란히 앉아 저마다 지 잘난 맛에 맘의 문을 잠궈 놓고/ 남이 하면 요행 지가 하면 홍행 남이 하면 객기 지가 하면 용기/ 이런 너저분한 생각들을 변기 속에 담궈버려/ 너무 구려

– 싸이 1집 〈NO. 1〉

싸이에게 주류의 기성 사회란 '항상 점잖은 양반들은 뒤에서는 호박씨'이며 '부적절한 발상, 인위적인 행동, 반인륜적인 마음가짐'을 갖고 '속으로 좋아도 겉으로 삿대질하는' '징그러운 그대들은 다름 아닌 아저씨'의 세상이다. 싸이는 '진짜 역겹다'며 펀치를 날린다.

가식과 위선의 세상에 대한 환멸과 솔직한 욕망에 대한 긍정은 성과 여성에 대한 시각을 노골적인 가사로 드러낸 노래에서 절정에 달한다. 싸이에게 여성과 섹스에 대한 욕망이란 세상을 바라보는 '프레임'이자, 주류를 비판하는 자신만의 방법론이기도 하다. 싸이는 성적 욕망을 두 가지 방향으로 표현한다. 하나는 그저 동물적이고 자연스러운 본능으로서 육체의 쾌락을 위한 '원 나잇 스탠드'의 갈망이고, 또 한 가지는 '연애 또는 순정에 대한 지향'이다. 그런데 자신에겐 너무나도 자연스럽고 당연한 욕망의 실현을 방해하는 것

이 있다. 하나는 유교적인 순결의 이데올로기다. '모두 다 바라고 즐기지만 겉으로는 아닌 척하는' 한국 사회의 이중적인 태도다. 동방예의지국의 은밀한 쾌락주의야말로 싸이가 '역겹다'고 말하는 것이다. 또 한 가지는 돈 많고 성공한 남자만을 바라는 일부 여성들의 속물근성이다. 예쁜 척, 아닌 척하지만 뒤로는 할 거 다 하는 가증스러운 행태다.

2집 〈처녀논쟁〉이라는 곡에선 남자를 비판의 도마 위에 올린다.

남자라면 누구나 하는 망상 그래도 결혼은 처녀랑 해야지라는 개
좆같은 상상 섹스할 때는 사랑한다지 그리고 뒤돌아서는 갈보라
하지 무리가 아니란다 천생이 아니라 한다 한번 달라 사정하다가
아주 잡아다가 걸레라고 욕질한다 순간의 쾌락에 목숨 거는 게
바로 남정네

남성 중심 사회에 눈을 맞춘 여성들도 꼴사납긴 마찬가지다. 4집 수록곡 〈양아치〉에선 차마 입에 담기 어려운 욕설과 비속어로 여성들의 속물근성을 난타한다.

그럼 싸이의 답은 뭘까. 딱 하나다. 내놓고 즐기자는 것. 그래서 싸이는 1집에서 '누가 뭐라 해도, 아이 러브 섹스!'라고 호기롭게 선언한다.

싸이의 '잘 노는 게 혁명이다' 정신

놀아 보자, 잘 노는 게 혁명이다

싸이는 외친다. 놀아 보자, 잘 노는 게 혁명이다. 싸이의 정신을
단 한마디로 요약한다면 바로 이것이다.

여기에는 오로지 재미만을 추구하고, 쾌락에 탐닉하는 B급의 정
신이 들끓는다. 논다는 것은 욕망을 긍정하겠다는 것이며 욕망을
공공연히 드러내겠다는 것이다.

그것은 욕망을 숨기고, 욕망을 억압하는 것들에 대한 저항의 태
도이기도 하다. 놀지 못하게 하는 것들에 대한 부정과 항거다. 가식
과 위선의 세상, 권위와 규율에 대한 도전이다. 노는 게 최고라는
말은 길들여지지 않겠다는 말이다. 그래서 싸이는 재미를 유일한

이념으로 하는 B급의 쾌락주의로 무장한 클럽의 댄서, 무대 위의 전사가 된다. B급의 쾌락주의, 그것은 '파티의 정치학'이다.

자 밤이 왔다 이제 다 하나가 되서 놀자/ 잘난 여자 못난 여자 이쁜여자 여장남자 멋진 남자 바보남자 모두 다 같이 놀아보자/ 내숭 떠는 여자 쎈 척하는 남자 술 빼는 남자 술 버리는 여자/ 이런 사람들은 다 나가 이런 사람들은 모두 아웃/ 밤을 지나 새벽 건너 날 밝을 때까지 웃다가 울다가 울다가 웃다가/ 어지럽다 멀쩡하다 뻗터질 때까지 손뼉 치며 노래하며 랄랄랄라 춤을 춥시다

— 싸이 1집, 〈놀아보자〉

모두 다 같이 내일 아침까지 비트에 맞춰/ 여기 양아치 사모님까

지 비트에 맞춰 몸 섞는/ 싸이싸이코 파티 싸이싸이코 파티/ 싸이싸이코 파티 싸이싸이코/ 오늘밤은 다 밤새는 거야 yeah yeah/ 눈 딱 감고 한번 째는 거야 yeah yeah/ 오늘밤은 다 배 째는 거야 yeah yeah/ 눈 딱 감고 미쳐 버리는 거야 oh oh

– 싸이 4집, 〈싸이코 파티〉

〈무한도전〉〈개그콘서트〉에서
〈SNL〉까지
'웃기고 자빠지는' B급, 혹은 소외된 욕망의 목소리

B급이라는 밀교의 제의, 웃음

진지하고 심각한 B급은 없다. 웃기고 자빠져야 B급이다. 드라마보다 시트콤이, 시트콤보다 예능·오락 프로그램일수록 'B급의 난장'에 더 충실한 이유다. 웃음이야말로 은밀한 욕망, 숨겨졌던 욕망, 소외된 욕망을 마음껏 발산하는 가장 적절한 형식이 아니겠는가? 강한 자들을 야유하고, 강한 자들에게 농락당했던 자신을 조롱하는 웃음으로써 대중들은 카타르시스를 경험한다. 뭔가를 아는 자만 웃을 수 있다는 사실은 은밀한 공범 의식을 확산시킨다. 웃음을 통해 밀교나 이교도 같은 소속감을 나눈다.

〈무한도전〉의 주인공은 '평균 이하'의 낙오자 캐릭터다. 이들은 1인자가 되고 싶고, 더 많은 돈을 벌고 싶고, 더 많은 인기를 얻고 싶고, 더 많이 먹고 싶고, 예쁜 여자와 사귀고 싶고, 더 영리해지고 싶고, 더 주목을 받고 싶은 욕망을 거리낌 없이 드러낸다. '할 수 있다'는 근거 없는 자신감도, '나는 안 된다'는 처참한 좌절감도 숨길 필요 없다. 그게 바로 솔직한 '나'이기 때문이다. 허황된 건방도 한심한 자기비하도 웃으면 그만인 '내 안의 나'일 뿐인 것을. 1인자가 되고 싶고, 더 많은 돈을 벌고 싶고, 더 많은 인기를 얻고 싶고, 더 예쁜 여자와 사귀고 싶은 욕망을 왜 숨기고 살아올 수밖에 없었을까? 가질 수 없고, 될 수 없고, 할 수 없는 사람들이 꿈을 꿀 때 황당하다고, 천박하다고, 비루하다고 손가락질을 받기 때문이다. 하지만, 진짜 속물이었던 것은 누구일까? 진짜 저열한 욕망의 소유자는 누구일까? 점잖은 얼굴로 뒤로 호박씨를 까는 사람들이 아닌가? 초연한 척하면서도 한자리 해보겠다고 갖은 청탁 다하는 그들, 바른 척 착한 척하면서도 온갖 투기와 편법에 능한 그들. 청문회에서 까밝혀지는 투기와 위장과 편법과 탈법. 그들의 저열한 돈 욕심, 그들의 추잡한 식탐, 그들의 천박한 성욕. 내가 웃기고 네가 웃기다고? 웃기는 건 그들이고, 세상이다.

B급, 99%가 내는 소외된 욕망의 목소리

우리는 〈무한도전〉을 통해 가질 수 없고, 될 수 없고, 할 수 없는 99%의 소외된 욕망을 확인하고, 낮은 곳에 떠도는 목소리들을 듣는다. 매주 토요일 저녁, 시청자들은 은밀하고 소외된 욕망을 나누는 주류 사회의 이교도가 된다. B급, 그것은 99%가 내는 소외된 욕

'평균 이하' 낙오자 캐릭터로 사랑받고 있는 〈무한도전〉

망의 목소리다.

2013년, TV가 있는 어느 가정의 풍경

2013년 1월 26일 토요일 저녁, 모처럼 한자리에 모인 한 대가족의 거실 풍경. 오후 6시 30분이 되자 초등학교 5학년생과 6학년생, 중학 2학년과 고교 1학년생, 대학교 2학년생, 제대한 복학생까지 6명의 사촌형제들이 TV 앞에 옹기종기 둘러앉는다. 이들의 아빠들을 보자. 40대 중반의 공기업 과장과 40대 초반의 외국계 기업 부장은 TV 앞으로 자리를 바싹 당겼다. 바로 전까지 케이블TV 골프 채널에 눈을 맞추고 있던 또 다른 아빠 둘, 중소기업을 운영하는 50대와 대기업 차장인 40대 후반의 남성, 동년배인 여행사 사장은 뒤로 빠져 최근 서로의 라운딩 성적을 갖고 화제를 이어간다. TV 채널은 MBC에 맞춰졌다. 〈무한도전〉이다. 흡혈귀로 분해 시장 골목을 헤집는 정형돈과 유재석, 노홍철, 정준하 등이 예의 시끌벅적한 댓거리와 난장을 보여 준다. 314회, ‘뱀파이어 첫 번째 전쟁’ 편이다. 뱀파이어 영화나 게임을 응용한 에피소드다. 제작진은 〈무한도전〉의 각 멤버에게 ‘뱀파이어 헌터’라는 자격을 주고, 흡혈귀를 찾아내라는 임무를 부여한다. 멤버 중 한 명^{정형돈}이 흡혈귀로 설정됐지만, 본인 외에 다른 멤버들은 이 사실을 알 수가 없다. TV 앞에선 각각 중학교와 고교를 다니는 소녀 2명의 웃음소리가 제일 컸고, 이들의 아빠인 40대 초중반 남성의 목소리가 그 뒤를 따른다.

한 시간여가 지나 〈무한도전〉이 끝나자, 아이들은 저마다의 스마트폰을 들고 다른 방으로 뿔뿔이 흩어져 들어간다. 갑작스레 넓어진 TV 앞 거실을 새로 채운 것은 할머니와 엄마들이다. 아이들의 할머니^{70대}가 한가운데 자리를 잡았고, 좌우로 40~50대인 딸, 며느리들이 포진했다. 채널은 바뀌었다. 오후 7시 55분, KBS-1TV의 주말 드라마 〈내 딸 서영이〉다.

토요일 저녁, 평범한 중산층인 한 대가족의 거실 풍경은 이른바 안방극장의 ‘주인’들, TV 문화의 수용 양상을 보여 주는 ‘생생한 현장’이었다. 예능 오락 프로그램인 〈무한도전〉과 주말 드라마 〈내 딸 서영이〉의 방영을 기점으로 리모컨을 쥔 거실의 권력자는 ‘세대 교체’를 했고, 안방극장의 ‘주인’은 싹 물갈이가 됐다.

불임한 B급, 막장 드라마…… 통속적인, 너무나 통속적인

지난 1960년대 국내에서 첫 TV 전파가 쏘아 올려진 이래 안방 극장에서 드라마와 예능·오락 프로그램은 가장 중요한 장르였다. 90년대 이후 다양한 'B급 문화'가 대중문화의 주류 속으로 들어와 꽃을 피우는 데 큰 저변이 된 것도 이들 프로그램이었다. 특히 TV의 대중화를 가능하게 했던 드라마는 여러모로 'B급적인 요소'를 갖춘 장르였다. 가장 첫손에 꼽을 만한 것이 B급다운 '통속성'이다. 드라마는 익명의 다수를 대상으로 하기 때문에 '예술성'보다는 '대중성'을 원칙으로 한다. '대중성'은 쉽게 통속성으로 구현된다.

통속성은 자극적이고 극단적이며 선정적인 소재나 설정으로 나타난다. 국내 드라마에서 가장 선호되는 극적 장치는 불륜, 치정, 출세, 복수, 재산 싸움, 출생의 비밀 등이다. 이른바 '막장 드라마'라고 불리는 작품들이 흔히 담는 내용이다. 극중 극단적인 일탈이나 금기의 위반은 대개 불운한 결말이나 징벌로 끝나 사회의 통념과 윤리를 재확인하고 권선징악의 주제를 강화한다. 흔히 바람난 아내는 불행을 맞고, 착한 조강지처는 행복한 결말로 보상을 받는 식이다. 기존의 가치를 강화하고 정당화하는 결론을 통해 때로 '패륜 논란'까지 치닫는 막장 같은 내용을 중화시킨다.

한국 드라마의 고질적인 '쪽대본', 즉 졸속 제작과 스튜디오 촬영 위주의 저예산 제작 방식은 오히려 B급적인 요소를 강화하는 원인이 됐다. 2000년대 이후 '한류'에 힘입어 해외 진출을 염두에 둔 대작 드라마가 이어졌지만, 그 이전까지만 해도 드라마의 졸속·저예산 제작이 상당히 만연해 있었다. 이로 인해 한국 드라마는 한때 교통사고나 시한부 판정이 내러티브상의 난점을 해결해 줄 '만병 통치약'으로 등장하기도 했다. 바로 이런 극적 전개의 비논리성이나 비개연성은 B급 영화의 특징이기도 하다. 70년대 유신 정권의 후원 아래 대거 제작된 반공 수사물이나 공포물인 〈전설의 고향〉 같은 시리즈들은 '전형성'에 있어 B급적인 예술 양식의 한 면모를 보여 준다. 특히 〈전설의 고향〉은 저예산 세트와 반복되는 내러티브로 1950~60년대 할리우드 B급 공포물 같은 역할을 했다고 할 수 있다.

하지만, 이들 통속 드라마는 진정한 의미의 'B급 문화'가 될 수 없었는데, 왜냐하면 이들 프로그램은 대개 수동적인 노령·중년 여성 시청자들을 대상으로 했기 때문이다. 앞에서 언급한 대로 B급 문화가 출현할 수 있는 조건은 열광적인 추종자들의 존재다. 청년 문화의 형성이 B급 문화의 출현에 결정적인 역할을 했던 것은 청년 세대는 본능적인 저항성이나 일탈성도 갖고 있지만, 하위 집단을 이루기 쉽고, 열광적인 추종자들을 이룰 가능성이 크기 때문이다. 하지만 한국의 TV 드라마는 기성 사회 질서에 본능적인 저항성을 갖춘 청년 세대와 결합하지 못함으로써 통속성 속에 숨어 있는 금기 위반의 전복적 성격보다는 주로 기존의 가치와 전통적인 윤리를 재확인하는 차원에서 수용됐다. 또 저예산, 졸속 제작 양식은 '적극적인 아마추어리즘'이나 DIY 문화로도 발전되지 못했다. B급 문화의 특징을 보면 열광적인 추종자들은 적극적인 아마추어 창작자가 되기도 한다. 생산과 소비의 경계를 없애고, 쌍방향의 소통을 이루는 것이다. 그런데 애초 가사에 전념하는 중년 여성이 중심되어 소비하는 TV 드라마는 애초부터 열광적인 추종자와 아마추어 창작자의 형성을 기대하기 어려웠다. 마지막으로 TV 드라마는 B급 대중예술이 되기에는 너무 진지하고 심각한 분위기로 소비됐다.

예능, TV에 펼쳐진 B급 문화의 난장

이와는 달리 예능·오락 프로그램은 TV라는 주류 미디어에서 'B급 문화의 난장'을 보여 주는 대표적인 장르로 꼽을 수 있다. 그중에서도 MBC 〈무한도전〉은 주류 문화에서 B급 문화의 수용 양상을 보여 주는 대표적인 코미디 시리즈물이다. 〈무한도전〉은 '대한민국 평균 이하 남자들의 무모한 도전'이라는 컨셉트로 지난 2005년 버라이어티 쇼 프로그램 〈토요일〉의 한 코너로 시작됐다. 진행자들이 국내외 유명 연예 스타나 스포츠 스타를 초청해 독특한 내용의 대결이나 게임을 펼치는 형식이었다. 처음엔 시청자 공모를 통해 제안된 아이디어를 차용해 출연자들끼리 대결과 임무 수행을 하는 것으로 출발했고, 이후 퀴즈와 게임 형식을 빌려 왔다가 지난 2006년 독립된 프로그램으로 재출범했다. 이후에는 '포맷 없는 포맷' '형식 없는 형식'을 지향하며 다양한 목표 달성과 대결 과제를 수행하고, 극과 다큐를 혼합한 리얼리티쇼로 진화했다.

〈무한도전〉의 가장 큰 특징이자 2~3차례에 걸친 포맷 변화에도 불구하고 300회가 넘는 방영분을 관통하는 컨셉트는 '평균 이하'

낙오자들의 '무쓸모' 도전의 비틀기

〈무한도전〉 멤버들의 일본 팬미팅 현장

라는 캐릭터다. 다시 한 번 싸이의 노래를 인용하자면 '욘사마처럼 환한 미소가 있나 비처럼 빽가는 몸과 춤이 있나', 아무것도 없는 열등한 출연자들이 황당무계한 과제에 도전하는 것이다. 유재석을 제외한 〈무한도전〉의 출연자들은 외모, 인기, 부, 명예, 재능 등 모든 면에서 '열등생'과 '낙오자' '실패자' '무능력자' '오합지졸'의 이미지를 캐릭터로 구축됐다. 키 작은 하하, 못 웃기는 정형돈, 먹는 것만 밝히는 모자란 남자 정준하, 못생기고 나이 많은 박명수 등이 그들이다.

대한민국의 '평균 이하'를 표방하는 비주류 캐릭터

〈무한도전〉의 멤버들이 대한민국 평균 이하를 표방하는 '열등생'과 '낙오자' 라는 캐릭터, 즉 주류에서 배제되고 차별받는 비주류 이미지를 구현한다는 사실이 중요하긴 하지만 그렇다고 해서 바로 B급 대중 예술이라고는 할 수 없다. 더욱 간과해선 안 되는 요소는 이들이 당당하고 초연한 자세로 자신의 단점을 웃음의 소재로 삼는다는 것이다. 자학과 자기모멸을 제3의 시선으로 객관화하는 '초연함', 즉 '쿨'의 조건인 '역설적인 초연함'이 깃든 태도를 보여준다. 이는 각자의 별명에서 잘 드러난다.

지난 2012년 12월엔 각종 온라인 게시판에 〈무한도전〉 별명 정리'라는 글이 인기를 끌었다. 〈무한도전〉의 주요 멤버들이 프로그램의 설정과 팬들로부터 붙여진 수십에서 수백 개의 별명을 나열한 인터넷 게시물이었다. 박명수의 경우 2인자, 박꼼수, 한 머리 두 냄새, 거성, 벼멸구, 아버지, 찮은이[하찮은, 귀찮은], 흑채, 박사장, 치킨 명수 등의 애칭이 있다. 1인자를 노리지만 늘 하찮은 존재감을 보여 줘 유재석에게 밀리는 '2인자', 헤어 제품을 이용해 머리를 위장할 수밖에 없는 대머리 아저씨, 치킨집을 운영했던 '생계형' 연예인. 박명수의 별명은 그의 외모, 성격, 인기, 존재감 등을 조롱하는 것들이 대부분이다. 정준하의 경우 3인자, 헬멧, 뚱뚱보, 동네 바보형, 모자란 형, 괴물, 밉상, 정총무 등 뚱뚱하고 바보스러워 보이는 외모를 야유하는 별명이 대다수를 이룬다. 정형돈은 뚱보, 건방진 뚱보, 진상 등이다. 정형돈은 특히 '웃기는 것 빼고는 다 잘하는 개그맨'이라는 캐릭터로 유명하다.

캐릭터와 함께 이 코미디 시리즈를 특징짓는 것은 '도전의 의미 없음' 혹은 '임무의 무가치함'이다. 유행어를 빌리자면 '무쓸모[쓸모]

없는' 일수록 이들에겐 더 중요한 임무가 된다. 이를테면 이들이 성취해야 하는 목표는 남들이 못하기 때문이 아니라 안 하는 것이기 때문에 재미있고 가치 있다.

낙오자들의 '무쓸모' 도전이 뒤집고 비트는 주류의 가치

평균 이하의 능력자들이 무쓸모한 도전에 나서는 프로그램이 시청자들에겐 왜 폭발적인 인기를 누렸을까. 통쾌함을 주기 때문이다. 왜 통쾌할까?

주류의 획일적인 잣대에서 보면 이들의 도전은 무가치하거나 무의미하다. 하지만, 과연 주류 사회에서 많은 이들이 집착하고, 순위를 가리며 악착같이 이루려고 하는 목표가 〈무한도전〉 멤버들이 성취하려고 하는 임무보다 반드시 숭고하고 위대한 것이라 할 수 있을까? 〈무한도전〉의 멤버들이 무쓸모한 목표에 죽기 살기로 매달리는 순간, 주류의 획일적인 잣대야말로 우스운 것이 되고, '꼴찌의 도전'은 숭고하고 감동적인 드라마가 된다. 잘난 소수, 선천적인 재능을 갖고 태어난 우등생, 부모로부터 우월한 유전자와 최고의 교육 조건을 물려받은 이들이 1, 2등을 다투는 '그들만의 리그'가 아니라, 가진 것은 맨몸과 투지뿐인 세상의 모든 열등생들이 펼치는 도전. 무엇이 더 가치 있는 일이라고 어느 누가 재단할 수 있을 것인가?

세상 꼴찌들의 존재 증명이자 비주류 인생들을 위한 응원

그러므로 〈무한도전〉의 무모한 임무는 잘난 1%의 자기 과시가 아닌 세상 모든 꼴찌들의 존재 증명이다. 수단과 방법을 가리지 않고 정상에 오른 1등 인생만을 기억하는 '무한 경쟁'이 아니라 세상 대다수인 비주류 인생들을 응원하는 따뜻한 연대다. 도전 자체가 황당하고 무가치하게 보일수록 〈무한도전〉 멤버들의 도전이 더욱 숭고하고 통쾌한 이유다. 〈무한도전〉의 초창기 대표적 미션은 '황소와의 줄다리기' '놀이기구에서 립스틱 바르기' '기차와 달리기' 등이었으며, 키가 작고 뚱뚱하며 못생긴 이들이 패션쇼에 도전하거나, 크리스마스를 기념해 영화의 한 장면〈러브 액츄얼리〉을 재현하거나, 쪽대본 드라마를 편집하거나, 댄스, 자동차 경주, 에어로빅, 봅슬레이, 조정에 도전한 에피소드도 인기를 끌었다.

패션과 스타일에선 'B급 문화'와의 결합이 더욱 돋보인다. 이들이 가장 큰 열광과 지지를 받았던 특집이 〈무한도전〉 멤버들이 프로레슬링으로 대결하는 에피소드였다. 프로레슬링은 국내 대중문화사로 보면 1960~1970년대 TV의 대중화에 혁혁한 공을 세운 스포츠 중계 프로그램이자 원초적인 형태의 리얼리티쇼였다. 경쟁과 복수, 권선징악반칙하는 악랄한 적수의 공격-영웅의 시련-정의로운 주인공의 승리이라는 코드를 반복해 '쇼'로 보여 주는 B급 요소가 풍성했다. 추격 스릴러 '돈가방을 갖고 튀어라'나 '좀비 특집-28년 후' '스피드' '뱀파이어' 등 할리우드의 B급 장르나 영화를 패러디한 특집 방송도 있었다.

〈무한도전〉 멤버들이 가수, 작곡자들과 함께 공연과 음반 녹음에 도전하는 '강변북로 가요제' '올림픽대로 듀엣 가요제' '서해안 고속도로 가요제' '나름 가수다' '박명수의 어떤 가요' 등도 계속 돼 이 특집에서 발표된 곡이 음원 순위 정상에 오르는 등 인기를 누렸다. 명품 가창력을 타고난 이들만 '나는 가수다'라고 주장할 수 있는 게 아니라, 노래 부르길 좋아하는 누구나가 '나름 가수다'라며 떳떳하게 무대에 오를 수 있는 세상, 그것이 바로 〈무한도전〉의 세상이다.

〈무한도전〉 멤버들의 분장 및 의상, 세트 등에서도 B급 분위기는 농후하다. 멤버들은 우스꽝스러운 가발을 쓰고 촌스러운 원색의 분장 및 의상을 즐겨 한다. 자막 및 말풍선 등 키치나 만화, 팝아트적인 면모로 치장하는 영상도 B급 문화의 이미지를 차용한 것이다. 김태호 PD의 역량과 감수성이 드러나는 자막과 말풍선의 경우 서체와 디자인에서 싸고, 촌스럽고, 유치한 면모를 드러낸다. 원색을 대비시키고, 1960년대 광고나 영화 포스터를 연상케 하는 서체와 디자인이 자주 등장한다. 또 출연자들의 대사와 자막에는 종종 인터넷의 유행어나 이모티콘, 은어·속어가 그대로 담기기도 한다. 예를 들자면 '참 병맛^{이상한} 진행' '아 씨 퐈이야' '넌 배신 깔 놈이야' 등이 대표적이다. 이 때문에 〈무한도전〉은 방송통신심의위원회나 각종 단체로부터 우리말 파괴에 대한 경고나 비난을 받기도 했다.

탈법, 편법을 일삼는 주류 사회의 속물근성 풍자

세련된 비유나 상징이 아닌 노골적이고 신랄하며 적나라한 발언이나 자막, 표현은 〈무한도전〉의 특징이다. '평균 이하'를 표상하는 〈무한도전〉의 캐릭터들은 남의 지위를 질투해 빼앗으려 하거나, 돈에 대한 욕심을 스스럼없이 드러내거나, 서열을 만들어 노골적인 지배-복종 관계를 만들어 가기도 한다. 겉으로는 아닌 체, 없는 체 숨기지만 실제로는 이기적인 욕심을 위해 탈법, 편법을 일삼는 주류 사회의 속물근성에 대한 풍자다. 가식과 위선의 탈을 벗고, 우리 스스로의 욕망을 긍정하며, 각자 생긴 대로 제멋대로 놀아 보자는 태도. 바로 〈무한도전〉 멤버들과 싸이의 노래를 가로지르는 B급 정신이 아니겠는가?

〈무한도전〉은 의미 없는, 맹목적인, '무쓸모'인, 무리한, 무모한 도전으로 출발해 더 큰 의미를 얻었다. 그 의미엔 사회가 무시하는 존재, 주류로부터 떠밀린 존재가 '어이없어 보이는' '가치 없어 보이는' '돈 안 되는 것으로 보이는' 임무에 죽기 살기로 매달릴 때 느껴지는 숭고함이 있다. 뿐만 아니라, 〈무한도전〉은 때로 자막이나 설정을 통해 '평균 이하'인 정치인들의 발언을 풍자하고, '수준 이하'인 권력을 조롱하며, '상식 이하'인 세태를 야유한다. 진짜 평균 이하인 것은 〈무한도전〉의 캐릭터가 아니라 다름과 다양성을 포용하지 못하는 우리 사회와 정치권력이 아닌가 말이다.

마지막으로 〈무한도전〉의 도전에 힘을 더하는 존재로 온·오프라인의 열광적인 팬들을 들지 않을 수 없다. 열광적인 팬과 시청자들은 〈무한도전〉의 숨겨진 의도를 읽고, 새로운 맥락을 만들어내며, 패러디를 통해 제2의 창작물을 만들어내는 또 다른 PD이자, 마지막 멤버다. 파업과 결방, 종영 논쟁으로부터 〈무한도전〉을 사수하는 제2의 편성권자이기도 하다.

낮은 목소리로 임한 왕
〈무릎팍 도사〉와 〈힐링 캠프〉는 어떻게 박근혜, 문재인,
안철수를 불러냈을까?

강호동은 왜 박수무당이 됐을까

MBC의 토크쇼 〈무릎팍 도사〉에서 가장 주목할 만한 것은 '강호동'이라는 걸출한 엔터테이너뿐만은 아니었다. 오히려 강호동이 입은 총천연색의 박수무당 의상이야말로 국내 TV 토크쇼의 짧은 역사를 〈무릎팍 도사〉 이전과 이후로 가르는 충격적인 발상의 전환이었다. 강호동의 무당복은 국내 TV 토크쇼의 선구자라 할 수 있는 자니 윤이나 주병진의 말끔하게 차려입은 정장도 아니었고, 김혜수와 이승연, 혹은 이소라의 이브닝드레스도 아니었다는 점에서 이미 토크쇼의 혁명을 예고하고 있었다. 게다가 앉은뱅이 탁자와 방석만 놓인 안방이라니! 토크쇼 하면 으레 떠오르는 기다란 데스크와 소파는 찾아볼 수 없었다. 〈무릎팍 도사〉의 스튜디오는 흔히 말하는 고품격이라는 단어와 거리가 멀어도 한참 멀었다. 물론, 토크쇼 사

이사이 추임새를 넣고, 코너 사이에 흥을 북돋우는 음악을 선사하는 밴드도 없었다. 이름난 연주자들로 구성된 밴드 대신 '추리닝'을 입은 채 달랑 기타 하나만 들고 있는 올라이즈 밴드의 우승민이 간간이 객쩍은 농담을 던질 뿐이었다.

2000년대 이후 눈부신 발전을 거듭한 TV 예능·오락 프로그램에서 〈무한도전〉과 함께 획을 그은 방송으로는 단연 〈무릎팍 도사〉를 꼽을 수 있을 것이다. 〈무한도전〉이 서구적인 리얼리티쇼의 한국화에 성공하면서 아류의 범람을 가져온 프로그램이라면 〈무릎팍 도사〉는 토크쇼의 형식과 스타일, 내용에서 일대 전환을 이루어내면서 비슷한 시리즈를 양산시키는 모델이 됐다.

〈무릎팍 도사〉는 파티복이나 정장을 입은 남녀 MC가 유명 스타와 각계의 거물급 인사를 초대해 깍듯한 예의 속에서 인생사의 이것저것을 물어보는 기존의 '고품격' 토크쇼와는 전혀 다른 포맷과 대화를 보여 주면서 신선한 바람을 일으켰다. 반면, 전형적이고 서구적인 고품격 토크쇼의 포맷을 그대로 이어갔던 MBC 〈주병진 토크 콘서트〉2011년 12월~2012년 6월와 KBS 〈박중훈쇼, 대한민국 일요일밤〉2008년 12월~2009년 4월은 시청률에 고전하며 각각 5~6개월 만에 막을 내려 극적인 대비를 이뤘다.

주류에 대항하며 형식과 내용의 파격을 시도한 〈무릎팍 도사〉

〈무릎팍 도사〉의 성공 이유로는 여러 가지를 꼽을 수 있을 것이

B급 정서로 토크쇼의 혁명을 몰고 온 MBC 〈무릎팍 도사〉

다. 〈무릎팍 도사〉는 무속인인 강호동에게 초대 손님이 상담 의뢰인 자격으로 방문해 고민을 털어놓고 해답을 얻어 가는 형식을 취하고 있다. 원색의 울긋불긋한 무당복이 상징하는 것은 한국의 근대화 이후 미신 타파를 이유로 공식 문화로부터는 배척을 당해 왔지만, 서민들의 가장 익숙한 삶의 한 부분인 무속 문화의 이미지다. 사업이 안 될 때, 자식의 인생이 잘 풀리지 않을 때, 결혼을 하고 싶으나 짝을 구하지 못할 때, 점집을 한두 번쯤 찾지 않은 서민은 없을 것이다. 서구적인 의미에서의 상담 문화나 정신과 진료가 아직도 불편하고 어색한 한국에서 점집이나 사주, 궁합 등의 역술 문화는 이를 대체하는 가장 기본적인 수단이다.

〈데이비드 레터맨쇼〉나 〈새러데이 나이트 라이브〉 등 서구적인 토크쇼와는 달리 〈무릎팍 도사〉의 서민적이고 한국적인 이미지에 가장 잘 어울리는 호스트는 단연 강호동이다. 씨름 선수 출신의 스포츠 스타였던 강호동은 현역 시절에도 이만기라는 거대한 산이자 주류에 있던 스타에게 대항하는 젊고 도발적인 후배이자 악동이라는 이미지를 구축했다. 그는 선수 시절에도 경기 전 상대의 기선을 제압하기 위한 제스처나 괴성, 승리 후 춤추는 세리머니로 타고난 쇼맨십을 보여 줬다. 이는 이만기가 가진 '모범적인 승리자'의 이미지와는 사뭇 달랐다. 길들여지지 않은 야생마, 자기 과시를 서슴지 않는 악동이 바로 강호동이었다.

씨름에서 은퇴한 후 방송 활동에선 우스꽝스러운 몸짓이나 발성으로 인기를 얻어 갔다. 방송 MC로서도 유재석의 예의 바르고 겸손한 역할과 달랐고, 과거 주병진처럼 지적인 이미지도 아니었다. 지적이고 세련된 언어나 문장보다는 투박한 구어체에 능했고, 때로는 환호와 괴성 등 감탄사를 자주 썼다. 다소 공격적인 태도로 질문을 하거나 발언하는 일도 적지 않았다. 이러한 강호동의 B급 이미지는 원색의 무당복을 입고 나서 더욱 빛을 발했다. 세련되고 지적인 유머와 농담보다는 직접적이고 본능적인 반응을 보여 주며 시청자들의 눈높이 혹은 시청자보다 낮은 눈높이와 목소리를 구현했다. '건방진 도사' 역의 패널인 개그맨 유세윤의 호통식 발언이나 냉소적이고 엉뚱한 우승민의 추임새도 잘 어우러졌다. '점잖아야 한다' '겸손해야 한다' '절제해야 한다'는 토크쇼의 품격을 무너뜨렸다는 점에서 〈무릎팍 도사〉의 B급적 특성이 빛을 발했고, 이것이야말로 첫 번째 성공 이유라고 할 만하다.

대통령 후보 안철수의 첫발, 〈무릎팍 도사〉

강호동의 〈무릎팍 도사〉는 지난 2007년 1월 방영을 시작해 초반에는 주로 연예 스타들을 초대, 인터넷이나 세간에 떠돌던 소문의 진위를 묻거나, 마약이나 스캔들 등 과거 불미스러운 사건 당시의 심경 토로를 듣는 방식으로 진행됐다. 강호동의 질문은 공격적이었고, 출연자들은 솔직한 자기 고백으로 응대했다.

그러나 〈무릎팍 도사〉가 더욱 발군이었던 것은 연예 스타가 아닌 정치·문화·스포츠 등 타 분야의 유명 인사를 초대할 때였다. 그 첫 스포트라이트는 산악인 엄홍길이 받았다. 비연예 스타로는 처음 초대 손님으로 출연한 '엄홍길편'은 지난 2007년 6월 20일과 27일 2회 연속 방영됐다. 이후 스포츠 스타로는 양준혁, 이만기, 박세리, 추성훈, 장미란, 신지애, 허구연, 김연아 등으로 이어졌다. 비연예 문화계 인사로는 바이올리니스트 사라 장과 첼리스트 장한나를 비롯해 발레리나 강수진, 사진작가 김중만, 소설가 황석영, 이외수 등이 있었다.

그중에서도 폭발적인 관심을 끌었던 것이 지난 2009년 6월 2회에 걸쳐 방영된 '안철수편'이다.

안철수 전 서울대 융합과학기술대학원장은 〈무릎팍 도사〉 출연을 계기로 2012년 대통령 선거의 유력 후보로 떠올랐다. 그저 '착하고 양심적인 기업가' '노블리스 오블리제를 실천하는 부자' '모험 정신과 뛰어난 재능으로 성공한 천재'에서 정치인으로서의 가능성을 알린 첫 출발이 일개 예능 프로그램의 토크쇼였다는 사실이

의미심장하다. 그것도 고품격 토크쇼가 아닌 B급의 기운이 물씬한 〈무릎팍 도사〉를 통해서 말이다. 이에 대해 언론도 한마디씩 거들었다. 대선을 앞둔 2012년 7월 23일 〈동아일보〉의 '김순덕 칼럼'은 이렇게 지적했다.

> 애초 그가 대통령감으로 인지도가 급상승한 것도 2009년 6월 MBC 〈무릎팍 도사〉를 통해서다. 의사에서 벤처기업인, 교수로 변신한 자신의 '비효율적 삶'을 말하며 '내 평생 직업이 뭔지 모르는 것이 고민'이라고 했고, 강호동은 '직업을 바꿀수록 나라가 윤택해진다'고 답했다. ……〈무릎팍 도사〉로 떠서 〈힐링 캠프〉로 굳히는 안철수의 대선 가도는 '문재인의 운명'을 능가하는 운명이거나, 정치판을 단번에 무력화하는 정치 커뮤니케이션 공학이 아닐 수 없다. ……인기를 얻고 정치에 입문한 연예인만 있던 우리나라에서 안철수는 '예능 프로가 대통령을 만든다'는 미디어의 신기원을 이룩할 판이다.
>
> — 〈동아일보〉, 김순덕 칼럼

〈경향신문〉은 2009년 10월 13일 '이종탁이 만난 사람'이라는 섹션에서 안철수의 인터뷰 기사를 게재하며 '안 교수가 몇 달 전 TV 예능 프로그램 〈황금어장〉의 무릎팍 도사 코너에 출연했을 때 반응은 가위 열광적이었다'면서 '그의 인품, 진정성에 매료된 시청자들은 이런 사람이 나라의 지도자가 돼야 한다, 안철수를 대선 후보로 밀자고 아우성쳤다'고 전했다. 〈서울신문〉은 2011년 9월 16

〈무릎팍 도사〉에 출연해 전 국민적 인지도를 높인 안철수 의원

일자 '열린세상'이라는 칼럼에서 '뉴스가 아니라 강호동의 〈무릎팍 도사〉 등 소위 예능 프로그램을 통해, 또 온라인도, 오프라인 미디어도 아닌 〈청춘콘서트〉와 같은 탈미디어 경로를 통해 안철수 교수는 어느새 스타 정치인이 됐다'고 보도했다. 〈국민일보〉는 2011년 11월 4일 정치부장이 쓴 '데스크 시각'이라는 칼럼에서 이렇게 표현했다.

'MBC-TV 〈무릎팍 도사〉에 나온 안철수 교수를 본 아내가 묻는다. '안 교수가 대선에 출마하면 어떻게 될 것 같아?' 그 시점부터 잠룡潛龍 안철수는 자라고 있었지만 명색이 정치부 기자는 퉁명스럽게 훈계한다. '무슨 안철수가 대통령 선거에 나와! 잠시 인기 있다고 다 대통령 되는 게 아니야.' 〈무릎팍 도사〉로 안철수는 대선 후보로서 대중적 선호와 인기를 얻었지만 정치부장으로서 자신은 그 위력을 '오판'했다는 것이다.

B급 예능 프로가 대통령 후보를 만들다

시골 의사 박경철과 함께 대학가를 찾으며 젊은이들을 만났던

공연 형식의 토크쇼 〈청춘콘서트〉로 예열하고 〈무릎팍 도사〉로 점화됐으며, 〈힐링 캠프〉로 폭발한 '안풍'은 결국 안철수의 대선 출마 선언으로 이어졌다. 비록 안철수는 문재인 후보를 지지하며 중도 사퇴했지만, 안풍의 확산 과정은 정치계뿐 아니라 국내 미디어 역사에서도 초유의 사건이었다. 안철수와 야권 단일 후보 자리를 다투던 문재인도 2012년 1월 9일 〈힐링 캠프〉에 출연했고, 대권을 잡은 박근혜는 이보다 한 주 앞서 같은 프로그램에 출연했다.

박수무당 대신 '말뚝이' 이경규가 긁어 주는 〈힐링 캠프〉

강호동이 세금 과소 납부 논란으로 〈무릎팍 도사〉에서 하차한 후 제1의 토크쇼 자리에 오른 〈힐링 캠프〉는 여러모로 〈무릎팍 도사〉의 B급 유전자를 공유한 프로그램이었다. 일단 〈무릎팍 도사〉가 초대 손님의 '고민 해결'을 컨셉트로 했다면 〈힐링 캠프〉는 출연자의 '힐링'을 주제로 했다는 점이 유사했다. 〈무릎팍 도사〉의 무속인 컨셉트나 온돌방 세트보다는 얌전한 분위기이긴 했지만, 이경규, 김제동, 한혜진이 서로 치고받으며 시골 마을회관에서 수다 떨듯 진행하는 형식은 블랙 타이 차림이나 이브닝드레스 차림으로 밴드나 세션맨들을 뒷배경에 두고 화려한 무대로 유명 인사를 초빙하는 고품격 토크쇼보다는 훨씬 편안하고 서민적이었다. 이경규는 강호동보다 압도적인 카리스마를 보여 주는 캐릭터는 아니지만 악의 없는 농담이나 객쩍은 유머로 활기를 더하는, 말하자면 탈춤의 '말

저잣거리에서 웃음을 팔고 음담패설을 지껄이며
권력을 비웃던 광대

뚝이' 역할을 충분히 해
낸다.

말뚝이는 봉산탈춤이
나 양주별산대놀이, 북청
사자놀음, 통영오광대놀
이 등 전통 연희의 가면
극 중 양반의 풍자를 도
맡아 하던 천출의 캐릭터
다. 흔히 양반을 모시고
다니던 하인으로 설정돼
있으며, 서민들과 소외받
은 약자의 대변자로 양반
이나 권력자들을 거침없

는 언어로 조롱하던 역이다. 주류를 풍자하는 B급의 캐릭터인 셈이
다. 오늘날로 치자면 '광대 중의 광대'를 맡은 캐릭터가 개그맨이
고 코미디언이라고 할 수 있을 텐데, 〈무릎팍 도사〉나 〈힐링 캠프〉
에서 강호동이나 이경규가 재현하는 이미지는 서구식의 토크쇼 MC
보다는 가면극의 말뚝이에 더 가깝다고 할 수 있다. 물론 토크쇼의
특성상 풍자나 해학을 중심에 내세우진 않지만, 이들은 초대 손님
의 개인사나 업적, 인품을 서민적 눈높이에서 소개한다는 의미에서
말뚝이 캐릭터에 가깝다고 볼 수 있다. 토크쇼 속 대권 주자와 개그
맨 출신 MC와의 만남은 '왕'과 '말뚝이'의 만남이라고 할 수 있
겠다.

지난해 1000만 명을 돌파하며 흥행 돌풍을 일으킨 영화 〈광해: 왕이 된 남자〉를 보자. 점잔 빼며 고상한 체하면서도 뒤로는 온갖 악행을 다하는 고관대작들 틈에서 백성을 위한 '진짜 왕'이 된 이는 저잣거리에서 웃음을 팔고 음담패설을 지껄이며 권력을 비웃던 광대, 곧 말뚝이였다. 광대야말로 당대의 저류 문화, 지금으로 치자면 B급 문화의 아이콘이 아니던가.

B급 문화가 주류를 습격함으로써 대선 주자들마저 예능 프로그램의 개그맨 앞으로 불려 나와 '치유^{힐링}'와 '고민 해결'을 의뢰하지 않을 수 없는, 최근 국내 대중문화에 대한 상징으로선 더없이 적격인 대목이 아닐까?

〈도둑들〉
B급의 유일한 장르, 쾌락주의

〈도둑들〉은 새로운 흥행 경향을 보여 주면서 2012년 한국영화의 르네상스를 이끌었다. 사회·역사적 주제를 다뤘던 과거의 흥행작과 달리, 이 영화는 순전히 영화적 재미와 쾌감에만 집중함으로써 한국 대중문화사를 지배해 왔던 엄숙주의와 계몽주의를 넘어 B급의 유일한 이념인 '쾌락주의'를 구현했다. 이는 '놀아 보자'를 외치는 싸이의 유희 본능과 동일한 DNA를 갖는다. 이제 전두엽은 잊어라. 변연계를 자극하고, 아드레날린을 분출하라는 외침이다.

〈도둑들〉은 영화사적으로는 할리우드 장르에 뿌리를 대고 있다. 1990년대 이후 등장해 한국영화의 전성기를 이끌고 있는 박찬욱, 봉준호, 김지운, 류승완, 최동훈 감독 등이 할리우드 B급 영화의 열광적인 지지자라는 점이 의미심장하다.

B급 영화의 열광적 지지자 김지운, 봉준호, 류승완 감독

한국영화, 계몽주의의 영토를 떠나다

"〈도둑들〉의 흥행은 정말 새로워요. 누구도 이렇게까지 잘될 줄 몰랐거든요. 사회적인 메시지가 있는 작품이 아니라 그냥 오락적인 가치에만 집중한, '펀fun'한 영화가 1000만 명까지 간 것은 처음이에요."

영화 〈도둑들〉의 영화 홍보사 대표의 말이다. 제작사케이퍼필름 쪽에선 '처음엔 〈도둑들〉이 1000만 명까지 동원할 작품은 아니라고 봤다'며 '이제까지 1000만 흥행작을 보면 개봉 후반부에는 반드시 사회적인 이슈가 있었고 신드롬이 불어 새로운 동력이 됐다, 이번 작품은 예외적'이라고 분석했다.

최동훈 감독은 '한국영화나 문학에서는 리얼리즘의 전통이 너무 강하다'며 '전작인 〈전우치〉나 〈도둑들〉은 모두 순수하게 영화적 재미만을 추구한 영화'라고 딱 잘라 말했다.

'펀' 한 영화 〈도둑들〉은 2012년 1298만 명을 동원하면서 한국 영화 1000만 동원의 '뻔' 한 흥행 공식을 뒤집었다. 뿐만 아니라 〈도둑들〉은 한국영화사 100년 만에 찾아온 르네상스를 알리는 깃발이자 상징이 됐다. 한국영화는 2012년 '최다 관객 동원 기록과 역대 최고 극장 매출'이라는 신기원을 열었다.

이처럼 〈도둑들〉이 〈강남스타일〉과 함께 2012년 한국 대중문화의 새로운 이정표가 된 콘텐츠라는 데 누구도 이의를 달지 못할 것이다. 〈도둑들〉이 순전히 재미, 영화적인 쾌감에만 집중한 작품이었고, 〈강남스타일〉은 '놀아 보자'는 유희 본능에 충실한 노래였다는 점에서 같은 유전인자를 공유하고 있다. 그것은 B급 문화의 정신이다.

B급의 DNA를 공유한 〈도둑들〉과 〈강남스타일〉의 초대박 히트

〈도둑들〉의 최동훈 감독

최동훈 감독이 김윤석, 김혜수, 이정재, 전지현, 김수현, 오달수 등 당대의 스타들을 기용해 만든 〈도둑들〉은 이른바 '하이스트 필름heist film'이나 '케이퍼 무비caper movie'로 불리는 할리우드의 전통적인 장르에 뿌리를 대고 있다. 이는 떼도둑이나 일군의 사기꾼들이 모여 거액의 돈

홍콩 누아르 스타일을 섞은 B급 영화 〈도둑들〉

이나 물건을 훔친다는 내용이 주를 이루는 장르로 고전 영화 중에
선 〈스팅〉이, 최근작 중에선 〈오션스 일레븐〉 시리즈가 대표작으로
꼽힌다. 〈도둑들〉은 한국의 내로라하는 '대도'들이 카지노에 숨겨
진 다이아몬드를 훔치고자 마카오로 원정을 가면서 벌어지는 일을
담았다. 한국과 중국의 도둑 패거리들이 만나 이합집산을 거듭하고
멤버들끼리 다이아몬드를 빼돌리기 위해 속고 속인다는 내용이다.
할리우드 장르에 덧대 〈도둑들〉은 1980~1990년대의 홍콩 누아르
풍의 스타일을 섞었다.

　〈도둑들〉은 한국영화의 전형적인 흥행 공식을 뒤집었다. 과거
오락성과 상업성에 집중한 장르 영화는 최대 몇백만은 들 수 있어
도 1000만까지 가는 데는 한계가 뚜렷하다는 것이 지배적인 견해
였다. 〈도둑들〉 이전의 1000만 영화들을 보자. 한국영화에서는 처

음으로 1000만 고지를 밟은 강우석 감독의 〈실미도〉는 한국 근대사의 봉인을 뜯은 '역사적인 작품'이었다. 1968년 창설된 북파 공작 부대인 '실미도 684부대'의 실화를 바탕으로 한 영화다. 김일성을 암살하기 위해 특조된 비밀 부대로 그동안은 존재 자체를 언급하는 것이 금기인 소재였다. 이어 1000만을 돌파한 강제규 감독의 〈태극기 휘날리며〉 역시 남북 분단을 소재로 한 작품으로 한국전쟁당시 남북한 군으로 운명이 엇갈렸던 비운의 형제 이야기를 담았다. 이준익 감독의 〈왕의 남자〉는 조선 연산조 시대의 한 광대를 통해 권력과 민중의 삶을 풍자했다. 〈괴물〉은 주한 미군의 독극물 방사 사건을 소재로 한 괴수 영화로, 극장 상영 당시 반미주의 논쟁에까지 불을 지핀 작품이었다. 〈해운대〉는 기상 이변 때문에 일어난쓰나미가 부산을 덮친다는 아이디어를 담은 재난 영화였다. 1000만 영화에 들지 않더라도 국내에서 대규모로 흥행에 성공한 〈쉬리〉나 〈공동경비구역 JSA〉 〈웰컴 투 동막골〉 역시 남북 분단 소재 영화였고, 〈화려한 휴가〉는 5·18 광주민주화운동을 스크린에 재현한작품이었다. 〈도둑들〉 이전까지만 해도 1000만 영화는 예외 없이사회적인 이슈나 역사적인 맥락과의 접점이 있었고 그것이 흥행의발화점 구실을 했다. 이들 흥행작은 공통적으로 연예 영화 정보 프로그램에 앞서 〈9시 뉴스〉나 시사 다큐멘터리, 일간지의 사회 섹션을 통해 소개되곤 했다. 〈실미도〉의 경우 북파 공작원의 진실이 사회적 이슈로 떠올랐고 〈태극기 휘날리며〉의 개봉 즈음엔 한국전쟁희생자 유골 발굴이 주요 시사 보도 프로그램의 의제에 오른 것이대표적이다.

하지만, 도둑들이 모여 서로 속고 속이며 한탕 한다는 〈도둑들〉
에는 한국 사회와 역사에 대한 주제 의식이 들어설 자리가 없었다.
〈도둑들〉은 '아닌 밤중에 도둑 얘기'인 셈이었던 것이다. 〈도둑들〉
은 한국영화의 계몽주의와 대중문화의 엄숙주의 시대가 완전히 종
언을 고했음을 확증하는 작품이라는 데 평론가들도 일치된 견해를
내놓았다. 이는 가요계에서 싸이의 〈강남스타일〉이 일으킨 신드롬
과도 맥락이 닿는 현상이다. 〈도둑들〉은 한국영화가 사회적, 역사
적 주제 의식을 담아내야 한다는 강박을 버리고 대규모 흥행을 이
끈 작품이 됐다. 이 영화의 대규모 흥행은 대중들이 '지식인'이라
는 이름으로 강요된 메시지나 사회적 교훈을 받아들이기보다는
'재미'나 '오락적 가치'의 소비를 더 우위에 놓고 있다는 방증이
었다.

계몽주의와 엄숙주의에 종언 고한 이정표적 작품 〈도둑들〉

한국영화의 흥행 경향은 갈수록 할리우드의 흥행 공식을 따라가
고 있으며, 특히 장르 영화에 대한 선호도가 높아지고 있음을 보여
준다. 1000만 영화의 흐름을 보더라도 〈실미도〉와 〈태극기 휘날리
며〉〈왕의 남자〉의 경우는 어느 특정 장르라기보다는 '드라마'로
통칭할 수 있는 작품이지만, 〈괴물〉이나 〈해운대〉는 할리우드 장
르, 특히 B급 영화의 범주에서 자주 제작됐던 재난, 공포, 괴수 영
화에 뿌리를 대고 있다.

〈도둑들〉뿐 아니라 2012년의 영화계에서 작품마다 엇갈린 성패는 변화된 흥행 경향을 보여 주기에 충분했다. 특히 강제규 감독의 〈마이 웨이〉와 하지원·배두나 주연의 〈코리아〉, 비[정지훈]가 주연한 〈알투비[R2B]: 리턴 투 베이스〉 등 대작의 실패가 시사하는 바가 크다. 일본 식민시대로부터 제2차 세계대전에 이르는 비극적인 현대사를 배경으로 한 〈마이 웨이〉는 장동건과 오다기리 조라는 한국과 일본의 걸출한 톱스타를 캐스팅해 300억 원에 이르는 대규모 제작비를 들여 완성도 높은 영상을 만들어냈음에도 불구하고 흥행에 실패했다. 1990년 일본 지바세계탁구선수권대회에 출전한 남북 단일팀의 우승을 다루며 다시 한 번 분단의 상처를 어루만진 〈코리아〉도 비슷한 길을 걸었다. 〈알투비〉는 공군 전투 비행단 소속 파일럿을 주인공으로 한 비행 액션 영화로 서울 상공에 나타난 북한 전투기의 도발을 막는 과정을 그렸다. 스타 캐스팅, 화려한 비주얼, 분단 소재 등 과거 흥행작들의 공식을 따르고 있으나 결과는 기대를 저버렸다.

반면, 〈도둑들〉의 조선시대 버전이라고 할 수 있는 〈바람과 함께 사라지다〉는 예상외의 돌풍을 일으키며 놀라운 성공을 거뒀다.

〈범죄와의 전쟁: 나쁜 놈들 전성시대〉는 〈대부〉 〈좋은 친구들〉 등 영화의 올드팬들에게도 익숙한 할리우드 갱스터 무비와 1990년대 한국 사회의 일면을 탁월하게 결합시켰다. 결혼 생활이 지겨워진 남편이 이혼의 구실을 찾기 위해 바람둥이에게 아내의 유혹을 의뢰한다는 〈내 아내의 모든 것〉과 30대 추리소설 작가와 엉뚱한 이혼녀 간의 밀고 당기는 러브 스토리를 담은 〈러브 픽션〉은 로맨

갱스터 무비 〈범죄와의 전쟁〉　　　　　　　　〈대부〉

틱코미디나 멜로 등 로맨스 장르의 한국적 변용을 잘 보여 줬다. 살인 기생충이 일으킨 사회적 혼란을 다룬 〈연가시〉의 경우도 재난영화를 우리 현실에 맞게 적용한 사례다.

할리우드 장르와 한국적 정서의 결합

전형적인 서구 장르에 한국적 정서와 현실을 결합시키려는 시도는 한국영화의 새로운 공식으로 자리 잡았다. 여기서 '한국적 현실과 정서'는 과거와 같은 역사·사회적 계몽 수단이 아니라, 장르적인 효과를 더욱 극대화하기 위해 쓰인다.

한국영화로는 일곱 번째로 1000만 명을 돌파하며 지난해 〈도둑들〉과 함께 한국영화 부흥을 이끌었던 이병헌·류승룡 주연의 〈광해: 왕의 된 남자〉는 정적으로부터 목숨의 위협을 받는 광해군이 자신과 똑 닮은 천출의 광대를 대리 역으로 내세운다는 설정을 담고 있다. 이는 많은 서사 장르에서 반복돼 온 '왕자와 거지'라는 극적 동기나 일본 구로사와 아키라 감독의 〈카게무샤〉로 유명한 '가짜 무사'라는 테마를 한국사에 대한 상상력과 훌륭하게 결합시킨 작품으로 평가할 만하다. 심지어 〈광해〉는 할리우드 코미디영화 〈데이브〉와 거의 유사한 극적 동기와 구조를 갖고 있다. 1993년 작으로 케빈 클라인과 시고니 위버가 주연을 맡은 〈데이브〉는 대통령이 자신의 정부와 은밀한 시간을 갖기 위해 잠시 자리를 비우고 자신과 똑같이 생긴 대리인을 내세운다는 발상 자체가 〈광해〉와 같다. 뿐만 아니라 대통령이 외도 중 혼수상태에 빠진다는 사실이나 이로 인해 대리인에 불과했던 주인공이 권력층의 음모에 휘말려 대통령직을 계속 수행해야 하는 상황에 처한다는 점, '가짜 대통령'이 각 정치 세력의 음모와 권력 투쟁 속에서 진짜보다 더 진짜 같은 지도자의 역할에 눈떠 간다는 내용도 〈광해〉와 일치한다.

할리우드의 영화를 창의적으로 적용한 한국형 장르 영화의 강세는 2013년 들어서도 계속됐다. 연말연초 첫 흥행 포문을 연 〈타워〉는 할리우드의 고전적인 재난 영화의 공식을 그대로 따랐다. 김지훈 감독은 〈타워링〉으로부터 받은 영향을 숨기지 않았다. 이어 흥행에 성공한 류승완 감독의 〈베를린〉은 〈추운 곳에서 온 스파이〉부터 〈007〉 '본 시리즈'로 이어지는 서구 첩보 영화에 뿌리를 댄 작품이다.

B급 영화의 상상력으로 무장한 한국영화의 새로운 세대

이 같은 한국형 장르 영화의 진화는 할리우드 B급 영화에 정통하고 열광한 젊은 감독들의 등장과 활약에 힘입었다. 2000년대 한국영화의 '뉴 웨이브'로 꼽히는 박찬욱, 봉준호, 김지운, 류승완, 최동훈 등은 모두 할리우드와 유럽, 일본, 홍콩 영화로부터 세례를 받은 세대로, 특히 B급 영화의 열렬한 마니아다.

이들이 어느 정도의 B급 영화 마니아인지 알기 위해서는 이들의 '강추작'만 봐도 얼른 알 수 있다. 독립영화계에서는 지난 2006년부터 고전·예술·독립영화 상영관인 '시네마테크' 살리기 운동의 일환으로 시네마테크협회가 매년 주최하는 '시네마테크의 친구들 영화제'가 열린다. 박찬욱, 봉준호, 김지운, 류승완, 최동훈 감독은 매년 이 행사에 참여 및 후원하고 있다. 고전 영화를 주로 상영하는 이 영화제에서는 후원자인 이들 감독들이 추천한 작품을 상영하는 프로그램을 운영하고 있다.

2013년까지 8번에 걸친 프로그램에서 박찬욱 감독은 돈 시겔의 〈킬러〉와 미켈란젤로 안토니오니의 〈여행자〉, 마코 페레리의 〈그랑 부프〉, 로이드 A. 시맨틀의 〈포제션〉, 니콜라스 뢰그의 〈쳐다보지 마라〉를 추천작으로 내놨다. 김지운 감독은 빅토르 에리세 감독의 〈벌집의 영령〉과 마틴 스콜세지의 〈택시 드라이버〉, 레오 카락스의 〈소년 소녀를 만나다〉, 피에르 파올로 파졸리니의 〈마태복음〉, 프랜시스 F. 코폴라의 〈지옥의 묵시록〉을 추천했다. 류승완 감독은 새뮤얼 풀러 감독의 〈충격의 복도〉, 마이클 커티즈의 〈더러운 얼굴의 천사〉, 로버트 알드리치의 〈캘리포니아 돌스〉, 왕가위의 〈열혈남아〉, 마리오 바바와 람베르토 바바의 〈미친개들〉, 존 부어맨의 〈테일러 오브 파나마〉를 관객에게 권했다. 봉준호 감독은 이마무라 쇼헤이 감독의 〈복수는 나의 것〉과 〈붉은 살의〉, 존 부어맨의 〈서바이벌 게임〉을, 최동훈 감독은 존 카사베츠의 〈글로리아〉, 더글러스 서크의 〈바람에 사라지다〉, 하워드 혹스의 〈리오 브라보〉 등을 추천작으로 삼았다.

영화팬들이라면 한국의 감독들이 자신이 좋아하고, 관객들이 봤으면 하고 내놓은 추천작의 제목과 감독들의 이름에서 B급 영화와 B급 영화의 거장 감독들을 쉽게 발견할 수 있을 것이다.

B급 문화의 모토…… 만인을 위한 만인에 의한 만인의 예술

지난 2011년부터 국내에서는 이동통신사가 주최하는 스마트폰 영화제가 매해 열리고 있다. 올레스마트폰영화제다. 영화제 측은 '장르에 구분 없이 상상과 도전으로 가득 찬, 스마트폰으로 촬영한 10분 이내 영화'라고 출품작 자격 요건을 밝혔다. 여기에는 1회 행사 때부터 영화감독을 지망하는 청년들뿐만 아니라 초등학생이나 전업 주부, 할머니, 할아버지까지 작품을 만들어 공모에 응했다. 이제 영화는 전문 교육을 받은 이들이 대규모 스태프들을 구성하고 거액의 제작비와 고급 영화 장비를 동원해 만드는 장르가 아니다. 누구나 마음만 먹으면 휴대폰 하나로 영화를 찍을 수 있는 시대가 된 것이다. B급 문화의 모토인 '만인을 위한, 만인에 의한, 만인의 예술' 을 이것만큼 잘 보여 주는 게 또 어디에 있을까? 제3회 스마트폰영화제의 집행위원장을 맡은 이준익 감독은 '영화는 더 이상 특정한 사람들만의 전유물이 아니다. 우리 영화제는 세계에서 가장 권위 없는 영화제' 라고 말했다. 2회 행사에서 심사위원장을 맡았던 박찬욱 감독은 동생인 박찬경 감독과 함께 휴대폰으로 30분짜리 단편영화 〈파란만장〉을 찍어 베를린국제영화제 단편영화 부문 최고 상인 황금곰상을 받았다. 그는 말했다.

"이제 돈 없어서 영화를 못 찍는다고 한탄하던 시대는 지났다. 영화를 찍고 싶다면 당장 휴대폰을 들고 거리로 나가라."

아이돌 걸그룹
혹은 '춤추고 노래하는 핀업걸'이라는 B급 '키치'

Listen to me now. My heart is screamin out. I'm tryin to show you how to touch me. I'm not just a girl. I'm more precious than pearls and I deserve all you got baby. So if you're gonna hold me, Baby don't let go of me. Give me all of you got I want everything. My heart is a treasure. One that can't be measured. Let me teach you how to love me. Love me like money Love me like cars Love me babe love me babe Wherever you are Love me up close Love me from a far Love me babe love me babe Wherever you are

– 원더걸스, 〈Like Money〉 중

두근 또 두근 이모션 감출 수 없어/ 어디선가 본 듯한 너의 눈빛 데자뷰/ 샤르르 내 입술에 녹은 주문이 (들리니 들리니)/ 신비로운 향기가 온몸을 감싸 (하늘로 날아올라)/ 둘만의 비밀 달콤쌉싸름한 러브 스토리/ 너를 향해 어때 들리니 나의 텔레파시/ 두 눈을 감아 상상해 봐 뭐든 너의 스토리/ 원하고 또 바라는 대로 너의 텔레파시/ 살금 또 살금 내 모션 놀리진 마요/ 꿈에서도 꿈꿔온 너와 나 오 랑데부

– 소녀시대, 3집 〈텔레파시〉 중

싸구려 커피를 마신다/ 미지근해 적잖이 속이 쓰려온다/ 눅눅한 비닐장판에 발바닥이 쩍 달라붙었다 떨어진다/ 이제는 아무렇지 않어/ 바퀴벌레 한 마리쯤 쓱 지나가도/ 무거운 내일 아침엔 다만 그저 약간에 기침이 멈출 생각을 않는다/ 축축한 이불을 갠다/ 삐걱대는 문을 열고 밖에 나가본다/ 아직 덜갠 하늘이 너무 가까워 숨쉬기가 쉽지를 않다/ 수만 번 본 것만 같다/ 어지러워 쓰러질 정도로 익숙하기만 하다/ 남은 것도 없이 텅빈 나를 잠근다

– 장기하와 얼굴들, 〈싸구려 커피〉 중

소녀시대와 장기하…… 같은 하늘, 다른 현실

돈을 좋아하는 것처럼, 차를 아끼는 것처럼 나를 사랑해 달라고 투정하는 여자 친구가 있다. 신비로운 향기가 온몸을 감싸 하늘로 날아오르고 둘만의 비밀 달콤쌉싸름한 러브 스토리가 있으며 두 눈을 감고 상상만 하면 뭐든 이루어질 것 같은 세상이다. '원더걸스'

나 '소녀시대'의 세상이다.

같은 하늘을 이고 있어도 전혀 다른 세상을 살아가는 청춘도 있다. 신비로운 향기에 휩싸이기는커녕 잔뜩 흐린 하늘 아래에서 숨마저 쉬기 힘든 하루를 시작하는 이들에겐 해가 뜨기도 전에 지기 일쑤이다. 어디 차나 돈에 갖다 대랴. 여자 친구가 있다면 그 무엇과도 비교할 수도 없는 사랑을 쏟아부어 줄 텐데. 하지만 그 생각은 환상이고 욕망일 뿐. 차도 없고, 돈도 없고, 그래서 여자 친구도 없는 게 현실이다. '장기하와 얼굴들'의 노래 속 주인공은 바퀴벌레와 약간의 기침, 축축한 이불, 그리고 싸구려 커피가 일상인 세상을 살아간다. 하릴없이 방구석에 눌어붙은 삶에 이력이 날 대로 났으니 '내가 장판인지 장판이 나인지' 모를 경지에 올라 있는 그의 습기 절어 있는 지하방엔 원더걸스나 소녀시대의 사진이 걸려 있을지도 모르는 일이다. 원더걸스와 소녀시대를 '국민 여동생'이라고 하니까 말이다. 국민 여동생을 두는 일에는 차나 돈이 딱히 필요하지 않다. 장기하와 얼굴들의 〈싸구려 커피〉가 우리 대중문화가 딛고 있는 누추한 현실이라면, 원더걸스나 소녀시대가 보여 주는 것은 그들 멤버들의 얼굴과 몸매, 교태 어린 춤만큼이나 매혹적인 환상과 욕망이다.

자신의 욕망을 서슴없이 표현하는 아이돌의 쿨한 태도

2000년대 중후반 국내 대중문화를 거세게 휩쓸었던 걸그룹 열

국내 대중문화를 거세게 휩쓸었던 걸그룹 열풍, 〈원더걸스〉와 〈소녀시대〉

풍은 가수 출신의 걸출한 제작자인 이수만SM엔터테인먼트과 박진영JYP엔터테인먼트을 위시한 주류 가요계에 의해 선발되고 길러졌으며 기획된 결과였다.

걸그룹들은 '뮤지션'이 아닌 '엔터테이너'로서 훈련됐으며 춤과 노래는 예술적 열정의 표현이나 결과가 아니라 대중에게 제공하는 서비스로 받아들여졌다. 서비스에 대한 대가는 돈과 인기였으며, 아이돌 그룹의 멤버들은 갈수록 데뷔 연령이 어려짐에도 불구하고 돈과 인기에 대한 욕심을 미디어에 서슴없이 드러냈다. 이런 돈과 인기에 대한 노골적이고 과감한 표현은 과거와는 전혀 다른 세태를 보여 준다. 스스로를 가수로 포장하거나 뮤지션으로서의 면모를 강조하기보다는 '회장사장님을 모시고 있는 기획사 소속 연예인'임을 강조하거나 '행사나 CF로 기획사에 돈을 벌어다 주어야 한다는 사실'을 거리낌 없이 토로하고, '예능·오락·드라마 등에서 두각을 나타내 다른 그룹, 다른 멤버와의 경쟁에서 살아남아야 한다'는 것을 숨기지 않는다. 이러한 태도는 개그맨 김구라나 박명수 등이 연예인으로서 자신의 생계나 '돈벌이'를 우스개의 소재로 삼는 태도와 다르지 않다. 돈과 인기에 연연해하지 않는 태도를 '고상하고 교양 있는 태도'로 여기던 시대는 지났다. 오히려 대중 앞에서 돈과 인기를 소재 삼은 발언이나 농담을 던짐으로써 자신의 욕망에 떳떳하다는 '역설적인 초연함'을 보여 주는 것이야말로 '쿨'한 태도다. 자신은 돈과 인기에 전혀 신경 쓰지 않는 척하는 것은 가식과 위선이다.

B급 문화 표방하는 마케팅 전략으로서의 아이돌 그룹

국내에서 가요계를 지배하는 어린 스타들을 칭하는 '아이돌'은 원래 신적인 지위로 숭배를 받는 대중문화 속 스타를 말한다. 그중에서도 대개는 10대로부터 폭발적인 지지를 받는 '틴에이지 아이돌'을 뜻한다. 어린 팬층을 거느리고 있지만, 아이돌 스타가 반드시 10대일 필요는 없다. 하지만 아이돌 스타는 어린 나이에 데뷔해 일찌감치 스타덤에 오른 경우가 대부분이며, 또래 팬들로부터 열광적인 지지를 받는 사례가 많다. 배우나 가수를 통칭하는 개념이지만, 국내에서는 특히 가요계에서 어린 나이에 스타덤에 오른 보이밴드나 걸그룹 멤버들을 일컫는 말이 됐다.

아이돌은 가요계 주류의 산물이다. 지극히 상업적인 목적에 의

해 결성됐으며 철저히 메이저 기획사의 제작 시스템에 바탕한 선발
과 훈련 과정을 거쳤다. 음반 제작과 발표, 홍보 및 공연, 방송 출연
등 활동의 전 과정 역시 주류의 질서와 논리를 따른다. 이들이 딛고
있는 팬덤의 핵은 초등학생에서 고등학생에 이르는 청소년층 하위
집단이지만 20대에서 40대에도 열광적인 지지층이 광범위하게 존
재한다. 일명 '오빠부대' '언니부대' '이모팬' '아저씨팬' 등이
그들이다.

아이돌의 노래와 이미지를 소비하는 다양한 하위 집단과 하위문
화의 존재는 보이밴드와 걸그룹이 철저히 주류 스타 시스템에 의해
생산되고 수용되는 대중문화 상품임에도 불구하고 B급 문화의 마
케팅 전략을 가능케 하는 바탕이 된다.

일단 아이돌의 춤과 음악은 '예술성'을 목표로 하는 클래식이
아니라는 점에서 고급 예술의 영토로부터 거리를 두고 있다. 독창
성과 미학적 도전, 인식과 정서의 고양을 목표로 하는 음악이 아니
라는 말이다. 아이돌의 음악은 단순하고 선정적이며 말초적이고 감
상적이다. 초등학생부터 40~50대 중년들까지도 쉽게 알아들을 수
있고 금방 귀에 익을 수 있으며, 힘들이지 않고 따라 부를 수 있도
록 만들어진다. 자기 완결적인 구성과 비판적인 세계관, 심오한 주
제 의식을 지향하지 않으며 단편적이고 통속적인 리듬과 멜로디,
노랫말을 담는다.

음악의 형식면에서는 공장에서 찍어낸 듯한 전형성을 특징으로
한다. 2000년대 중반 이후 유행한 아이돌 그룹의 음악을 일컬어
'후크송hooked song'이라고 하는데, 이때 '후크hook'란 한번만 들어도 청

취자의 귀에 싹 달라붙는 몇 소절의 반복되는 후렴구나 멜로디를 뜻한다. 예를 들어 원더걸스의 〈텔미〉 중 '테테테테텔……미'라고 하는 부분이나 원더걸스의 〈노바디〉 중 '노바디 노바디 벗츄'라고 반복되는 멜로디가 대표적이다. 특히 인터넷과 모바일 기기를 이용한 청취가 지배적인 음악 수용 형태가 되면서 몇 초, 몇십 초 안에 청취자의 귀를 사로잡는 자극적인 멜로디의 존재 여부가 가요의 흥행 성패를 가르는 중요한 요소가 됐다.

과거에는 가수나 밴드, 뮤지션들이 하나의 특정 사상이나 정서, 아이디어를 컨셉트로 해 몇 개의 노래를 작곡·작사하고 이를 통일성 있는 주제 하에 앨범에 수록하는 경우가 대부분이었다. 당연히 팬들은 앨범 단위로 구매해 음악을 즐겼다. 그러나 인터넷과 모바일 시대에 지배적인 형태가 된 '음원' 구매는 음악 감상의 패턴까지 바꾸어 놓았다. 이제 팬들은 앨범 단위로 구매하고 음악을 즐기는 것이 아니라 한 곡의 노래를 인터넷이나 휴대폰을 통해 유료 다운로드 받는 방식이 일반화됐다. 포털 사이트나 음원 사이트에서 각 노래의 도입부를 들어 보고 구매를 결정하는 것이다. 이렇게 구매된 노래는 휴대폰 연결음이나 발신음으로 쓰이기도 한다.

결국 아이돌 음악이 관심을 두는 것은 몇십 년 흘러도 길이 남을 '명곡'의 창조보다는 순식간에 온라인 음원 시장부터 유튜브, TV 쇼오락 프로그램, 공연 무대까지를 지배하는 것이다. 그것이 단 며칠이거나 단 몇 주 정도의 아주 짧은 기간이라도 말이다.

노랫말은 어떤가. 모두 '연애'에 집중돼 있다. 원더걸스의 〈아이러니^{Irony}〉는 순진한 척하는 남자 친구를 믿지 못하겠다는 내용을

아이돌의 노래와 이미지를 소비케 하는 B급 문화의 마케팅 전략

담고 있으며 〈이 바보〉는 나를 좋아하면 빨리 사랑을 고백하라는 주문이다. 〈소 핫^{So Hot}〉은 자신의 예쁜 외모와 인기가 피곤하다는 가사다. 원더걸스뿐 아니라 대부분의 걸그룹 노래들은 '어서 나를 사랑해 달라'거나 '내 곁을 떠난 너는 나쁜 녀석'이라거나 '꿈을 꾸면 이루어진다'는 천편일률적인 내용을 담고 있다.

춤도 마찬가지다. 리듬과 멜로디에서의 후크, 노랫말에서의 반복 후렴구처럼 춤에서도 대중들이 쉽게 따라할 수 있는 손짓과 몸짓, 스텝을 넣은 안무를 반드시 끼워 넣는다. 손가락으로 허공을 찌르는 〈텔미〉 춤이라든가, 티아라의 〈보핍보핍〉, 카라의 〈미스터〉 엉덩이춤이 대표적이다.

아이돌이라는 이름의 환상과 통속성

이렇듯 아이돌 음악의 특징을 익숙함과 전형성, 통속성, 유치함이라고 본다면 이는 1940~1950년대 미국 B급 영화의 전략 및 제작 방식과 유사하다고 할 수 있다. 본 상영작 외에 일종의 1+1의 보너스 개념으로 상영됐던 할리우드 B급 영화에서 가장 중요한 것은 효율성이었다. 적은 예산과 빠른 제작 공정으로 대중들이 좋아할 만한 작품을 찍어내면 그만이었다. 공장에서 물건을 생산하듯 판에 박힌 공식과 장르에 따라 B급 영화들이 제작됐다. 이들 작품들은 굳이 예술성과 깊이 있는 주제 의식을 담아낼 필요가 없었다.

아이돌 스타는 연령별 하위 집단과 다양한 관계를 맺는다. 먼저 10대 청소년 팬에게는 일종의 '롤 모델'로 인식된다. 잘생긴 얼굴과 멋진 몸매, 어린 나이에 이룬 성공돈과 인기은 10대 청소년 팬들에겐 동경의 대상이다.

대중 스타가 젊은 세대들에게 선망의 대상인 것은 어느 시대, 어느 사회에서나 마찬가지겠지만, 오늘날 우리 사회에선 단순한 환상 속의 연인이나 '이상적으로 구현된 자아상'을 넘어 구체적이고 현실적인 성취 목표가 되고 있다는 점은 특히 주목할 만하다. 즉, 연예 스타가 최고의 직업군으로 떠오른 것이다.

이는 1990년대 이후 경제 및 사회 환경의 변화로 인한 것이다. 1990년대 IMF 사태 이후 한국 사회는 신분과 자본의 세습이 한층 강화됐고, 경쟁과 성공지상주의는 더욱 격해졌다. '할아버지의 재력과 엄마의 정보력, 아빠의 무관심이 자식 교육의 필수 조건'이라

개천에서 용 나듯 치열한 경쟁을 뚫고 거대 기획사의 걸그룹이 된 '소녀시대'

는 우스갯소리가 풍자하듯, 이제 한국 사회는 개천에서 용 난다는 신분 상승의 신화가 불가능해졌다. 부모의 재력과 학력이 자식 세대에도 대물림되는 새로운 신분 세습 사회가 되고 있는 것이다. 애초부터 불평등한 게임에서 신분 상승의 기회를 박탈당한 계층이 꿈꿀 수 있는 가장 빠른 사다리는 '스포츠 연예 스타'가 되는 것이었다. 과거 고시가 담당했던 역할을 이제는 연예기획사의 오디션이 차지한 것이다. 다양한 설문조사에서 확인되듯, 많은 청소년들이 희망 직업란에 '연예인'을 적어 넣고, 연예기획사의 문 앞에서 기다리거나 각종 TV 오디션 프로그램에 신청서를 내민다. 인터넷과 TV는 대중 스타들의 부와 인기, 사랑을 분초를 다퉈 전하며 스포츠와 연예 스타에 대한 환상을 부추긴다. '연예 스타처럼 성형해서 예뻐지고, 기획사에서 훈련을 받으면 나도 그들과 같은 부와 인기를 얻을 수 있다'는 환상이 청소년들을 사로잡고 있다.

'서태지와 아이들'이 〈교실이데아〉를 통해 '모든 청소년들을 매일 새벽같이 조그만 교실에 몰아넣고 똑같은 것을 가르치며 다른 친구들의 머리를 밟고 올라서도록 가르치는 교육 제도'를 비판하고 10대들에게 '왜 바꾸지 않고 남이 바꾸길 바라고만 있을까' 라고 불렀던 시대. 영화 〈여고괴담〉이 공포 영화 같은 교육의 현실과 점점 귀신처럼 창백해지는 10대의 얼굴로 공감을 얻어내던 시대는 갔다. 과학고와 자율학습고에 떨어지고 일반고에서 지방대로 끝없이 서열화되며, 경쟁에서 도태되는 전국의 수많은 아이들이 도피할 유일한 곳은 대중문화가 창조하는 달콤한 환상이며, 유일하게 '성공' 가능하다고 믿는 것은 연예 스포츠 스타가 되는 것이다. 교육 현실에 대한 비판적인 감각은 연예 스포츠 스타에 대한 환상으로 대체됐다.

20대 청년 세대에게는 아이돌 스타들이 환상 속의 어린 연인 혹은 한없이 예쁘고 멋지며 귀엽고 순종적인 동생들이다. 30대 이상, 좀 더 나이든 세대의 팬층에게는 이상화된 조카이자 자녀를 상징하는 존재라고도 할 수 있겠지만, 그보다는 자신의 젊음을 돌이키는 '매개체'로서의 의미가 더욱 짙다고 하겠다. 즉, 아이돌을 통해서 자신의 10대와 20대를 '현재'로 불러내는 것이다.

그러므로, 아이돌이 성·연령별 하위 집단의 팬들과 맺는 다양한 양상의 관계에서 가장 중요한 역할을 하는 것이 '성적 매력'이라 할 수 있을 것이다.

아이돌, 성적으로 이상화된 육체 혹은 핀업걸이라는 키치

미국의 제임스 딘과 주디 갤런드^{1939년 작 영화 〈오즈의 마법사〉에서 도로시 역을 맡은 이후 당대 최고의 스타덤에 오른 아역 출신 배우} 이후로 수많은 '아이돌 스타'들은 당대 대중의 이상화한 '성 역할'을 구현한 존재였다. 국내의 경우 보이 밴드의 이상화된 역할은 잘생기고 잘 놀고 돈 많고 근육질 몸을 가진 어린 남성이다. 걸그룹은 섹시한 몸매와 귀여운 얼굴로 내 사랑과 터치를 원하는 소녀로 이상화된 이미지를 보여 준다. 아이돌이 노래와 이미지로 창조하는 환상이자, 그것을 통해 충족시키는 팬들의 욕망이다.

아이돌 스타의 신체와 외모를 일컫는 다양한 애칭들은 이들에게 던지는 성적인 욕망과 시선을 함축한다. 보이밴드는 '꽃미남'을 시작으로 '짐승돌^{짐승같이 야성적인 매력을 소유한 아이돌}' '식스팩' 등으로 묘사되고, 걸그룹의 아이돌 스타들은 '꿀벅지^{꿀처럼 탐스러운 허벅지}' '청순 글래머^{청순한 얼굴에 글래머러스한 몸매의 소유자}' '베이글^{베이비+글래머, 아기 같은 얼굴에 글래머러스한 몸매의 소유자}' 등의 애칭이 붙는다.

결국 아이돌 팬덤의 최종적인 지향은 '춤추고 노래하는 핀업걸'이라는 '키치'에 이른다. '핀업걸^{pin-up girl}'은 미국에서 1940년대 이후 본격적으로 쓰이기 시작한 용어로 포스터, 달력, 엽서 등 다양한 사진 이미지로 대량 복사된 여배우나 여가수 등 여성 대중 스타들을 일컫는다. 이들은 당대 남성들의 성적인 욕망을 투사한 이상화된 여성의 이미지를 구현하기 때문에 '섹스 심볼'로 불리기도 한다. 대표적인 팝아트 작가 앤디 워홀이 마릴린 먼로의 얼굴과 이미지를 복사해 다양한 색상의 실크스크린으로 찍어낸 일련의 작품은 핀업걸이라는 키치를 현대 미술의 새로운 소재로 활용한 사례라 할 수 있다. 핀업걸은 대량 생산과 싸구려 복제, 저급한 기술 등의 키치적 속성을 보여 주기도 하지만, 가장 중요한 키치 예술로서의 요소는 '저속성'에 있다. 이때의 저속성이란, 곧 저속한 욕망이다. 예술 작품 그 자체가 아닌, 예술 작품이 재현한 대상에 대한 욕망이 관람의 목적이자 쾌락이 된다는 의미를 띤다. 만일 다양한 요리가 올라온 만찬의 식탁을 그린 정물화가 '아름답다'는 감탄보다는 '먹고 싶다'는 욕구를 불러일으킬 때 그 작품은 키치의 요건을 갖고 있다고 할 수 있는 것이다.

> 아마도 배고픈 사람은 웨스트팔리아산 햄과 과일 단지를 그린 정물화의 미를 감상할 수 없을 것이다. 왜냐하면 먹을 것은 그의 식욕을 자극하며, 바로 이러한 음식에 대한 욕구가 그로 하여금 그림에 대해 미적인 태도를 취할 수 없게 만들기 때문이다. 이와 마찬가지로, 만약 어떤 예술이 성적인 욕구를 불러일으킨다면 그 작품은 예술 작품으로서는 실패한 것이다. (……) 따라서 키치에는 작품과의 진정한 만남을 가능케 해주는, 주관과 객관을 분리시켜 주는 거리가 결핍돼 있다.
>
> – K. 해리스, 《현대미술-그 철학적 의미》 중

물론, 예술 작품 그 자체가 아닌 예술 작품이 재현한 대상에 대한 욕망을 불러일으킨다고 모두 키치라고 할 수는 없다. 예일대 철

키치적 '섹슈얼리티'와 복고적 전략을 구현한 걸그룹 '소녀시대'

학·미학 교수인 K. 해리스는 '키치에 있어서는 욕구의 대상으로부터 욕구 자체로 관심이 옮아간다, 즉 본래 욕구의 대상이었던 것을 키치는 단순히 욕구를 자극하기 위한 기회로 변형시켜 놓는 것'이라며 '순수한 정서가 귀해지고, 욕구는 잠들어 인위적인 자극이 필요하게 될 때 키치에 대한 요구가 생겨나게 된다. 즉 키치는 권태에 대한 하나의 해답'이라고 했다. 그래서 '키치는 자기 향수를 위해 환상을 창조하는 것'이라고 규정한다. 만약 여인의 누드를 그린 작품이 성욕을 불러일으키는 키치라고 할 때, 중요한 것은 여인의 누드라는 대상이 아니라 성적인 욕망 그 자체라는 것이다. 누드를 통해 환기된 '성적인 욕망'은 권태로운 일상에 대한 '유희'이며 '쾌락'이 되고, 결국은 자기만족적인 환상이 된다는 의미다.

미국 드라마 〈원더우먼〉을 떠올리게 하는 그룹명으로 40대의 향수를 자극한 '원더걸스'

자기 향수를 위해 환상을 창조하는 의도된 키치적 감성과 복고

아이돌의 비주얼 이미지에서 이처럼 철저히 키치적 '섹슈얼리티'에 초점을 맞추는 것과 더불어 주목해야 할 것이 복고적인 전략이다. 대표적인 사례가 원더걸스와 소녀시대다. 이들은 매번 앨범을 낼 때마다 1960년대에서 1980년대에 이르는 과거의 유행 스타일을 재현하는 복고적인 앨범 표지와 의상, 안무를 보여 준다. 더불어 소녀시대의 경우 그들의 이름이자 그들을 스타덤에 오르게 했던 곡이 이승철의 노래라는 사실을 지적하지 않을 수 없다. '어리다고 놀리지 말아요~'로 시작하는, 이승철이 1989년 발표한 그 〈소녀시대〉 말이다. 원더걸스 역시 지금의 40대가 어린 시절 즐겼던 미국의 TV 시리즈 〈원더우먼〉을 떠올리게 하는 그룹명이며, 실제 전 국민적 신드롬을 일으켰던 〈텔미〉의 뮤직 비디오에선 멤버 소희가 원더우먼 차림으로 등장했다. 키치는 이렇듯 새로운 미학과 창작을 보여 주기보다는 과거에 창작된 예술 작품을 복사하고 인용함으로

써 복고의 감성을 자아낸다. 아이돌 그룹이 30~40대 세대들에게는 과거의 향수를 불러일으킴으로써 그들의 젊음, 그들의 10대~20대 시절을 환기하게 한다는 사실과도 일맥상통한다.

균열적이며 이중적인 특성을 갖는 B급의 욕망

B급은 언제나 균열적이며 이중적이다. B급은 주류 문화로부터 탈주함으로써 주류를 전복하려는 욕망이자 한편으로 끊임없이 주류와 자본의 이윤 전략으로 포획되는 하위문화의 욕망이다. 아이돌은 '춤추고 노래하는 핀업걸'로서, 하나의 거대한 '키치'로서 존재하지만, 동시에 주류의 마케팅 전략에 포획된 젊은 세대의 욕망이기도 한 것이다.

신성을 배격하고 엄숙주의를 파괴하는 B급의 감성은 왕의 언어를 바꿨고, 굳은 표정에 익살맞은 웃음을 가져다주었으며, 느릿한 팔자걸음을 재기 발랄한 유머로 재촉했다. 또, B급은 기존 가치를 전복하는 비판적인 예술 작품이나 행동 양식으로 나타나기도 하지만, 기성의 서열과 위계를 강화시키는 폭력적인 성향으로 드러나기도 한다.

3장

B급, 거대 서사와 엄숙주의에 파산을 고하다

왕, B급 스타가 되다

막말하는 세종

"우라질~" "제기랄~" "젠장~" "지랄하고 자빠졌네."

B급엔 '우상'이 없다. 성역도 없다. 모든 게 조롱과 야유, 전복, 패러디의 대상이다. 단군 이래 5천 년 역사의 최고 성군으로 평가받는 세종대왕도 이로부터 자유로울 수 없다. 지난 2011년 10월부터 2개월간 방영된 SBS 드라마 〈뿌리 깊은 나무〉에서 세종대왕 역의 한석규가 가장 많이 내뱉었던 대사는 바로 저잣거리의 속어였다. 말끝마다 '우라질' '제기랄' '젠장'을 갖다 붙였고, 신하들의 행동이 성에 차지 않는다 싶으면 '지랄하고 자빠졌네'라고 했다. 파격이었다. 근엄한 성군은 간데없고, 입이 걸고 성격은 다혈질인 중년의 사내가 있었다.

거슬러 올라가면 지난 2010년 3월부터 10월까지 MBC에서 방영된 〈동이〉의 숙종^{지진희 분}도 한 치 빈틈없는 화려한 곤룡포 대신 허술하기 짝이 없

SBS 드라마 〈뿌리 깊은 나무〉에서 막말하는 세종

이 허랑방탕한 B급의 화술과 제스처를 입고 새로운 캐릭터로 재탄생됐다. 만인지상의 존재가 세상의 가장 낮은 데로 임해, 저잣거리의 스타가 됐다. 이 드라마에서 지진희가 연기한 숙종은 머리를 조아린 뭇 궁녀들에게 손을 흔들어 답례하는 왕이다. 팬에 둘러싸인 스타다. 옛 사극에선 상상도 못할 만큼 경망스러운 행동이다. 심지어 궁녀인 '동이^{한효주 분}'가 담을 넘으려 하자 몸소 등을 구부려 타고 올라가게 한다. 신분을 위장하고 암행을 나온 왕이 노비의 손에 이끌려 도망가다가, '이제 죽어도 못 간다'고 헉헉대는 모습도 그려진다. '칼은 쥐어 봤지만 실전은 처음'이라며 엉거주춤하고 어설픈 자세로 칼을 휘두르기도 한다. 결정적으로 '동이'에서 숙종은 바람둥이의 중년 사내다.

왕, 군주의 옷을 벗고 젊고 매혹적인 스타가 되다

B급 문화의 감성은 왕을 '전제 군주'가 아니라 사랑에 빠진 젊

고 매혹적인 '스타'로 재탄생하도록 했다. 이제 왕은 군림하고 지배하는 존재가 아니라, 저잣거리의 뭇 남정네들과 다름없이 웃고 떠들고 화내고 슬퍼하는 존재다. 백성과 희로애락을 같이하며 기득권층인 관료들과 싸우는 시련 속 영웅이며 민중과 직접적인 소통을 추구하는 지도자다. 젊은 작가들과 시청자들에게 몸에 밴 B급 문화의 감수성은 만인지상의 높은 자리에 있던 왕의 언어를 바꿨고, 행동거지를 다르게 했으며, 눈높이를 저잣거리로 끌어내렸다.

총선과 대선이 치러졌던 2012년엔 왕을 주인공으로 한 사극이 붐을 이루며, 우리 대중문화사에 중요한 변화를 보여 줬다. 국내 대중문화 '왕의 전성시대'는 때론 노골적으로, 때론 우회하며 국민들이 바라는 정치 지도자상과 대중들이 욕망하는 우리 시대의 리더십을 드러냈다. 매력과 소통의 리더십, 매혹의 정치 심리학과 쌍방향 소통의 통치 철학이다.

왕을 만인의 연인이자 대중 스타로 그려내는 방식이 가장 눈에 띄었는데 MBC 드라마 〈해를 품은 달〉^{이하 〈해품달〉}이 절정이었다. 성·연령별 비중이 가장 높았던 30~40대 여성 시청자를 비롯한 팬들은 김수현이 연기한 젊고 매력적인 왕 '이훤'에 열광했다. 이어 남한이 입헌군주국인 가상의 시대, 이승기가 남쪽의 왕자로 등장하고, 하지원이 북측 고위군 장교 역을 맡은 MBC 〈더 킹 투하츠〉와 조선의 왕세자가 현대로 시간 여행을 왔다는 내용의 SBS 〈옥탑방 왕세자〉가 뒤따랐다. 영화로는 고종과 조선의 첫 바리스타를 주인공으로 한 〈가비〉가 있었고 〈후궁: 제왕의 첩〉 〈나는 왕이로소이다〉 같은 작품으로 이어졌다. 〈해품달〉에서 시작한 붐은 스크린에서 〈광

왕, 군주의 옷을 벗고 권위를 내려놓다

해: 왕이 된 남자〉의 흥행으로 절정을 맞았다.

B급 감수성은 만인지상의 왕을 민중과 소통하는 저잣거리의 지도자로……

일단 이들 영화, 드라마가 과거의 궁중 사극과 가장 눈에 띄게 달라진 점은 역사·정치보다는 로맨스를 전면에 내세우고 있다는 것과, 젊고 매력적인 왕을 주인공으로 하고 있다는 점이다. 청춘스타를 기용해 왕의 연령층이 확 내려갔다. 김수현에 이어 이승기^{더 킹 투하츠}, 박유천^{옥탑방 왕세자}, 김동욱^{후궁}, 주지훈^{나는 왕이로소이다} 등이 대표적이다. 한석규 주연의 〈뿌리 깊은 나무〉에서도 송중기가 세종의 젊은 시절을 연기했다.

〈해품달〉은 기존의 퓨전 사극에서 맹아만 있었던 현대적 요소들을 극대화시켜 보여 줬다. 과거와 같이 역사적 사실과 정치적 이슈를 중심에 놓고 로맨스를 양념처럼 끼워 넣는 것이 아니라, 아예 처음부터 왕의 러브 스토리에 초점을 맞춰 여성 팬들을 열광시켰다. 이에 따라 최근 사극 속 왕은 '군주'가 아니라 당대 여성들이 흠모하는 스타로서 존재를 드러낸다. 이는 정치적 경력이나 이념, 정책뿐 아니라 성적 요소를 포함하는 개인적 매력이 대중의 선택에 커다란 영향을 미치는 최근 흐름을 반영한다. 이른바 정치인의 스타화와 정치인을 향한 팬덤 현상이다.

박근혜의 비키니와 문재인의 복근…… 대중 스타가 된 정치인, 섹스어필의 정치학

2000년대 이후 두드러진 추세로 인터넷과 SNS의 발달은 이 같은 경향을 더욱 부채질했다. 2012년 4월 국회의원 선거를 앞두고 여야의 공천 과정을 보면 후보자들의 직위나 공직 경험, 정치인으로서의 경력뿐 아니라 개인적 매력을 발산하는 '스타'로서의 자질이나 인지도가 중요한 기준으로 부각됐다. 정치 지도자에게서 개인적 매력, 특히 '섹스어필'이 중요해지는 것은 전 세계적인 흐름이기도 하다.

'성적 매력'을 정치에 가장 잘 이용한 정치인으로는 식스팩의 몸짱 복근을 가진 미국 버락 오바마 대통령을 꼽을 수 있다. 오바마는 세 번이나 상의를 벗고 식스팩을 전시했다. 첫 번째 탈의는 2007년 초 대선 출마 선언 직전에 이루어졌다. 탄탄한 상체를 드러내고

서핑을 즐기는 모습이 언론에 공개됐다. 이듬해 민주당 경선 기간 중에도 하와이에서 상의를 탈의한 사진이 찍혀 각 언론에 대서특필됐다. 대통령 당선 이후에도 하와이에서 보낸 크리스마스 휴가 때 다시 한 번 카메라 세례를 받았다. 탄탄한 복근을 드러낸 모습이 〈뉴욕포스트〉에 게재됐고, 다른 매체도 가세해 '몸짱' 오바마를 조

미국인들의 대중적 인기를 얻고 있는 오바마 대통령

명하기도 했다. 40대의 젊은 대통령이 당당히 '식스팩'을 드러낸 시점이 절묘하다. 대통령 선거 가도에서 대중의 지지를 좌우하는 결정적인 순간마다 오바마는 옷을 벗은 셈이다. 민주당 대통령 후보가 되기 위해 한 번 벗었고, 대선에서 이기기 위해 투표 전 또 한 번 몸매를 드러냈으며, 백악관 입성 후 자축으로 다시 한 번 상의를 탈의했다. 오바마는 할리우드 젊은 스타들의 전폭적인 지지를 받기도 했거니와, 스스로 미국 대중 스타 이상의 인기를 한 몸에 받았다. 첫 대통령 선거 전 민주당 경선에서 약세로 꼽혔던 오바마가 선풍을 일으키자, 미국 대중문화계에선 '록스타 같은 벼락 인기를 얻고 있다'는 말까지 회자됐다.

모델 출신 퍼스트레이디로 프랑스 전 대통령
사르코지의 인기를 높여 준 카를라 브루니

오바마와 함께 세계적인 '몸짱' 지도자로 꼽히는 이가 러시아 블라디미르 푸틴 대통령이다. 푸틴 역시 자신의 성적 매력을 정치적 전략으로 이용했다. 수년 전부터 시베리아에서 웃통을 벗고 낚시와 사냥, 수영과 승마를 하는 모습으로 건강미를 자랑했다.

남성으로서의 성적 매력을 정치적 자원으로 활용하는 또 다른 지도자로는 니콜라 사르코지 전 프랑스 대통령도 빠질 수 없다. 물론 몸매 자체는 오바마나 푸틴과는 견주기 어렵다. 사르코지는 몇 년 전 미국에서 휴가를 보내며 상체를 드러낸 모습이 카메라에 포착된 일이 있었다. 하지만 이에 대해 언론들은 '실망스럽다'고 비아냥을 보냈다. 오바마와 푸틴에 비해 키가 작고 배에 살집이 붙어 있었기 때문이다. 외국 정상과의 만남에서 키높이 구두를 신고, 연설할 때에는 발 받침대를 딛고 올라 구설수에 오르기도 했던 사르코지지만, 남성미를 돋보이게 하는 그만의 특별한 방법이 있었다. 바로 미모의 부인이다. 길을 갈 때 미녀와 동행한 남자는 키가 작고 못생길수록 더 능력 있어 보이는 이치와 마찬가지다. 미녀와 동행한 남자가 동성들의 주목과 동경의 대상이 되고, 파트너의 미모는 남자로서의 능력을 과시하는 수단이 된다.

사르코지의 부인이자 패션모델 출신의 전 영부인 카를라 브루니는 46세로 남편과는 무려 12세 차이이고, 결혼 전에는 세계적인 스타들과 염문을 뿌리기도 했다. 브루니는 사르코지의 집권 기간 내내 대통령 이상의 스포트라이트를 받았다. 브루니의 미모 자체가 영부인으로서의 내조였다. 40대의 젊은 영국 총리 데이비드 캐머런이나 여성 지도자 메르켈 독일 총리 또한 마찬가지로 자신의 성적 매력을 정치의 중요한 자원으로 활용한다.

정치인의 대중 스타화와 섹스어필 강화 추세

국내에서도 정치인의 '대중 스타화'와 섹스어필은 점점 더 강화되는 추세다. 그 절정은 2012년 대선을 앞두고 화제가 됐던 '박근혜의 비키니'와 '문재인의 복근'이다.

박근혜 대통령은 대선 전인 지난 2012년 1월 2일 방영된 SBS 토크쇼 〈힐링 캠프, 기쁘지 아니한가〉에 출연해 과거 비키

SBS 토크쇼 〈힐링 캠프〉에 출연해 서민적 이미지를 부각시킨 박근혜 대통령

SBS 토크쇼 〈힐링 캠프〉에 출연해 '병역필' 후보임을 과시한 문재인 전 대통령 후보

니 수영복을 입고 찍은 사진을 공개했다. 박 대통령은 '중학교 2학년 때'라며 '젊었을 때 몸매가 받쳐 줬다'는 농담까지 던졌다. 대한민국 헌정 사상 최초의 '여성 대통령 후보'임을 강조한 전략적인 '노출'이었다. '박근혜의 비키니'는 즉각적으로 온·오프라인의 이슈가 됐고, 대선이 치러진 12월까지 이어졌다. 어느 정도였냐면 박근혜 대통령이 당선인 시절, 한 강연에서 '내가 정책을 수없이 발표했는데 그런 건 보도가 안 된다'며 '예를 들면 제가 중학교 때 비키니를 입은 사진이 뉴스에 올랐는데 그 기사가 1등이 되고 댓글도 수천 개가 달렸더라'고 푸념할 정도였다.

정치적 메시지와 이미지 강화 위한 전략적 노출

민주통합당 문재인 의원도 후보 시절 '사진 효과'를 톡톡히 봤다. '문재인 복근' 사진이다. 박근혜 대통령에 이어 한 주 뒤에 방영된 〈힐링 캠프〉에 출연했던 문재인 의원은 특전사 복무 시절 사진을 공개했다. 사진 속 문 의원은 전우들과 함께 상의를 탈의한 채 포즈를 취하고 있었고, 배에는 복근이 선명했다. 문재인 당시 대통령 후보의 '남성적 매력'을 부각하는 것은 물론이고, '군 면제자 천국인 정치계에서 특전사 공수부대 출신의 병역필 대통령 후보'임을 과시한 정치적 메시지가 깔린 노출이었다.

대선 내내 태풍의 핵이었던 안철수 의원의 경우 귀족·엘리트적인 면모나 부드럽고 신사적인 이미지가 유권자들의 지지를 끌어냈는데, 이 또한 넓은 의미에서의 '남성적 매력'이라고 할 수 있다. 근엄하기만 했던 박근혜가 사실은 '섹시걸'이었고, 신사로만 알고 있던 문재인이 사실은 '꽃미남'이자 야성적인 근육질의 '짐승돌'이었다면 안철수는 '훈남훈훈한 남자'이었던 것이다. 3명의 대권 주자들이 B급 감성의 토크쇼 〈무릎팍 도사〉와 〈힐링 캠프〉에 등장해 어필하려고 했던 이미지 전략으로 이해할 수 있겠다.

신권과 대결하는 왕, 민심 혹은 포퓰리즘의 구현

정치 지도자에 대한 변화된 인식은 2012년 1230만 명의 관객이 들었던 한국영화 〈광해: 왕이 된 남자〉에서 보다 잘 드러났다. 〈광해〉는 조선조 광해 시대, 탐욕스럽고 부패한 신권과의 대결에 심신이 탈진해 버린 왕이 숨겨둔 연인을 찾아 자리를 비우기로 하고, 자신과 똑 닮은 '가짜'를 허수아비로 앉혀 놓으면서 벌어지는 일을 그린 작품이다. 그런데 하필이면, 왕과 똑같이 생긴 이가 천해도 너무 천한 술집의 광대다. 술집에서 기생들의 치마폭을 뒤집어쓰고 끈적한 육담과 음란한 몸짓으로 웃음을 팔며 푼돈이나 챙기던 존재였다. 말하자면 전통 탈춤이나 별산대놀이의 말뚝이같은 신분의 인물이었다. 그런데 왕이 독살 음모로 정신을 잃고 혼수상태에 빠지자, 가짜 왕이 옥좌를 지켜야 되는 시간이 길어지고, 점차 역할극에 익숙해진 가짜 왕은 진짜보다 더 진정한 왕의 역할에 눈을 떠간다. 웃음을 잃어버린 왕비를 위해 우스꽝스러운 표정을 짓고, 때로는 경망한 장난을 치며, 조정을 펄쩍펄쩍 뛰어다니는 이 가짜 왕은 드라마 〈동이〉에서 봤던 숙종을 연상케 한다.

신성을 배격하고 엄숙주의를 파괴하는 B급의 감성은 왕의 언어를 바꿨고, 굳은 표정에 익살맞은 웃음을 가져다주었으며, 느릿한 팔자걸음을 재기 발랄한 유머로 재촉했다. 〈광해: 왕이 된 남자〉와 비슷한 시기 개봉한 작품으로 〈나는 왕이로소이다〉라는 사극 영화도 있었다. 세자 시절의 세종대왕, 즉 충녕대군을 주인공으로 한 작품으로, '왕자와 거지'가 모티브다. 우연히 똑같이 생긴 거지와 마주쳐 신분이 바뀌어 버린 충녕대군이 세상 속에서 진정한 군주의 임무를 깨달아 간다는 내용이다. 민중들과 함께 장바닥을 뒹구는 충녕의 모습은 욕지거리를 하는 〈뿌리 깊은 나무〉의 세종만큼이나 파격이었다.

신성을 배격하고 엄숙주의를 파괴하는 B급의 반란

이렇게 B급의 인자를 품고 변신한 왕은 공통적으로 당대의 '주류'인 신권臣權과 대결한다. 당대의 가장 강력한 기득권 집단인 신하들에 위협받고 탄압받으면서도 이를 혁파하고 백성과 소통하고 애민 정책을 펼치는 왕의 모습도 〈뿌리 깊은 나무〉의 세종이나 〈해품달〉의 이훤뿐만 아니라 최근의 거의 모든 사극에서 공통적으로 나타난다. 부정적으로는 '포퓰리즘'이고 긍정적으로는 '민주주의적 소통'을 추구하는 존재로서의 왕이다. 왕권을 넘는 무소불위의 통치권은 물론이고 당대의 상업과 경제를 장악한 신권은 현대의 기득권층이나 부패한 관료 집단, 재벌과 밀착된 권력을 표상한다. 신권을 혁파하고 백성과 직접 소통하려는 존재에 대한 갈망은 급기야 '왕이 된 천민'이나 '거지로 위장한 왕'을 주인공으로 만들어낸 것이다. 이제 사극은 이렇게 말한다.

"막말하는 세종이여, 성군이 된 광대여! 우리들의 B급 영웅이여!"

B급과 패션
비비안 웨스트우드에서 제레미 스캇까지,
키치 · 팝아트 · 칩-시크

장 폴 고티에와 제레미 스캇······ 엘리트 패션의 런웨이와 할리우드 엔터테인먼트의 커넥션

세계적인 유명 디자이너 장 폴 고티에는 지난 2012년 파리 패션 위크에서 발표한 2013 봄/여름 컬렉션에서 마돈나, 컬처클럽, 마이클 잭슨, 애니 레녹스, 데이비드 보위 등 70~80년대의 팝스타에 경배를 보내는 일련의 의상들을 런웨이에 선보였다. 물론 장 폴 고티에가 디자인해 일약 유명해진 마돈나의 80년대 의상^{뾰족하게 솟은 브래지어, 속옷을 겉옷 위에 입는 스타일, 매춘부를 연상케 하는 란제리와 거들}과 컬처클럽의 화려하고 치렁치렁한 에스닉 문양 재킷, 마이클 잭슨의 모자와 블레이저, 데이비드 보위의 글램룩이 무대를 장식했다. 이른바 명품 디자이너가 제조한 '엘리트 패션'과 대중문화 간의 연계성을 보여 주기에 충분한 컬렉

션이었다. 사실, '엘리트'와 '대중'은 상호 배타적인 개념이었다.

　호주의 문화 미디어 학자 제니퍼 크레이크는 자신의 저서《패션의 얼굴》에서 엘리트 패션과 하이패션 또는 엘리트 패션과 일상 패션을 구분한다. 하이패션 혹은 엘리트 패션이란 신분과 지위를 과시하고 권력을 나타내는 고급 패션이며, 일상 패션은 실용적 목적에 따라 착용하는 의상의 스타일을 뜻한다. 개념적으로는 비교적 엄격하게 구분된 단어지만, 장 폴 고티에처럼 최근의 패션 산업은 엘리트 패션과 대중 패션, 하이패션과 일상 패션 간의 상호 침투와 혼합의 추세를 보여 준다. 장 폴 고티에를 비롯한 수많은 디자이너의 컬렉션은 '엘리트 패션이 얼마나 대중문화에 심취해 있는가' 뿐 아니라 디자이너 브랜드로 대표되는 엘리트 패션이 자본주의에서 이윤을 내기 위해서는 대중문화와 대중 스타의 이미지에 깊이 기대야 함을 입증한다. 국내의 걸그룹 2NE1이 '협업^{콜라보레이션}' 관계를 유지하고 있는 세계적인 디자이너 제레미 스콧도 장 폴 고티에와 함께 대표적인 사례로 꼽을 수 있다. 제레미 스콧은 미국 출신 디자이너로 샤넬을 대표하는 디자이너 칼 라거펠트가 유일한 자신의 후계자라고 지목했던 인물이다. 그의 디자인이 영향을 미친 아티스트로는 마돈나, 리한나, 케이티 페리, 카니에 웨스트, 비요크, 비욘세, 라나 델레이, 브리트니 스피어스, 퍼기, 베스 디토, 저스틴 비버, 크리스티나 아길레라, 카일리 미노그, 빅토리아 베컴, 그웬 스테파니, 레이디 가가 등에 걸쳐져 있다.

　이처럼 오늘날 패션 산업은 엔터테인먼트 산업을 빼놓고는 이야기할 수 없을뿐더러, 존재할 수도 없다. 또 다른 단적인 예가 아카

데미 시상식과 칸영화제의 '레드카펫'을 점령하기 위해 벌이는 이른바 명품 브랜드의 로비 전쟁이다. 2013년 제85회 아카데미영화상 시상식에서 여우주연상을 받은 여배우 제니퍼 로렌스는 디올의 오트 쿠튀르^{주문형 맞춤 의상} 드레스를 입었고, 제시카 채스테인은 아르마니의 옷을 선택했으며, 앤 해서웨이는 프라다, 아만다 사이프리드는 알렉산더 매퀸으로부터 협찬받았다. 칸국제영화제와 베니스국제영화제에서는 패션 브랜드와 영화 산업 간의 공생 관계가 더욱 극명하게 드러난다. 2012년 5월 열린 제65회 칸국제영화제 심사위원 중 한 자리는 장 폴 고티에에게 돌아갔으며, 여배우 다이앤 크루거의 민트빛 실크 시폰드레스는 개막작인 〈문라이즈 킹덤〉에 버금가는 화제였다. 디자이너 지암바티스타 발리의 오트 쿠튀르였다. 에밀리오 푸치의 드레스를 입은 에바 롱고리아와 아틀리에 베르사체의 프리다 핀토, 스텔라 매카트니의 의상을 차려입은 74세의 노장 배우 제인 폰다가 레드카펫을 걸을 때도 카메라 플래시가 연신 터졌다. 이 세 명은 프랑스의 대표적 화장품 기업 로레알파리의 모델 자격으로 초청됐다. 로레알파리는 15년째 칸영화제의 공식 파트너 기업으로 홍보 행사를 공식 일정 중 하나로 할당받는다. 경쟁 부문 초청작 〈러스트 앤 본〉으로 스포트라이트를 받은 프랑스의 세계적 여배우 마리온 코틸라르는 크리스천 디올 드레스 위에 다이아몬드 장신구로 멋을 냈다. 역시 칸영화제 공식 파트너 기업인 다이아몬드 브랜드 쇼파드의 제품이다. 쇼파드는 영화제의 공식 포스터 모델 마릴린 먼로에 헌정하는 목걸이를 발표했다.

이 정도라면 스크린보다 런웨이, 영화감독보다 디자이너, 여배우 대신 패션모델, 그리고 '영화제' 보다 '패션위크' 라고 할 정도다. 특히 2012년엔 패션지인 〈보그〉 편집장 출신인 캐롤린 로이필드가 에이즈연구재단 후원을 위해 '올 블랙' 을 테마로 한 갈라 패션쇼를 기획해 칸영화제 사상 처음으로 공식 '런웨이' 가 차려졌다. 알렉산더 왕, 샤넬, 크리스천 디올 등 20여 개 브랜드가 의상을 내놔 패션쇼 후 경매를 통해 후원 기금을 마련했다. 베니스영화제에선 프라다가 자사의 세컨드 브랜드 미우미우를 통해 여성 감독들의 독립영화 프로그램을 운영 중이며 이탈리아 패션 브랜드 구치는 '여성영화인상' 을 창설했다. 구치는 이미 마틴 스콜세지 감독이 진행하고 있는 고전 영화 복원 사업에 200만 달러를 지원했으며 한때 폐지 위기에 처했던 미국 LA박물관의 영화 프로그램의 재정 지원에도 나섰다. 또 매년 뉴욕대에 여성 영화인을 위한 장학금을 지원하는 등 영화계에서의 입지를 강화하고 있다.

대중문화, 고급 패션과 거리 패션의 경계를 해체하다

기술적 복제에 의한 대량 생산이 가능해진 소비자본주의시대에 접어들며 나타난 현상인 패션과 대중문화의 결합은, 고급-엘리트-하이패션과 실용-대중-일상 패션 간의 구분과 경계를 해체시키고 복잡다단한 관계로 발전시켰다.

고급 패션은 원래 상류 귀족층을 위한 '오트 쿠튀르' 에서 비롯됐으나, 지금은 일부 상류 계층만을 위해 의상을 제작하고 판매하는 디자이너는 없다. 모든 디자이너와 브랜드가 더 많은 소비자들에게 상품을 제공함으로써 이윤을 극대화하려 하기 때문이다. 그래서 고급 브랜드조차 '대중 스타'들에게 값비싼 의상과 장신구를 협찬하면서 대중들에게 '따라 하고 싶은 욕망', 즉 제니퍼 크레이크가 말한 '권위 있는 것의 모방' 현상을 만들어내려고 한다. 하지만, 디자이너가 제안한 아이디어나 유행 경향은 대중에게 일방적으로 전달되지 않는다. 대중문화는 다양한 하위 집단의 욕망을 반영하고, 분화된 하위문화의 양상을 수용하는 '상향 전파'의 과정을 거쳐 형성되기 때문이다. 그래서 명품 디자이너 브랜드들은 대중 스타들을 통해 대중의 '환상'을 자극하는 한편으로, 다양한 하위 집단들의 일상 패션, 거리의 옷차림을 자신의 스타일로 수용하지 않을 수 없게 된다.

만일 엘리트 패션이 권력을 과시하며, 대중들이 따라하고 싶은 욕망만을 창출하는 '하향 전파'에만 의존한다면 보통 스트리트 패션이라고 불리는 하위 집단의 스타일이나 B급 문화의 이미지들은 고급 패션에 영향을 주지 않을 것이다. 하지만 제니퍼 크레이크가 《패션의 얼굴》에서 분석한 대로 엘리트 패션이 펼치는 대대적인 마케팅에도 불구하고 이것이 대중에게 일방적으로 영향을 끼치는 경우는 거의 없다. 오히려 거리의 패션, 즉 실용 패션과 대중 패션이 엘리트 패션에 영향을 끼치는 경우가 더 많다. 엘리트 패션과 거리 패션은 대중문화를 매개로 해서 복합적인 상호 침투의 관계를 맺고 있기 때문이다. 디자이너 브랜드가 대중문화계를 대상으로 하는 마케팅 전략으로 거리 패션을 바꾸는 한편, 하위 집단의 다양한 스타일은 다시 엘리트 패션을 바꾸는 등 이런 과정이 동시에 일어난다.

비비안 웨스트우드, 폭주족과 매춘부의 거리 패션으로 대처리즘을 조롱하다

B급 문화의 이미지를 차용함으로써 대중문화와 패션계에 가장 강력한 영향을 끼쳤던 디자이너로는 비비안 웨스트우드가 대표적이다. 그는 1970년대 펑크록 밴드 ‘섹스 피스톨스’를 통해 새로운 스타일을 선보임으로써 당대 젊은이들의 옷차림을 지배했다. 비비안 웨스트우드는 영국의 평범한 노동자 가정에서 태어나 한때 예술 학교에서 공부했으나 ‘나 같은 노동자 계급의 소녀가 어떻게 예술 세계에서 생계를 유지해야 할지 모르겠다’며 그만두고 공장에서 일하며 초등학교 교사가 된 이력을 갖고 있다. 그러다가 섹스 피스톨스의 매니저인 말콤 맥라렌을 만나 다시 본격 디자이너로서의 길을 걸었다. 말콤 맥라렌과 함께 ‘섹스’라고 이름 붙은 숍을 운영하며 일련의 의상을 내놓았고, 이를 섹스 피스톨스를 통해 유행시켰다. 그는 거리의 폭주족, 성도착자변태 성욕자, 매춘부 등의 의상으로부터 영감을 받은 스타일을 창안했다. 이른바 BDSMBondage · Discipline · Sadomasochism 결박과 훈육의 가 · 피학적인 성적 취향의 이미지를 활용해 수갑, 줄, 옷핀, 면도칼, 쇠사슬, 개목걸이, 과장된 화장, 부풀린 머리카락 등을 자신만의 고유한 트레이드마크로 만들었다.

비비안 웨스트우드는 스타일뿐 아니라 정치적인 입장에서도 주류의 권위와 서열, 보수주의에 반대하는 캠페인에 적극 참여했다. 그는 지난 9 · 11 테러 사건 후 미국과 영국 등이 '테러와의 전쟁' 을 명분으로 반인권적인 정책과 법안을 강화하자, 2005년 '나는 테러리스트가 아니에요, 체포하지 마세요'라고 가슴에 커다랗게 쓴 티셔츠를 내놓기도 했다. 영국 노동당 지지, 지구 온난화 반대, 반핵, 반소비주의 노선 등을 표방했으며, 지난 1989년엔 〈타틀러〉라는 잡지에 마거릿 대처 당시 영국 수상으로 분장하고 표지에 등장하는 해프닝을 벌이기도 했다. 당시 표지에는 '이 여성은 한때 펑크족이었습니다'라는 문구가 씌어 있었고, 〈타틀러〉의 발간일은 4월 1일, 만우절이었다. 아이로니컬한 일이지만 오늘날 비비안 웨스트우드는 영국 왕실에서도 즐겨 입는 세계적인 명품 디자이너로 꼽힌다. 미국 드라마 〈섹스 앤 더 시티〉에서 주인공이 선물 받는 웨딩드레스로도 유명할 정도이며, 2012년 방영해 인기를 모았던 국내 드라마 〈신사의 품격〉에서 장동건이 착용하고 나와 화제가 되기도 했다. 이러한 모순에 대해 비비안 웨스트우드는 한 인터뷰에서 '내 옷에 대해 변호한다는 것이 편한 일은 아니다'라며 '다만 당신이 돈이 많다면 내 의상을 사도 좋지만 너무 많이 사진 말라'라는 말을 남기기도 했다.

주류 사회에 대한 분노와 냉소를 담아낸 비비안 웨스트우드

1970년대 섹스 피스톨스의 노래와 비비안 웨스트우드의 스타일은 대처리즘이 야기한 청년 실업과 대량 해고, 보수주의의 시대에 대한 젊은이들의 야유와 조롱, 저항을 담았다. 이처럼 젊은이들의 스타일과 하위 집단의 거리 패션은 주류 사회에서 억압되고 좌절된 욕망을 드러내고, 주류 사회에 대한 분노와 불만, 냉소를 담아냄으로써 엘리트 패션을 위협하며 당대의 지배적인 경향이 돼 왔다. 디자이너 브랜드로 대표되는 엘리트 패션은 이러한 하위문화를 곧바로 자신만의 세계로 수용함으로써 패션의 '상향 전파' 과정을 보여 준다.

히피에서 차브까지, 권위주의 규범에 대한 일탈과 저항을 표현

1960년대 말은 미국에서 베트남전쟁에 반대하는 시위와 흑인 · 여성 인권 운동이 폭발한 시기였다. 이는 평화와 명상, 자연주의를 내세운 히피 패션으로 나타났다. 청년들은 원색의 화려한 무늬와 이국적인 스타일, 허리 아래로 내려 입는 청바지, 맨발이나 샌들 착용 등으로 권위주의 시대의 규범에 대해 일탈과 저항을 표현했다. 1970년대는 영화 〈토요일

B급 문화를 패션에 차용하며 주류 사회의 권위와 서열, 보수주의에 반대한 비비안 웨스트우드

밤의 열기〉로 상징되는 나팔바지와 디스코룩, 그리고 데이비드 보위로 대표되는 글램룩, 섹스 피스톨스의 펑크룩이 상호 경쟁하는 시기였다. 여성의 섹슈얼리티를 극대화한 마돈나의 전위적이고 파격적인 무대 의상과 마이클 잭슨의 팝아트적인 이미지가 지배했던 1980년대엔 가죽 재킷과 가죽 바지, 과장된 금속 장신구로 치장한 헤비메탈 밴드와 커다란 박스 셔츠 및 통이 넓은 바지, 나이키 농구화로 특징지어지는 래퍼들이 또 다른 패션 아이콘이 됐다. 1990년대엔 과장된 헤비메탈 밴드 스타일에 대한 반작용으로 다듬지 않은 짧은 머리와 겹쳐 입는 단순한 셔츠, 스트레이트 진 등을 입고 나온 얼터너티브 록밴드가 패션을 주도했다. 이른바 그런지룩이다. 흑인들의 힙합 스타일은 전 세계 다양한 인종의 젊은이들에게 인기를 끌었으며, 2000년대엔 영국에서 '차브'라는 양식으로 유행했다. 1980년대 이후 유행한 힙합 패션의 또 하나의 아이템은 트레이닝복과 트랙 슈트로 거리 패션이 엘리트 패션에 영향을 준 대표적인 사례라 할 만하다. 21세기에 들어선 1960~1980년대의 스트리트 패션과 팝아트, 힙합, 그런지, 펑크, 프레피, 아이비리그, 댄디즘 등 다양한 하위문화 스타일이 끊임없이 엘리트 패션의 '런웨이'에 오르고 있다. 거리의 '짝퉁'과 유명 컬렉션의 '명품'이 사실상 경계를 잃어버린, '원본 없는 시대'가 됐다. 싸구려가 고급인 척하고, 고급이 싸구려를 흉내 내는 시대인 것이다.

엘리트 패션을 침식시키는 동시에 강화시켜 온 대중화 사례에는 할리우드 영화에서 디자이너와 패션의 역할 증대, 패션의 디자인

과 생산, 그리고 유통과 소비의 '미국화', 파리 이외 지역에서의
디자이너 시스템 출현, 기성복 사업의 발전, 라이선스 협정, 하이
스트리트 패션과 하위문화, 그리고 반문화와 일탈 문화의 디자인
모티브 도용, 가내 봉제, 그리고 위조품이 있다.

그러한 동향은 사회 집단들 간에 (위와 아래로), 혹은 여러 하위문
화에 걸쳐 일어날 수 있는, 그리고 시대에 따라 달라지는 '선택적
차용' 혹은 제도화된 표절의 한 형태이다. 어떤 하위 패션 시스템
들은 다른 시스템이나 사회 집단을 막는 보루로서 독립적으로 작
용하는 것처럼 보이지만, 다른 하위 시스템들은 서로 경합하며
상호 작용한다.

– 제니퍼 크레이크, 《패션의 얼굴》 중

싸구려지만 패셔너블한 것, 칩-시크

마지막으로 현대 패션의 경향에서 엘리트 패션과 대중 패션 간
의 상호 침투는 이른바 '칩 시크cheap chic'라 불리는 흐름에서도 나타
난다는 사실을 지적하지 않을 수 없다. 칩 시크는 우리말로 하면
'싼 게 멋있는 것'이라 할 수 있는데, 주로 SPA 브랜드가 내세우는
패션의 전략이다. SPA란 의류의 기획에서 디자인, 생산, 제조, 유
통, 판매까지 전 과정을 제조 회사가 맡는 의류 전문점으로 대형 매
장을 갖춘 '갭'이나 '자라' 'H&M' '유니클로'가 대표적이다. 국
내에선 '에잇 세컨즈'가 있다. 뉴욕에 본사를 둔 글로벌 브랜드 컨

설팅 회사 인터브랜드가 2012년 발표한 〈베스트 글로벌 브랜드 100 '우리는 어떤 의미를 입고 먹고 마시는가'〉에선 '루이 뷔통'[17위]과 '버버리'[82위], '프라다'[84위]와 어깨를 나란히 하고 'H&M'[23위], '자라'[37위], '갭'[100위] 등과 같은 SPA 브랜드가 포함됐다. 샤넬의 수석 디자이너 칼 라거펠트나 마르지엘라, 미소니 등의 명품 디자이너 브랜드가 'H&M'과 콜라보레이션 상품을 잇따라 내놔 '품절' 시켰다는 사실은 매우 의미심장하다.

어떤 브랜드의 유명한 카피대로 패션은 전략이다. 그것도 자본주의 사회에서 개인이 취향과 개성, 사회적 지위와 권력, 성공 의지와 야망을 드러내는 전략이다. 뿐만 아니라 패션 기업이 이윤을 극대화하기 위한 마케팅 전략이다. 그리고 하위 집단, 특히 청년 세대의 좌절되고 억압된 욕망이 스스로를 드러내고, 주류에 대한 반감과 일탈, 야유와 비판을 표현하는 전략이며, 하위 집단의 구성원끼리 은밀한 일체감을 확인하는 전략인 것이다.

B급 미술
세상에 똥침을 날리다

　얼굴에 수염이 난 마음씨 좋은 아저씨의 얼굴 바로 다음으로 분홍색 셔츠를 입고 검은 선글라스를 낀 중년의 남자가 등장한다. 장난기와 심각함이 교차하는 표정으로 고개를 이리저리 흔든다. 그 뒤로 잠깐 낙서를 한 벽이 보인다. 'Ai Wei Wei'와 'Pussy Riot'라고 씌어 있다. 수십 명의 남녀가 브이자 대형을 이루고 춤을 춘다. 그런데 그들의 손에는 수갑이 채워져 있다.

　아까의 분홍색 셔츠 사나이가 무어라고 쓴 팻말을 들고 흥겹게 춤을 추는 남녀 사이를 돌

수갑을 찬 채 수십 명의 남녀가 V 대형을 이루며 〈강남스타일〉에 맞춰 말춤을 춘다

아다닌다. 잘 보니 'HUMAN RIGHTS FOR CHINA'라고 쓰여 있다. 춤을 추는 남녀가 더욱 많아져 100여 명에 이른다. 젊은 남녀가 있는가 하면 나이 지긋한 이들도 있다. 전형적인 백인도 있고, 흑인, 아랍계, 인도계, 아시아계 등 인종도 다양하다. 스튜디오뿐 아니라 세계 각지에서 말춤을 추는 다양한 인물들도 보인다. 카메라는 뉴욕현대미술관MOMA을 비롯해 뉴욕 구겐하임미술관, 필라델피아미술관, 샌디에이고현대미술관, 스미스소니언박물관, LA카운티미술관은 물론이고 FM 라디오 방송국과 채널4 뉴스팀의 방송 현장까지 찾아간다. 또 다른 메시지도 뜬다. 'STAND TOGETHER FOR HUMAN RIGHTS'. 군무를 추던 이들이 모두 가면을 꺼내 쓴다. 아까의 마음씨 좋은 수염 남자의 얼굴과 또 다른 사내의 얼굴. 그러더니 춤을 추던 이들이 모두 손을 펴든다. 주먹을 쥐고 중지만 폈다. '엿먹어라fuck you'라는 뜻이다. 팻말을 든 분홍색 셔츠 사내가 또 나선다. 'END REPRESSION ALLOW EXPRESSION'. 신나게 춤을 추던 이들이 손을 번쩍 들어 환호하는 위로 노래의 마지막 가사가 흐른다. '오빠 강남스타일'.

명품 미술가, 말춤을 추다

지난해 UCC 공유 사이트인 유튜브에 올라와 화제가 됐던 〈강남스타일〉 패러디 뮤직 비디오 중 하나다. 〈강남스타일〉의 패러디 동영상은 수십만 개에 이를 정도로 전 세계적 인기를 끌었지만, 이중에 서 도 〈Gangnam for freedom^{자유를 위한 강남}〉이라고 이름 붙은 이 동영상이 특별히 관심을 집중시켰던 것은 세계적인 예술가로 꼽히는 조각가 아니시 카푸어가 기획하고 출연한 작품이었기 때문이다. 뮤직 비디오 속 분홍색 셔츠의 사내가 바로 아니시 카푸어로 그는 '코미디' 혹은 'B급'과

중국의 반체제 설치미술가 '아이 웨이 웨이'

는 전혀 상관없는, 시적이고 명상적이며 철학적이고 초월적인 작품 세계를 추구해 온 세계적 아티스트이다. 그래서 화제가 됐고, 이 뮤직 비디오가 중국의 반체제 설치미술가 아이 웨이 웨이를 지지하고 중국의 인권 탄압에 항의하기 위한 목적으로 만들어져 더 뜨거운 관심을 끌었다. 동영상의 처음에 나오는 마음씨 좋게 생긴 남자가 바로 아이 웨이 웨이다.

아이 웨이 웨이는 중국의 인권 탄압에 반대하는 의미로 수갑을 차고 말춤을 추는 〈강남스타일〉 패러디 영상을 유튜브에 올렸으나, 몇 시간 후 중국 당국에 의해 폐쇄 조치됐다. 이것이 카푸어가 뮤직 비디오를 연출하게 된 계기가 됐고, 동영상은 '중국의 인권 보장^{HUMAN RIGHTS FOR CHINA}'과 '억압을 철폐하고, 표현^{의 자유}을 허용하라^{END REPRESSION ALLOW EXPRESSION}' '인권을 위한 연대^{STAND TOGETHER FOR HUMAN RIGHTS}' 등과 같은 메시지를 전면에 내세웠다. 동영상 중 군무팀이 쓴 가면 중

세계적 조각가 '아니시 카푸어'[최]가 중국 인권 문제를 비판하며 만든 패러디 동영상 〈자유를 위한 강남[강남 포 프리덤]〉

하나가 아이 웨이 웨이의 것이고, 또 하나는 실종된 중국의 인권 변호사 가오 지셩의 것이다.

영상이 끝나면 엔딩 크레디트가 뜬다. '세계 각지에서 표현의 자유를 위해 싸우다 살해, 처벌, 투옥, 고문, 추방을 당한 이들의 명단'이다. 그중 한 명이 뮤직 비디오 속 벽면에 낙서로 이름이 적힌 러시아의 페미니스트 록밴드 '퍼시 라이어트'다. 조형 작품 개당 값이 최고 수십억 원에 이르는 미술 작가 카푸어뿐 아니라 이 영상에는 세계적인 '주류' 예술가들이 대거 참여했다. 안무는 혁신적인 현대 무용가로 꼽히는 아크람 칸이 맡았고, 영국국립발레단의 예술 총감독 타마라 로조, 영국의 희곡작가이자 영화감독이며 소설가인 하니프 커레이시, 설치미술가 마크 월린저 등이 그들이다.

키치, 현대 미술의 B급 언어

'현대 미술은 거리^{주관과 객관 사이의 반성적 거리–인용자}가 증대된 키치' ^{K. 해리스, 《현대 미술–그 철학적 의미》}라는 말을 굳이 상기하지 않더라도, 부조리한 체제를 고발하기 위해 세계 주류 미술 작가와 한국 B급 문화의 아이콘이 만났다는 것은 현대 미술의 본능에 내재한 B급 DNA, 그리고 대중문화와의 근친성을 보여 주는 사례가 아닐까? 어떤 의미에서 현대 미술은 키치 혹은 B급으로부터 자유로울 수 없다는 사실을 말이다. 앤디 워홀의 〈캠벨 수프〉와 〈마릴린 먼로〉, 그리고 소변기를 오브제로 한 마르셀 뒤샹의 〈샘〉, 백남준의 〈텔레비전〉과 함께 현대 예술을 수놓은 '해프닝'의 역사 한 끝에 카푸어와 아이 웨이 웨이의 〈강남 포 프리덤〉을 끼워 넣을 수 있지 않을까? 인도로 대표되는 시적이고 명상적이며 초월적인 동양 정신세계를 서구의 물질문명에 기반한 현대 예술에 결합한 카푸어가 가운뎃손가락을 쳐들어 세상에 날린 '퍽 유^{fuck you}'가 바로 〈강남 포 프리덤〉이다. 우리 식으로 말하자면 정신세계 드높은 고승이 세상에 날린 '똥침'인 셈이다.

부조리한 체제 고발 위해 B급 문화, 주류 사회에 똥침 날리다

종종 일부 한국 현대 미술 작가들이 B급을 표방하거나, B급의 취향을 드러낸다는 평가를 받지만, 세계 미술의 역사에서 B급이라는 단어는 생소한 것이다. B급 미술이라는 용어 자체가 아예 없다.

사실 서구에서나 다른 나라에서는 영화 분야 외에는 어떤 분야에서도 B급이라는 표현을 사용하지 않고, B급 문화라는 규정도 딱히 없다. 특히 미술계에서 우리가 B급이라고 할 만한 개념으로는 키치나 팝아트가 훨씬 더 유용하고 익숙한 용어로 쓰인다. 요컨대 싸고 저속하며 가짜라는 의미의 '키치'나 대량 복제의 대중문화 이미지를 차용한 '팝아트', 기성의 일상 용품을 오브제로 쓴 '레디메이드', 레디메이드를 포함하는 네오다다이즘 등에서 우리는 B급의 '징후'를 찾아보거나, B급이라고 이름 붙일 수 있는 작품 혹은 작가를 포착할 수 있을 것이다. 국내 미술계에서는 사실상 키치와 팝아트 등은 B급과 동의어로 쓰인다는 사실도 염두에 둘 수 있다. 예컨대 미술평론가 강수미는 대중문화 비평 잡지 〈쿨투라〉의 2008년 겨울호에 게재한 〈'B급 미술'에서 'B'의 의미〉라는 글에서 이렇게 말했다.

사실 나는 'B급 미술'이 무엇인지, 일반적으로 사람들이 어떤 유형의, 어떤 이미지의, 어떤 태도와 형식의 예술을 그렇게 규정하는지 잘 알고 있다. 가령 서울 삼각지의 화방 또는 표구사에서 만날 수 있는 명화 복제화나 특정 양식을 흉내 낸 작자 미상의 그림들, 통속 잡지의 표지화나 삽화 같은, 소위 '이발소 그림'이 바로 'B급 미술'이다. (……)
어디선가 본 듯한 인상을 풍기고, '센티멘탈'한 감성을 자극하며, 장식적이고 기교적으로 그려진 이런 그림들을 미술사나 미술 이론 분야에서는 '키치Kitsch'라는 말로 통칭한다. 용어 정의상, 키

치는 기존 고급 예술의 영역에서 진정성과 실험성을 인정받은 작
품들을 '정작 그 두 핵심 성질을 빼고' 모조한 것, 쓰레기나 폐품
으로 여겨질 만큼 하찮고 저속하며 부스러기에 불과한 것, 때문
에 비교적 누구나 쉽게 다시 흉내 내고, 값이 싸서 손쉽게 구매할
수 있는 '문화 생산물'을 일컫는다.

– 강수미, 〈'B급 미술'에서 'B'의 의미〉 중

키치와 함께 B급 미술의 사례로 자주 꼽히는 팝아트는 네오다다
이즘, 신통속주의, 레디메이드 등으로 분류되는 작품을 포함하는
개념이다. 일상에서 쓰는 공산품과 스타, 광고, 브랜드 등 대중문화
산업의 이미지를 차용해 새로운 미적 가치를 창조하고 현대 사회의
속성을 그려내는 현대 미술의 경향과 조류를 가리킨다. 대략 1950
년대 중반부터 나타났으며, 다양한 작가와 작품들의 사례가 있다.

앤디 워홀과 로이 리히텐슈타인의 팝아트

팝아트 분야의 대표적인 작가가 '공장^{팩토리}'이라고 스스로 이름
붙인 자신의 작업실에서 일련의 파격적인 실크스크린 회화와 영화
및 음반 제작 등에 나섰던 앤디 워홀이다. 그는 마릴린 먼로, 엘비
스 프레슬리, 엘리자베스 테일러, 재클린 케네디 등 1960년대 대중
문화의 우상들 얼굴이나 도상을 반복적으로 묘사한 일련의 작품을
발표했다. 뿐만 아니라 앤디 워홀의 작품에는 슈퍼맨이나 미키마우

B급 현대 미술의 대표 작가 앤디 워홀

캠벨 수프 깡통을 반복적으로 그려 대량 복제를 표현한 앤디 워홀

스 같은 영화 및 만화의 캐릭터도 활용됐으며 범죄자나 전기의자, 자동차 사고 등의 끔찍한 이미지가 나타나기도 한다. 캠벨 수프 깡통을 반복적으로 그린 회화 작품도 유명하다.

1960년대부터 두각을 나타낸 앤디 워홀 이전에는 1950년대 미국 국기 연작 시리즈를 발표해 논쟁을 일으킨 재스퍼 존스가 있었으며, 로버트 라우센버그는 신문이나 잡지에 난 뉴스 보도 사진, 그림 등을 '콜라주 조각들을 모아 붙이는 기법' 한 작품으로 관심을 모았다.

1960년대 앤디 워홀과 함께 팝아트를 대표하는 작가로는 로이 리히텐슈타인을 꼽을 수 있다. 국내에서 삼성의 비자금 사건과 관련해 잘 알려진 〈행복한 눈물〉이 대표작 중 하나다. 리히텐슈타인은 미국 출판 만화 특유의 주제와 기법, 형식, 스타일을 차용한 회화를 발표했다. 싸이의 1집 〈PSY FROM THE PSYCHO WORLD〉의 앨범 표지는 리히텐슈타인의 만화풍 스타일을 응용한 것이다. 이 밖에도 광고 기법을 차용한 클래스 올덴버그라든가, 타자기, 욕실 도구, 자동차 엔진, 선풍기 등 일상용품을 오브제로 사용한 제임스 로젠퀴스트 등의 작가도 빼놓을 수 없는 팝아트의 대표 작가들이다.

전통적 고급 미술에 도전하는 일상의 키치적 세속성

팝아트로 분류되는 수많은 작품이 있지만, 그중에서도 기념비적인 작품 중 하나가 리처드 해밀턴의 〈오늘날의 가정을 그렇게 색다르고, 흥미를 끌도록 만드는 것은 무엇인가〉라는 1956년 작이다. 미국 중산층의 한 평범한 거실에 근육이 잘 발달한 백인 남성이 전면에 서 있고, 소파에는 나신을 거의 드러낸 백인 미녀가 앉아 있다. 소파의 가운데 TV 브라운관 속에는 여배우가 등장해 있고, 창밖으로는 극장의 대형 간판이 보인다. 거실 벽에는 '젊은이의 사랑'이라는 만화의 표지가 커다랗게 붙어 있고, 그 옆에는 자동차 회사 '포드'를 상징하는 문장이 배치돼 있다. 레코드플레이어와 가공식품 햄을 담은 용기, 신문 등도 여기저기에 자리를 잡고 있다. 소비자본주의시대 현대인들의 욕망을 단 한 컷의 콜라주로 표현한 것이다. 기술복제시대의 일상과 현대인들의 무의식적인 욕망이 대중문화와 기계 문명의 이미지들로 응축돼 전시됐다. 이에 대해 미술사가 노버트 린튼은 《20세기의 미술》에서 이렇게 분석했다.

이 같은 새로운 경향들을 무엇이라고 해석하든 한 가지 사실은 분명하다. 이러한 경향들이 추상표현주의에도, 냉정하고 단아한 후기 회화적 추상에도 속하지 않는다는 사실이 그것이다. 그러면 이 둘 모두를 비웃고 있는 것은 아닐까? 이들 경향에 대처하는 하나의 방법은 그 혁신성을 부정하고 이들을 다다적인 행동으로, 즉 미국의 엄숙한 고급 미술에 대한 허무주의적 도전으로 간주하는 것이었다. 분명한 것은 이들이 세속적 소재들과 작업 과정들을 선호하였다는 점이다. 일상생활의 세속성에 대적하는 것이 미술의 임무가 아니었는가?

— 노버트 린튼, 《20세기의 미술》 중

일상생활의 세속성에 대적하는 미술 본연의 임무가 뒤집히고 앞뒤가 바뀌었다. 이제 현대 미술은 전통적인 고급 미술에 도전하기 위해 일상생활의 세속성을 응용한다. 일상생활의 세속성은 키치의 중요한 특징이다.

한국의 키치적 B급 미술가…… 강홍구, 주재환, 안창홍

미국에선 1950~1960년대부터 팝아트와 키치가 고전 미학에 대한 새로운 흐름으로 떠오른 반면, 한국에선 90년대 이후 팝아트의 경향과 키치적 취향에 기반한 'B급 미술'이 주목을 받았다. 이동기는 일본의 만화 주인공인 아톰과 미국 디즈니의 캐릭터인 미키마우스를 이종 교배한 '아토마우스'를 창안, 이를 일련의 작품 소재로 해 팝아트의 대표주자로 떠올랐고, 강홍구는 아예 'B급 미술가'를 자칭하며 한국 사회의 공간과 풍경을 재해석했다. 강홍구는 2006년 6월 삼성미술관 로댕갤러리에서 개인전 '풍경과 놀다'를 열었는데, 이때 전시한 작품들은 대도시 변방의 철거촌과 황량한 재개발 지역의 풍경을 합성한 사진이었다. 도시의 소외된 풍경과 이지러진 삶의 폐허, 할리우드 B급 영화의 한 장면, 전자게임의 캐릭터가 강홍구의 재료가 됐다.

이에 대해 언론은 '테크닉에 기대지 않고, 오직 뒤틀린 이미지 자체로서 지금 대한민국 사회의 허망한 공간적 풍경을 까발려 낸다'〈한거레〉고 평했다. 강수미는 앞글에서 '그가 예술가로서의 자신을 정의하듯이, 강홍구의 사진들은 전통적 조형 형식과 미의식의 기준으로 평가한다면 결코 B급 이상은 될 수 없다'며 강씨의 작품 중 〈그린벨트-세한도〉를 예로 들었다. '결정적으로 강홍구의 사진은 추사의 작품에서 보이는 고매한 품격과 결연한 기상을 결여하고 있다. 반대로 인화지 위에 보이는 것은, 개발제한지역으로 묶여 수십 년 방치되었기 때문에 흡사 쓰레기장이 돼 버린 동네의 폐가와 말라비틀어진 나무들뿐이다. 그리고 우리가 거기서 느끼는 감정은 그

B급 미술가를 자칭한 강홍구의 〈그린벨트-세한도〉로댕갤러리

주류·고급·A급 미술에 대한 통렬하고 장난기
넘치는 조롱 던지는 주재환의 〈똥값〉

흑백의 사진이 던지듯이 암울한 현실이며 비루한 기분'이라는 것이 강수미의 평이다.

흥미로운 것은 1980년대 민중미술운동을 주도하던 작가들이 1990년대 B급 미술을, 현실을 그려내고 비판하는 새로운 언어로 수용했다는 점이다. 1980년대 민중미술운동 출신으로 포토 콜라주와 오브제 작업으로 권력을 풍자하고 폭력 및 자본주의에 대한 성찰을 담아내는 박불똥이나 1980년대 민중미술계를 대표하는 또 다른 작가 주재환도 엘리트 문화와 대중문화, 고급문화와 B급 문화, 주류 예술과 저항 예술의 경계에서 한국 사회에 '똥침'을 날리는 아티스트로 꼽을 수 있다. 주재환의 작품 중 〈똥값〉은 주류·고급·A급 미술에 대한 통렬하고 장난기 넘치는 조롱이다.

영국의 대표적인 스타 작가 데미안 허스트의 작품이 소더비 경매에서 피카소가 세운 하루 경매 판매 기록 1300억 원을 앞질러 무려 1978억 원에 팔렸다는 2008년 9월 17일자 〈중앙일보〉 기사를 스크랩 필름으로 뜬 뒤 한가운데를 홀랑 태워 버린 자신의 소품 그림에 턱 하니 붙여 놓았다. 그림이 이 시대에 잘 팔리지 않는 변방 화가의 고통스런 독백일 것이라는 짐작은 간다. 그런데 태

운 부위에는 원래 무슨 그림이 그려졌을까. '뭘 태웠냐고? 기억
도 없어. 허스트 작품이 천정부지로 값이 치솟는다는데 거기 비
하면 내 건 똥값인 게 사실 아니냐구요. 뭐, 그런 심사를 담은
거지.'

- 네이버캐스트 〈오늘의 한국인〉 '주재환편' 중

같은 글에 소개된 주씨의 작품을 보면, B급 정신 충만한 한국 현
대 미술의 한 단면을 짐작할 수 있다. 리히텐슈타인의 〈행복한 눈
물〉을 패러디해 그림 속 여인의 귀에는 로댕의 〈생각하는 사람〉 모
조품을 달아 놓았고, 눈에는 눈동자 대신 삼성의 로고를 박았다. 〈몬
드리안 호텔〉이라는 작품에선 '몬드리안의 기하학적 칸막이들이
한국식 러브호텔의 요지경 세계를 구획한 벽으로 둔갑' 해 있고, 뒤
샹의 〈계단을 내려오는 누드〉를 패러디해 계단마다 서 있는 사람들
이 오줌을 싸는, 〈계단을 내려오는 봄비〉라는 작품도 만들었다. '푸
른빛 공기 속에 몽환적으로 짜장면 면발이 휘날리는 〈짜장면 배달〉,
비닐과 전단지 등 소비 사회의 잡동사니로 구성한 〈쇼핑맨〉 같은
작품' 도 있다.

민중 미술의 1980년대를 뜨겁게 통과했던 또 다른 작가 안창홍
은 1999년 〈화가의 똥〉이라는 작품을 내놨다. 네이버캐스트에서의
작품 소개를 보자.

배설을 하고 있는 엉거주춤한 자세로 산 정상에 올라선 작가의
자화상에서 그는 무지개색 똥을 배설하고 있고, 한손으로는 휴지

세상에 똥침을 날리는 안창홍의 〈화가의 똥〉해럴드경제

를 들고 있다. 청색 배경과 대조를 이루는 짙은 분홍의 인물, 그리고 흰색 휴지, 또 무지개색 등이 강렬함과 여백, 긴장을 동시에 부여하며 많은 질문을 던진다. 그는 '예술이라는 것이 예술가의 정신의 산물일 수도 있지만 예술가의 배설물일 수도 있다'면서 다소 회의적인 태도를 보였지만, 그의 무지개색 똥은 그 배설물이 아름답다고 말하고 있는 듯하다. 그리고 그의 손에 들린 휴지, 그것은 그 똥을 받아내는 캔버스의 의미가 아닐지.

– 네이버캐스트, 〈오늘의 한국인〉 '안창홍편' 중

주재환과 안창홍의 작품을 빌려 말하자면, 예술가들은 '똥'을 쌈으로써 위선과 가식, 독점과 폭압의 세상에 대해 '똥침'을 날린다. B급에 대한 이보다 더 통렬한 정의가 필요할까?

B급 미술, 끊임없는 인용과 의미의 연쇄 속에서 욕망을 읽다

모든 미술과 예술, 문화가 그렇듯이 작품과 상품은 단지 창작 ·

생산자의 것이 아니라 수용자가 포함된 의미의 관계망 속에서 존재하는 것이다.

그렇다면 우리는 예컨대 앤디 워홀의 〈마릴린 먼로〉를 어떻게 봐야 할까? 그것은 마릴린 먼로라는 스타에 대한 열광의 표현일까, 마릴린 먼로를 욕망하는 현대인들의 성적 욕망에 대한 풍자일까? 혹은 여성을 상품화하는 현대 대중문화에 대한 조롱일까? 앤디 워홀의 〈캠벨 수프 깡통〉과 뒤샹의 〈변기〉, 주재환의 〈똥값〉은 '모든 사물은 일상적 맥락에서 이탈함으로써 예술적 의미를 띨 수 있다'는 긍정의 코멘트일까, '기술복제시대의 싸구려 짝퉁 예술'에 대한 야유일까?

만약 누군가가 마릴린 먼로를 복사한 앤디 워홀의 작품을 다시 인용해 제3의 창작물을 만들었다면, 그 행위는 무엇을 의미하는 것일까? 만화의 형식을 차용한 리히텐슈타인의 〈행복한 눈물〉의 이미지를 다시 인터넷에서 다운로드받아 티셔츠나 달력으로 '복사'했다면 이것은 '키치의 키치'가 되는 것일까? 만일 호프집에 걸린 주류 제조사의 달력흔히 글래머러스한 모델들이 젖가슴과 몸매를 거의 다 드러낸 비키니 차림으로 섹시한 포즈를 취하고 있는을 오브제 삼아 예술 작품으로 내놓는다면, 그것은 성적 욕망을 불러일으키는 대상이 되는 것일까, 아니면 감성을 고양시키기보다는 말초적인 감각만을 자극하는 싸구려 키치에 대한 진지한 예술적 조롱일까?

그러므로 현대 미술에선 주류와 B급의 경계가 없거나 뚜렷하지 않으며 마구 섞여 있다고 보는 편이 좋을 것이다. 현대의 패션 경향과 마찬가지로 고급 미술과 B급 미술은 상호 침투한다고 볼 수 있을 것이다. 움베르토 에코는 《미의 역사》에서 고급·엘리트 미술을 아방가르드로 칭하며, 이들이 추구하는 아름다움을 '도발의 미'라고 규정한다. 반면 상업적인 소비 세계에서 유행시키는 아름다움의 기준을 '소비의 미'라고 부르며 둘 사이의 상호 침투와 혼합의 양상을 '20세기의 전형적인 모순'이라 칭한다.

편당 수십억 원을 받는 주류의 세계적인 작가가 B급 코믹 댄스송을 패러디해 인권과 표현의 자유를 위한 투쟁의 메시지를 담아낸다. 기술복제시대의 싸구려 복제품이라고 불리던 대중문화의 이미지를, 숭고한 아름다움을 복원하려는 주류 미술가들이 차용한다. 결국 주류 예술과 B급 예술은 경계로 구획돼 구조를 이루고 있는 것이 아니라, 끊임없이 미끄러지는 의미의 연쇄를 이루고 있다고 할 것이다.

'유일한 원본' '숭고미' '엄격함' '창의성'을 추구하는 주류는 기술복제시대의 '짝퉁'으로 모방되고, 이 천박하며 저속하고 싸구려인 세계는 다시 주류 예술의 재현 대상이 된다. 끊임없이 의미는 미끄러지고, 뫼비우스의 띠처럼 안과 바깥의 경계 없이 순환한다.

《현대 미술 – 그 철학적 의미》의 저자 K. 해리스는 이를 작품 및 작가–소비자 및 수용자들이 이루는 의미의 관계망 속에서 주관과 객관의 '반성적 거리'로 설명한다. 키치는 예술 작품 그 자체보다 예술 작품이 재현한 대상에 대한 욕망을 환기시키지만, 이때의 대상은 욕망을 직접적으로 충족시키는 것이 아니라, 다만 욕망 그 자체에 대한 자극을 불러일으킬 뿐이다.

앤디 워홀이 재현하고 복사한 마릴린 먼로는 즉각적인 성적 욕망을 충족시키는 대상이 아니라 다만 성적인 욕망 그 자체를 불러내는 매개체일 뿐인 것이다. 달리 말하자면, 앤디 워홀의 작품은 마릴린 먼로에 대한 성적인 욕망을 불러일으키는 것이 아니라, '성적인 욕망' 그 자체를 욕망하게 만드는 것이다. 그래서 K. 해리스는 '순수한 정서가 귀해지고, 욕구는 잠들어 인위적인 자극이 필요하게 될 때 키치에 대한 요구가 생겨나게 된다'며 '키치는 권태에 대한 하나의 해답'이라고 말한다. 고로 '현대 미술은 거리가 증대된 키치'이며 '현대 미술에 있어서의 대상들이란 유희를 위한 기회'이다.

다음과 같은 K. 해리스의 말은 키치, 그리고 B급 예술이 지향하는 쾌락의 정체에 대한 일목요연한 정리가 아닐까?

절망을 배경으로 한 유희! 그러나 부조리한 세계 속에서 과연 이 외에 어떤 정직한 대안이 있단 말인가?(……) 낙원을 되찾기 위해 인간은 잃어버린 것에게로 되돌아가는 것이 아니라, 대용물을 설정함으로써 그리고 그 대용물이 자신이 꾸며낸 것이라는 사실을 망각함으로써 잃어버린 낙원을 되찾으려고 노력하고 있다. 따라서 인간은 스스로를 즐기며, 자신의 환상과 심지어 자신의 고뇌까지도 즐긴다.

— K. 해리스, 《현대 미술 – 그 철학적 의미》 중

결국은 예술의 생산자와 수용자가 이루는 거리, 의미의 관계망

속에서 끊임없이 미끄러지는 연쇄와 순환에서 무엇을 포획하고 낚아 올릴 것인가는 순전히 독자와 관객, 청중, 소비자의 몫으로 돌아온다. 순응이냐 이탈이냐, 열광이냐 조롱이냐. 결국 작품은 아무 말도 하지 않는다. 발언하는 것은 독자이며 관객이고, 수용자이며, 소비자들이다. 바로 당신의 욕망이다.

B급과 웹툰
'웰컴 투 병맛 월드'

'병맛'은 대한민국의 인터넷 유행어로, 정확한 의미를 규정하기
는 어려우나, 어떤 대상이 '맥락 없고 형편없으며 어이없음'을
뜻하는 신조어이다. '병신 같은 맛'의 줄임말로 받아들여지고 있
으며, 주로 대상에 대한 조롱의 의미를 내포하고 있다. 인터넷상
에서 병맛의 개념을 가장 널리 표방하는 방식은 웹툰으로, '병맛
만화'로도 불린다. 병맛 만화의 특징은 대충 그린 듯한 작화체,
비정상적인 이야기 구성 및 내용이다.

– 위키피디아, 한국판 중

잉여라는 개념에 담긴 모종의 '이중성'이다. 쓸모없이 남겨진
'나머지' 존재라는 자의식이 존재의 패배적인 자기 부정과 만나
는 게 아니라 그에 대한 냉소적 유희 정신과 만나게 될 때, 잉여
는 '잉여짓'이라는 새로운 신조어를 만든다. 즉, 이 시대의 잉여

들은 아무것도 하지 않는 게 아니라 '잉여짓'을-그것도 꽤나 열
심히-하고 있는 것이다. 물론 자기만족적인 '열정'을 갖고 행하
는 그 '짓'거리가 사회적 의미에서의 가치를 전혀 부여받지 못
한다는 점에서, 그들은 여전히 잉여에 불과하다. 그럼에도 젊은
이들이 서로를 '잉여'라 부르며, 이른바 '잉여짓'을 하는 자신의
상황을 두고 냉소적으로 유희할 때, 이는 '병맛'이라는 개념이
그렇듯 일종의 '유희적 공통 코드'의 성격을 띠게 된다.

－ 김수환, 〈너희가 병맛을 아느냐 － 웰컴 투 더 '이말년 월드'〉《잉여의 시선
　　으로 본 공공성의 인문학》 중

조석과 이말년의 웹툰, 맥락과 의미의 세계를 엿먹이다

만화 주인공 '조석'. 체중이 115kg이나 나갈 스무 살 무렵, 인터
넷 채팅에서 인사를 나눈 미모의 여성과 실제로 만남을 가지기로
하고, 열심히 운동을 한다. 아빠가 무슨 일이냐고 물어 사실대로 말
하고 상대 여성의 사진을 보여 주니, 아빠가 '대신 나갈까'라고 묻
는다. 조석은 여성의 사진을 봤고, 아직 상대는 조석의 얼굴을 모르
는 상태. 아빠는 아들 대신 만남 자리에 나서기로 한다. '아바타'가
아니라 '아빠타'다. 둘은 열심히 작전을 짜고 드디어 만나기로 한
장소에 간다. 그런데 예쁘장한 상대 여성이 다짜고짜 주먹을 날리
고 발길질을 한다. 비밀 작전을 짠 대로 아들은 아빠에게 휴대폰 문
자 메시지를 보낸다.

"그년 ×년이에요. 지가 무슨 격투기 배웠다고 격투기 커뮤니티에서 깝치길래 구라치지 말라고 했거든요. 길로틴 초크를 실전에서 쓸 줄 안다고 나 참 구라치는데…… 제가 뻥치지 말라고 하니까 지가 진짜 보여 준다고 나오라고……."

아빠는 상대 여성에게 속수무책으로 폭행당해 쓰러지고, 그 위로 아들의 문자 메시지가 계속된다.

"어 진짜 쓸 줄 아네" "아빠 그냥 나와요" "안 되겠네" "죄송해요" "기저귀 사올게요".

네이버에 연재 중인 작가 조석의 웹툰 〈마음의 소리〉의 '아바타' 편이다.

이런 에피소드도 있다. 1등 학생과 꼴등의 대화. '천재인 너 같은 애는 몰라, 안 되는 놈은 안 되는 거야' 라며 꼴등이 자학하자, 1등은 '넌 할 수 있다' 며 '천재랑 바보는 종이 한 장 차이라는 말도 있

조석의 웹툰 〈마음의 소리〉 '아바타' 편   웹툰 〈마음의 소리〉 작가 조석

〈이말년 씨리즈〉 중 '쓸모 있는 사람' 편

다'며 격려한다. '그딴 뻔한 말 따위 집어 치우라'는 꼴등의 말에 1등은 정말로 종이 한 장을 내민다. 성적표다. 꼴등과 1등의 차이는, 백지 한 장 차이이되, 그 종이가 바로 '성적표'라는 뜻이다. 〈마음의 소리〉 '차이' 편이다.

한 편만 더 보자. '이말년 씨리즈' 중 '쓸모 있는 사람' 편이다. 오늘도 만화책이나 보며 뒹굴뒹굴하던 37세의 백수. 어머니에게 지청구를 듣다 못해 집을 뛰쳐나와 바닷가에 앉았다. 그런데 물속에서 괴상한 생김새의 사람들이 뭍으로 하나둘씩 올라온다. 해저로 가라앉은 고대 문명 아틀란티스인들이 지구 장악을 하러 나오는 것이란다. 이것을 본 백수 주인공은 틀림없이 간첩이라며 신고를 하러 뛰어가고, 아틀란티스인들이 뒤를 쫓는다. 그런데, 갑자기 주인공을 추격하던 아틀란티스인들이 하나둘 쓰러진다. 오랫동안 물속에 살아 '아가미 호흡'이 된 것을 깜빡했단다. 주인공은 뒤돌아서서 쓰러진 아틀란티스인을 안고, 정신 차리라며 물을 붓는다. 겨우 살아난 아틀란티스인이 '아통령'이란다. 아틀란티스의 대통령이라는 뜻. 깨어난 아통령은 지구에도 이렇게 훌륭한 사람이 있었는지 몰랐다며 지구 정복 계획을 취소하고 되돌아간다. 주인공은 간첩을 돌려보냈다며 뿌듯한 마음으로 집으로 오지만, 어머니는 또 하루 종일 빈둥거리다 왔냐며 언제 쓸모 있는 사람이 될 거냐고 아들을 마구 때린다. 여기가 끝이다.

맥락도 없고, 의미도 없으니 어떤 독자는 '어이가 없다'는 말이 저절로 나온다. 조석의 그림은 그래도 만화답지만 작가 이말년의 그림은 초등학생이 연필이나 볼펜으로 끄적거린 낙서처럼 형편없다. 그런데 이들의 만화에 수많은 젊은 네티즌들이 열광했다. 조석과 이말년의 작품은 2000년대 후반부터 불붙기 시작한 웹툰 붐 속에서도 대표작으로 꼽힌다.

웹툰, 서사가 불가능한 시대에 창조한 병맛과 잉여의 세계

21세기 한국 대중문화의 한 축을 형성한 웹툰의 인기는 '병맛'과 '잉여'라는 신조어로 상징되는 B급 문화의 정수를 보여 주는 장르다. '병맛'은 인터넷에서 유래된 은어로, 어떤 현상이나 사람, 물건, 작품이 형편없거나, 불쾌한 느낌을 주거나, 재수 없거나, 어이없을 때 '병신 같은 맛'이라며 비하하는 뜻으로 사용되는, 냉소적 표현이다. 조롱과 야유, 비난, 비웃음의 감정이 담겨 있다. 이로부터 유래된 '병맛 만화'는 맥락 없고, 뜬금없으며, 형편없고, 의미 없는 만화를 가리킨다.

웹툰을 크게 두 가지로 분류하자면, 단순하거나 조악한 그림에 짧게는 4컷, 길게는 20컷 내외의 길이로 짤막한 단편 에피소드를 담아내는 개그 만화와 배경 및 인물이 어우러진 채색 그림에 공포, 액션, 로맨스, 스릴러 등 장르에 충실한 이야기를 담은 극화체 만화로 분류된다. 병맛 만화는 이중에서 보통 개그 만화에 많다.

그렇다면 병맛은 구체적으로 무엇을 뜻하는가. 먼저, 개연성과 논리성이 결여된 이야기 전개가 병맛을 자아낸다고 할 수 있다. 인물들은 행동의 동기가 없고, 사건은 인과관계를 벗어나기 일쑤다. 한마디로 뜬금없고, 밑도 끝도 없이 인물들이 행동하고 사건이 벌어지며 종결된다. 플롯에 입각한 전통적인 내러티브, 즉 기승전결에 의한 이야기 전개가 이루어지지 않는다. 이를 기승전결에 빗대 '기승전병'이라고 한다. 병맛을 자아내는 뜬금없는 결말이 특징이라는 것이다.

왜 젊은 세대들은 밑도 끝도 없는 이야기에 열광하는가

그런데도 왜 젊은 세대들은 이렇듯 전통적인 서사에서 한참 비껴난 밑도 끝도 없는 이야기에 열광하는 것일까? 한국외대 노어과 김수환 교수는 〈너희가 병맛을 아느냐—웰컴 투 더 '이말년 월드'〉라는 글에서 이렇게 분석한다.

서사를 가진 삶이란 무엇인가. 서사를 가질 수 있는 삶, 기승전결식의 전개를 가진 삶이란 결국 설계와 예측, 준비와 대비가 가능한 삶이다. IMF 이후 한국 사회에서 청년 세대가 느끼는 '성공 서사'의 압박은 익히 알려진 바 대로다. 효과적인 전략과 불굴의 의지를 통해 자신의 삶을 하나의 그럴듯한 내러티브^{말하자면, 웰-메이드 인생}로 완성시키는 그와 같은 성공적 삶의 모델 이면에는 온갖 종류의 '자기계발서'와 '자기소개서' 사이에서 일그러져 버린 청년의 삶이 존재한다. 그런데 만일 이런 '성공 서사'의 모델 뒤편에 아예 삶의 '서사' 자체가 불가능해지는 상황이 자리한다면 어쩌겠는가.

– 김수환, 〈너희가 병맛을 아느냐 – 웰컴 투 더 '이말년 월드'〉 중

서사 자체가 불가능한 삶을 사는 젊은 세대의 좌절감 반영

개연성과 논리성이 부정되거나 결여된 세상을 그리는 병맛 만화가 '성공 서사'는 물론이고, 서사 자체가 아예 불가능한 삶을 사는 젊은 세대들의 좌절감을 반영한 것이라는 분석은 매우 설득력 있다. '서사의 불가능성'엔 두 가지 측면이 있다. 먼저 거시적으로는 '우리 삶의 미래가 예측 불가능하다'는 의미다. 복지 제도가 발달한 서구 국가들의 경우, 교육 · 의료 · 고용 등 최소한의 삶을 유지하기 위한 사회적 안전망이 발달해 있다. 예를 들어 가족이 큰 병에 걸렸다거나 자녀를 출산하거나, 자식이 대학 등 상위 학교로 진급하거나, 일자리를 잃을 경우 등 미처 준비하지 못한 인생의 고비에

정부의 지원을 받을 수 있다. 출생에서 죽음까지 최소한의 생계를 유지할 수 있는 사회 안전망이 존재하기 때문에, 각 사회 구성원들은 이를 바탕으로 자신의 행복을 추구할 수 있는 다양한 교육, 구직, 결혼, 출산 등의 예측 가능한 계획을 세울 수 있다. 반면 우리나라는 복지 제도와 안전망의 미비로 삶의 예측 불가능성이 훨씬 크다. 가족이 아프거나, 자녀를 출산하거나, 자식이 진학·결혼을 할 때 필요한 비용을 개인이 전담하다시피 해야 한다. 집에서 누구 한 명이라도 큰 병에 걸리면 모든 가족이 희생해야 하고, 그것도 모자라 가정이 붕괴되는 경우가 허다하다. 자녀들 교육비를 감당하기 위해 부모가 돈벌이에 '올인' 해야 하는 것이 우리 현실이다. 집값이 폭락하면 하루아침에 빚더미에 몰려 '깡통 주택'을 이고 사는 '하우스푸어'가 된다. 사회학자 울리히 벡이 말했듯이 현대 사회는 사고, 병고, 불황, 환경오염 등이 언제든지 삶을 붕괴시킬 수 있는 '위험 사회'인데, 우리나라같이 예고 없는 위험에 대한 비용을 개인이 감당해야 하는 사회일수록 삶의 예측 불가능성은 더 크다. 우리 삶은 해피엔딩의 기승전결로 전개되는 것이 아니라 불현듯, 밑도 끝도 없이 닥치는 사고와 불행으로 '배드 엔딩'이 될 수도 있다. 삶의 예측 불가능성은 서사의 위기이자 서사의 불가능성이다.

'서사의 불가능성'이 뜻하는 바, 또 하나는 '말할 것이 없음'이다. 대개의 전통적인 서사는 주인공이 시련을 극복하고 부나 명예, 사랑 등 꿈을 이루거나 시대 혹은 타자와 불화하고 갈등하던 주인공이 용서와 화해, 헌신에 이르는 과정을 그린다. 하지만 지금은 어떤가. 상위 1%로 상징되는 선택받은 소수가 아닌 한, 평범한 일반인이 도전할 수 있는 꿈의 크기는 이미 정해져 있거나, 꿈꾸기가 아예 불가능한 상황이 아닌가. 서로 다른 곳에 그어져 있는 출발선이 결승선의 절대 순위를 결정하는 사회가 되어 버린 것이다. 때로는 거북이가 토끼를 이겨야 '서사'가 성립되는데, 토끼가 거북이를 매번 이긴다면 이야기는 불가능해진다.

그저 그런 집에서 태어나 그저 그런 학교를 졸업하고 취업을 못해 무기력한 일상을 사는 젊은이가 있다고 하자. 성공도 아니고 실패도 아닌 삶. 도전할 목표도 없고 꿈꾸기도 어려운 삶. 아무것도 하지 않는 무위의 삶. 결국 우리 사회는 점점 '말할 것이 없는 삶'으로 개인들을 내몰고 있다. 요컨대, '서사의 불가능성'은 말할 것이 없는 과거를 살아온 이들이 예측 불가능한 미래를 살아야 하는 현실을 반영한 것이라 하겠다.

잉여, 쓸모 있는 중심에 편입 못한 주체들의 패배감 뜻하는 자기 비하

그래서, 병맛 만화를 비롯한 웹툰의 주인공은 대개 멍청하고 게으르며 한심하고 '찌질'하다. 보통 백수로 표현되는 사회의 낙오자들이다. 괴상한 망상에 빠져 있거나 사회의 규범에 어긋나는 행동 양식을 보여 주는 이들이 많다. 이들 주인공들은 '잉여'라고 부르는 B급 문화의 '주체화' 과정을 반영한다. '잉여'란 사전 그대로 '쓸모없는 나머지'라는 뜻이다. 이는 B급 문화를 생산하고 즐기는 주체들의 고유한 자기규정, 자기 호명이다. 주류, 즉 쓸모 있는 중

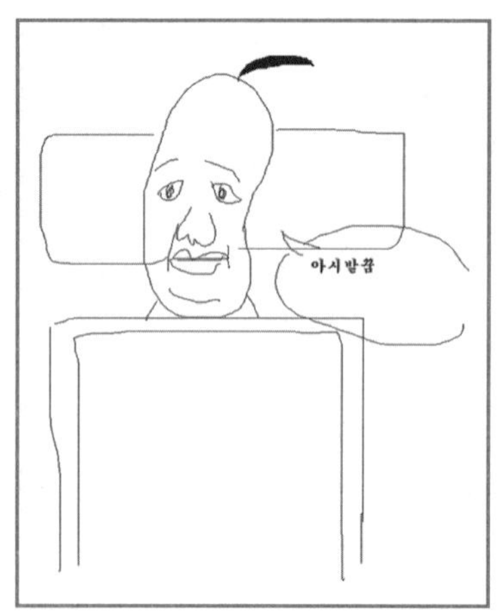

조잡한 병맛 만화의 대표 아이콘 '아시발꿈'

심에 편입하지 못한 주체들의 좌절감과 패배감을 뜻하는 자기 비하적 표현이 바로 '잉여'다.

'잉여'라는 말은 몇 가지 측면으로 나누어 볼 수 있는데, 먼저 위에서처럼 B급 문화를 생산하고 즐기는 주체들이 스스로 부르는 이름이자, 그들이 의미 없이 소일하는 '시간'을 가리키기도 한다. 공부하고, 취업 준비하고, 직장에서 일할 시간에 많은 젊은이들이 인터넷에 '거주'하며 제목이 기괴하게 달린 낚시 기사를 클릭하고 동영상을 보며 만화를 읽기 위해 '스크롤다운'을 하고, 의미 없는 댓글을 단다. 남아서 주체하지 못하는 시간, '잉여'의 시간이다. 그리고 '잉여'의 주체들이 현실의 공간이 아닌 인터넷이라는 '잉여'의 공간에서 '잉여'의 시간에 하는 일은 '잉여짓'이다. 병맛 만화를 그리는 일도 '잉여짓'이고 그것을 읽는 일도 '잉여짓'이며, 그것에 댓글을 다는 일, 그것을 퍼 나르는 일도 '잉여짓'이긴 마찬가지다.

마지막으로 병맛 만화의 특징으로는 과연 만화가의 작품인지 초등학생의 낙서인지 모를 정도로 조잡한 그림체다. 원래 다음과 네이버 등 포털 사이트가 웹툰 섹션을 만들기 전, '병맛 만화'의 산실 역할을 한 곳이 2000년대 중반 〈DC인사이드〉 카툰 연재 갤러리였다. 이 사이트는 지금의 포털 사이트 웹툰 섹션처럼 직업적인 만화가가 작품을 올리던 곳이 아니었다. 사이트 유저들이 자발적으로 만화를 올리는 아마추어들의 공간이었다. 그래서 여기에 오른 대부분의 웹툰이 기존의 만화와는 전혀 다른, 낙서에 불과한 그림체를 갖는 경우가 많았다. 이는 '웰-메이드' 지향의 주류 문화와는 전혀 다른 흐름을 만들어냈다.

결국 B급 문화란 싸고 저급하며 말초적인 '병맛'을 불러일으키는 예술이나 문화이고, 있어도 그만, 없어도 그만이라고 자조하는 자들이 하릴없이 남는 시간에 만들어낸, 있어도 그만 없어도 그만인 '잉여'가 아닐까? 그런 점에서 우리 웹툰은 B급 문화의 가장 전형적인 사례라고 하겠다.

B급⋯⋯ 비판과 폭력, 가학과 자학의 분열증 사이

병맛 만화를 포함한 웹툰은 병맛과 잉여라는 자기 비하의 과잉 속에서 거대 서사를 부정하며, 기존의 가치를 조롱하고, 경쟁과 서열, 낙오 속에서 좌절된 욕망을 배설하며 쾌감을 느끼는 B급 문화의 생리를 보여 준다. 이 과정에서 과장된 자기 비하는 기존 체계에 대한 불만과 분노의 거침없는 폭발을 거치며 유희와 쾌락을 통한 자기만족 혹은 자기과시에 이르게 된다. 한 걸음 더 나아가 병맛을 느끼는 잉여적 존재로서 자의식을 공유하는 은밀한 '연대 의식'을 발전시키게 된다.

이러한 B급 문화의 주체화 과정에는 폭력의 욕망이 개입되거나 가학 – 피학의 다양한 양태가 드러나기도 한다. 그리고 이를 통해 주체들이 다양한 성격으로 분화해 간다. 이는 B급 미디어^{〈DC인사이드〉 〈딴}지일보〉〈오늘의 유머〉〈엠엘비파크〉〈웃긴 대학〉 등의 분화 과정과 비슷한 과정을 겪는다. B급 미디어의 정서적·이념적·정치적 분화 과정은 4장에서 후술하기로 한다.

'병맛'은 단어 자체가 적지 않은 이들의 우려를 산 대로, 장애인을 비하하는 속어 '병신'이라는 말에서 만들어졌다. 2000년대 중·후반, 병맛 만화가 유래한 〈DC인사이드〉의 카툰 갤러리 만화에선 실제로 장애인이나 여성·실업자·빈곤층 등 사회적 약자에 대한 가학적이고 폭력적인 표현이 심심치 않게 담겨 있었다. 자신보다 약한 계층이나 존재들에 대한 가학적 폭력과 스스로에 대한 자학적 표현을 만나기란 어렵지 않다.

자기 비하와 자기과시, 가학적인 언어 폭력과 자학적인 경향이 공존하는 병맛 만화나 B급 미디어에서 보듯, B급 문화를 통해 드러나는 욕망이란 늘 이중적이다. 주류 사회에 진입하고자 하는 소망과 그것이 불가능한 현실에 대한 좌절감이 하나의 짝패를 이룬다. 기존 체제에서 성공^{상승}하고자 하는 욕망이 기존 체계에 대한 분노 및 불만과 쌍을 이룬다. B급은 기존 가치를 전복하는 비판적인 예술 작품이나 행동 양식으로 나타나기도 하지만, 기성의 서열과 위계를 강화시키는 폭력적인 성향으로 드러나기도 한다. 2000년대 중반까지의 〈DC인사이드〉에는 두 가지 경향이 한 덩어리를 이루고 있었으나 노무현 정권과 이명박 정권을 거치면서 점차 분화되기 시작한다. 다양한 정치, 사회적 계기 속에서 중도 진보적인 성향과 일부 극우 성향의 흐름이 나뉘기 시작한 것이다. 전자의 흐름을 대표하는 것이 〈오늘의 유머〉〈엠엘비파크〉 등이라면 후자의 흐름을 대표하는 것이 〈일베^{일간베스트저장소}〉 등이다.

〈일베〉와 같은 극우 성향의 사이트에 올라오는 글과 웹툰에는 여전히 여성, 이주 노동자, 장애인 등 사회적 약자에 대한 끔찍할 정도의 언어폭력과 가학적 시선이 보인다.

반면, 포털 사이트 웹툰은 사회에 대한 비판적인 시각을 상당히 순화된 방식으로 보여 준다. 최근의 웹툰은 '이말년 씨리즈'나 〈마음의 소리〉〈웃지않는 개그반〉〈선천적 얼간이〉〈놓지마 정신줄!!〉 등의 개그 만화, 〈결혼해도 똑같아〉〈생활의 참견〉〈일상날개짓〉 등의 일상툰^{일상적인 감정이나 사건을 그린 카툰}, 그리고 다양한 장르 스토리물로 나눌 수 있다. 공포, 액션, 스릴러 등의 극화체 장르 만화는 외모 지상주의^{〈삼봉이발소〉}나, 88만원 세대의 현실^{〈가오스전자〉〈천리마 마트〉}, 흉악 범죄^{〈살인자O난감〉} 등 세태를 반영하고 풍자한 작품들이 인기를 끌고 있다.

병맛 만화를 포함한 웹툰에는 기상천외한 발상과 재치 넘치는 표현으로 무릎을 치게 하고 눈물과 웃음을 자아내는 작품이 있는가 하면 때론 보는 사람으로 하여금 눈살을 찌푸리게 할 정도로 악의적이고 폭력적인 것도 있다. 그렇다면 우리는 다양한 가치와 스타일, 정치적 지향이 공존하는 이 웹툰을 과연 'B급'이라는 한 단어로 묶어 부를 수 있을까라는 질문에 봉착하게 된다. 이는 극우적인 발언과 네티즌들의 목소리가 지배하는 〈일베〉와 온건하고 진보적인 성향의 〈오늘의 유머〉 등 B급 미디어 사이트를 어떻게 바라볼 것인가라는 문제와도 연관돼 있다.

분열증의 배후…… 소외되고 좌절된 욕망, 풍자냐 자살이냐

B급이 주류 질서에 대한 냉소적이고 비판적인 태도이고, 주류 문화로부터 이탈한 하위 집단의 스타일이자 개성의 양식이라는 규정을 환기해 보자. 논란의 여지에도 불구하고 우리는 정치적 성향에 있어서의 좌우를 막론하고 이들 웹툰과 비주류 미디어의 저변에 흐르고 있는 정서와 감성은 분명 'B급'이라 할 수 있을 것이다. 다양한 정치적 성향과 세계관에도 불구하고, 이들은 공통적으로 주류에서 배제된 B급의 구술 언어를 사용하고 있다는 점만으로도 이들이 공유하고 있는 B급의 정서를 읽어내기란 어렵지 않다.

B급은 하나의 태도이자 스타일이며, 개성을 드러내는 양식일 뿐만 아니라, 정말로 중요한 것은 그것을 통해 드러나는 욕망이다. B급 예술과 문화, 미디어에 남겨진 욕망의 흔적이며, 체제와 욕망이 균열을 일으키는 틈에서 솟아난 상상력이다. 주류 예술과 문화, 미디어에서 제자리를 찾지 못하고 좌절된 욕망은 B급의 예술과 문화, 미디어를 통해 흔적을 남긴다. 주류에서 수용되지 못한 욕망이란 '잉여'의 욕망이며, 체제와 불화하는 '무의식의 소망'이다. 좌절된 욕망, 잉여의 욕망, 불화하는 욕망, 그래서 무의식의 소망은 늘 주류 바깥으로의 탈주를 꿈꾼다.

좌절된 잉여의 욕망이 피워 올린 상상력의 폭발적 힘

마지막으로 주류와 좌절된 욕망의 틈에서 피어 올린 상상력의 산물로서의 웹툰이, 한국 주류 문화에 가지고 온 폭발적인 힘을 지적하지 않을 수 없다. 미국에선 1930~1940년대부터 잡지, 단행본 형태의 출판 만화가 큰 인기를 끌었으며, 이는 오늘날 '그래픽 노블_{삽화 중심의 소설}'이라는 장르로 불린다. 슈퍼맨부터 배트맨, 스파이더맨, 원더우먼, 엑스맨, 헐크 등 할리우드 영화의 거의 모든 슈퍼 히어로가 '그래픽 노블'에서 탄생한 캐릭터들이다. 그래픽 노블이 없었다면 할리우드 영화도 존재하지 않는다고 감히 말할 수 있을 정도로 그래픽 노블은 오늘날 할리우드 영화가 가진 상상력의 주된 원천이 되고 있다.

한국영화에선 그래픽 노블의 역할을 대신하는 것이 바로 웹툰이다. 〈아파트〉〈순정만화〉〈바보〉〈그대를 사랑합니다〉〈이웃사람〉〈26년〉 등 작가 강풀의 웹툰이 영화화됐고, 윤태호의 〈이끼〉〈미생〉, 이종규의 〈전설의 주먹〉, Hun의 〈은밀하게 위대하게〉도 스크린으로 옮겨졌다.

주호민의 〈신과 함께〉, 꼬마비·노마비의 〈살인자O난감〉, 현기증의 〈사이코스릴러엄마〉, 하일권의 〈목욕의 신〉 및 〈3단합체 김창남〉, 황미나의 〈보톡스〉, 강형규의 〈라스트〉, 장이의 〈미확인 거주물체〉, 정연식의 〈더 파이브〉 등도 2013~2014년 내에 개봉할 영화의 원작이다.

'바깥'의 정치적 기운과 상상력이 강남성과 만난 현상이 강남 좌파라면, '바깥'의 상상력이 주류와 만난 것을 우리는 '강남 B급'이라고 명명할 수 있을 것이다. 1%의 목소리를 폭력적으로 대리할 것인가, 99%가 연대한 건강한 아우성이 될 것인가. B급은 끊임없이 분열하는 문화의 세포이자, DNA이다. 그러므로 문제는 진화의 방향이다.

4장

B급 정치하다, 99%의 목소리

'바깥'의 정치적 기운과 상상력이 강남성과 만난 현상이 강남 좌파라면, '바깥'의 상상력이 주류와 만난 것을 우리는 '강남 B급'이라고 명명할 수 있을 것이다. 1%의 목소리를 폭력적으로 대리할 것인가, 99%가 연대한 건강한 아우성이 될 것인가. B급은 끊임없이 분열하는 문화의 세포이자, DNA이다. 그러므로 문제는 진화의 방향이다.

안철수와 박찬욱
강남 좌파 혹은 강남 B급의 궁극

나는 사나이/ 점잖아 보이지만 놀 땐 노는 사나이/ 때가 되면 완전 미쳐버리는 사나이/ 근육보다 사상이 울퉁불퉁한 사나이/ 그런 사나이/ …… / 오빠 강남스타일

— 싸이, 〈강남스타일〉 중

박근혜 후보든 혹은 민주통합당의 문재인 후보든 또 안철수 원장이든 20대, 30대에게 어필하려면 이른바 '강남성'을 가져야 합니다. 최근에 싸이의 〈강남스타일〉이 전 세계적으로 떴잖아요. 그 노래와 뮤직 비디오는 한국 사회에서 강남의 바뀐 위상을 상징적으로 보여 주는 일이라는 생각이 들어요. 일단 강남에서 나고 자란 가수 싸이가 말하는 〈강남스타일〉의 강남은 1980년대의 '강남 졸부', 1990년대의 '강남 오렌지족'과는 다른 강남이에요. 부끄러운 강남이 아니라 닮고 싶은 강남입니다. (……) 예를

들어 이런 거겠죠. 촌스럽지 않고 (자기 생각과 다른) 타인을 배려할 줄 알고, 다양성을 인정하고, 시야가 국내에 갇힌 게 아니라 국제적인 그런 모습들이요. 한국에서 이런 강남성은 또 다른 힘입니다. 이런 강남성에 제일 환호하는 게 바로 20대, 30대입니다. (……) 이런 그들의 마음을 사로잡으려면 '세계 시장에 내놓아도 부끄럽지 않은 매력적인 상품'으로서의 대통령상을 보여줘야 합니다. 그런데 박근혜 후보는 '강북 우파'에 가깝잖아요. 민주통합당의 후보들도 그런 점에서는 괜찮은 상품이 아닙니다. '강북 좌파'입니다. 그러니까, 그들이 자연스럽게 안철수 원장한테 주목하는 겁니다. '강남 좌파' 대통령에 제일 근접하거든요. 아까 전홍기혜 기자가 안철수 원장이 다른 건 몰라도 '문화는 진보' 같다고 했는데, 그 실체가 바로 강남성입니다.

– 〈프레시안〉 2012년 8월 31일, '정치 몰입: 박성민–이철희–전홍기혜, 대선을 말하다' 중 박성민의 발언

국내의 대표적인 좌파 경제학자로 꼽혔던 고^故 정운영 선생은 1990년대 중반 서울대에서 마르크스 경제학인 '공황론'을 강의하면서 이런 이야기를 한 적이 있다. 정 교수가 젊은 시절 유럽^{벨기에}에서 유학을 할 당시 휴가 때면 스위스 알프스 산맥에서 스키를 즐기던 많은 마르크스주의 경제학자들이 있었다는 것이다. 90년대 중반만 해도 대학 내에서는 여전히 '진보' '좌파' 담론의 영향력이 컸던 때고, 이는 곧 '가난과 착취의 사슬을 끊는 노동자 민중의 정치 세력화'를 주장하는 것으로 인식될 때였다. 그만큼 '알프스에서 휴

가를 즐기며 스키를 타는 부유한 마르크스주의자들'은 피 끓는 대
학 내 청년 좌파에겐 생소하기 짝이 없는 것이었다. 자본주의 체제
아래에서 빈곤에 신음하고 착취에 고통받는 프롤레타리아 계급의
'해방'을 운운하는 좌파에게 '알프스에서 스키를 탄다는 것'은 부
패한 부르주아 사회의 '떡고물'이나 받아먹는 배신 행위였고, 표리
부동의 속물적 행태에 다름없었다. 그러나 정운영 선생은 '이제 마
르크스주의는 단순한 빈곤의 담론을 벗어나 풍요를 포함한 새로운
문제 설정을 해야 하는 것이 아닌가'라는 질문을 수강생들에게 던
졌다. 마르크스 경제학이 한국에 뿌리를 내리기도 전에 유럽의 경
우를 비추어 오늘날 한국 사회의 중요한 현상으로 대두한 '강남 좌
파'의 출현을 예언한 탁월한 혜안이지 않을까 싶다.

강남 좌파, 위선인가 대안인가

'강남 좌파'는 '강남'으로 상징되는 사회·경제적 지위를 누리
고 있으면서도 정치적으로는 진보적인^{좌파적인} 세계관을 가진 계층이
나 세력을 뜻한다. 경제적으로는 '부르주아' 계급에 속하지만 정치
적으로는 평등주의를 지향하는 계층이 한국에서만 특수한 것은 아
니다. 우리보다 앞서 자본주의가 발달한 유럽과 미국에서 일찌감치
그리고 광범위하게 나타난 현상이었다.
'강남 좌파'에 해당하는 미국의 용어는 '리무진 리버럴'이다.
리무진을 타고 다니는 '자유주의자'라는 뜻으로, 미국에선 리버럴,

즉 자유주의자가 대체로 '진보주의자' 나 '좌파' 를 의미한다. 경제적으로 상류층이나 중산층에 속하지만 진보적인 정치 성향을 갖는 '부자 좌파' 를 비꼬는 말로, 1969년 민주당의 뉴욕시장 출마 지원자 마리오 프로카치노가 당시 뉴욕시장인 공화당의 존 린제이와 그의 부자 지지자들을 비난하면서 처음 사용됐다. 이후 리무진 리버럴은 시민에게 대중교통 이용을 권장하면서도 자신은 리무진이나 전용 비행기를 타고 다니고, 친환경주의를 표방하면서도 매연을 뿜는 고급 스포츠카나 SUV를 몰며, 공교육을 우선시하면서도 자신의 자녀들은 값비싼 등록금을 내는 사립학교에 보내는 이들의 이중적이고 위선적인 행태를 조롱하는 말이 됐다. 부자들이 많이 모여 사는 뉴욕 센트럴파크 인근을 빗대 '5번가의 리버럴5th Avenue Liberal' 이라고도 부른다.

프랑스에선 '비싼 철갑상어 알캐비어을 먹는 좌파' 라는 뜻의 '고슈 캐비어' 라고 부르고 영국에선 '샴페인 사회주의자' 혹은 비슷한 뜻의 '볼린제 볼셰비키' 라고 이른다. 호주에서도 와인의 한 종류를 빗대 '샤도네이 사회주의자' 라고도 한다. 독일에서는 이탈리아 토스카나 지방에서 휴가를 보내는 이들이라는 뜻으로 '토스카나 프락치온' 이라 이른다. 이탈리아 언론에서 많이 쓰이는 '래디컬 시크', 네덜란드의 '살롱 사회주의자', 폴란드의 '커피숍 혁명가' 도 비슷한 뉘앙스다. 일본에선 약간 뜻은 다르지만 부잣집에서 태어나 철모르는 사회주의자라는 뜻으로 '좌익 도련님보쟌 사요쿠' 이라는 표현을 쓴다.

'리무진 리버럴' 의 한국 버전이라 할 수 있는 '강남 좌파' 라는 용어는 전북대 강준만 교수가 《강남 좌파-민주화 이후의 엘리트주의》에서 지적한 대로 민주화 이후 등장한 노무현 정부에서부터 비롯된 것이라고 할 수 있다. 이에 따르면 노무현 전 대통령 스스로가 골프와 요트를 사랑하며 강남의 라이프스타일을 즐기는, 잘나가던 세무 변호사였고, '대단히 선진적인 강남파'로서의 면모를 가지고 있었다. 이어 진보를 표방한 노무현 정부 아래에서 고위 공직자들의 막강한 재력과 거액의 재산 증식이 문제가 됐고, '부동산 투기와의 전쟁'을 벌이면서 한편으로는 부동산 투기에 열을 올린 것이 아니냐는 의혹이 제기되면서 '배부른 진보'라는 비난에 맞닥뜨린 상황이 바탕이 됐다.

여기엔 2006년 3월 1일 이해찬 당시 국무총리가 부산에서 노무현 정권에 정치 자금을 제공한 상공인들과 골프를 쳐 논란을 빚은 '3·1절 골프 파문'이 결정적인 계기가 됐다.

'강남 좌파'라는 말이 언론에 처음 등장한 건 2006년 3월 13일 〈동아일보〉 편집국 부국장 박영균이 쓴 '내기 골프 즐기는 강남 좌파'라는 제목의 칼럼으로 보인다. (……) 칼럼에서 박영균은 '요즘에 잘나가는 사람들을 강남 좌파라고 부른다. 아마도 생각은 좌파적인데 생활수준은 강남 사람에 못지않다고 해서 붙여진 이름인 듯하다. 골프를 너무나 좋아하다가 탈이 난 이해찬 총리가 대표적인 사례가 아닐까. 지난달 발표된 고위 공직자 재산 내용을 보면 이 총리와 비슷한 강남 좌파의 실체를 확인할 수 있다. 부자들을 부동산 투기꾼으로 몰아 공격하던 정권의 핵심 실세들

중에도 이런 부류의 사람들이 적지 않다’ 며 다음과 같이 말했다.

– 강준만, 《강남 좌파–민주화 이후의 엘리트주의》 중

강 교수가 책에서 인용한 〈동아일보〉의 칼럼은 ‘스스로가 부동산을 포함해 재산이 많은데도 다른 부동산 부자들을 투기꾼으로 비난하고 자신은 결백하다고 주장’ 하며, ‘반미 자주를 외치면서도 자식들은 미국에 유학 보내’고, ‘본인들이 즐기는 골프나 요트 등 고급 스포츠는 건강을 위한 투자이고 남이 하는 스포츠는 과시형 사치라고 여기는’ 정치인들을 강남 좌파로 규정한다.

이처럼 ‘강남 좌파’ 라는 개념은 부정적인 뉘앙스를 더 많이 품은 채 세상에 나왔지만, 점차 긍정적으로 받아들여지기 시작했다. 급기야 강남 좌파의 아이콘이 된 서울대 법학전문대학원 조국 교수는 2012년 한 신문과의 인터뷰에서 ‘강남 좌파란 별명이 마음에 드느냐’ 는 질문에 이렇게 털어놓았다.

제가 사는 곳이 서초구니까 강남 3구에 사는 건 맞고, 좌파도 맞네요. 원래 강준만 교수가 비꼬는 말로 쓴 건데, 처음엔 좀 거북했어요. 지금은 ‘나도 강남 좌파다’ 라고 나서는 분들이 나오고 있어요. 인식이 많이 바뀐 거예요. 우리 사회에 강남 좌파뿐 아니라 강북 좌파, 부산 좌파가 더 많아져야 합니다. 그게 자연스러운 겁니다. 부유하면 보수고, 가난하면 좌파라는 건 너무 기계적인 거죠.

– 조국, 2012. 9. 8 〈부산일보〉 인터뷰

강남 좌파, 사회 변혁의 새로운 주체화와 프레임

그렇다면 강남 좌파란 실체가 있는 개념일까? 대통령 선거가 끝나고 지역별 후보의 득표 분석에서 강남 좌파의 한 징후를 읽을 수 있었다. 2012년 12월 중앙선거관리위원회가 발표한 자료에 따르면 민주통합당 문재인 후보는 서울의 25개구 가운데 20개구에서 승리를 거뒀으며 특히 한국의 고소득 상류 계층이 밀집한 강남 3구, 강남·서초·송파구에서 43%의 득표율을 기록한 것으로 나타났다. 진보 성향의 야권으로서 역대 최고 수준의 득표율이었다. 문 후보는 서울 평균 득표율[51.4%]보다는 낮지만 강남구에서 39.5%, 서초구 41%, 송파구 47.5% 등 두루 높은 득표율을 보였다. 송파구에선 새누리당 박근혜 당선자와의 격차가 5%P도 안 됐다. 이를 17대 대통령 선거와 비교하면 큰 차이가 난다. 당시 한나라당 이명박 후보는 강남 3구에서 62.5%를 득표했으며, 정동영 대통합민주신당 후보는 17.6%를 얻는 데 그쳤다.

강남 좌파는 강남이라고 상징되는 한국 자본주의의 '은밀한 욕망'과 '좌파'로 집약되는 개혁·평등을 향한 정치적 이념이 결합된 현상이다. 2000년대의 한국 사회에서 '강남'이란 수억~수십억에 이르는 자가 소유의 집을 비롯해 의사, 법조인, 고위 공무원, 기업 CEO 등 고소득 전문직 종사자를 뜻하며, 명품, 유학, 고급 수입차, 해외여행 등을 떠올리게 하는 개념이다. 다른 말로 하면 자본주의 사회의 무한 경쟁으로부터 승리한 자들을 일컫는 이름이며 한국 사회에서 '성공'의 증거이자 종착역이다. '성공한 부자'들이 부의 평등한 분배와 인권, 민주주의, 공익, 약자 보호, 환경 등에 대한 진보적 가치와 감수성을 적극적으로 보여 주고 있다는 점은 '위선적'이라는 비아냥 속에서도 한국 사회에 고무적인 현상으로 받아들여지고 있다. 이것은 보수적인 의미에서는 선택받은 자들이 마땅히 가져야 할 덕목, 즉 '노블리스 오블리제'이며, 진보적인 시각에선 '사회 변혁의 새로운 주체화와 프레임'을 뜻한다.

강남 좌파의 주체는 386세대를 중심으로 하는 위아래의 연령층으로 2013년 현재 50대로부터 밑으로는 30~40대까지를 아우른다. 가장 핵심층인 386세대의 경우 1980년대 학생운동을 경험했거나 대학 내 진보주의적인 분위기로부터 강력한 영향을 받던 세대다. 많은 학생운동권 출신 인사들이 위장 취업이나 비밀조직운동 등에 헌신하며 민주주의 투쟁을 이끌었고, 한편에선 졸업 후 고시나 취업, 유학 등을 통해 교수, 의사, 법조인, 전문 경영인 등으로 진출했다. 김대중 정부와 노무현 정권이 들어서면서 '지하'에서 활동하던 이들은 직업 정치인으로 변신해 제도권으로 들어왔다. 이들은 고학력, 고소득 엘리트층으로 자리를 잡았지만 여전히 진보주의적인 열망을 갖고 있다. 이들의 아랫세대인 30~40대의 경우 80년대 학번이 대학 내에 남긴 진보적 이념, 이론, 실천의 유산을 받으면서도 한편으로는 급속한 개인주의화와 대중문화 발전의 영향권 내에 있었다. 민주주의 운동에 '투신'과 '헌신'을 미덕으로 삼았던 386세대가 90년대 이후 '제도권' 안으로 들어가며 사회의 엘리트가 된 것은 '변신'이나 '변절'이었지만, 90년대 학번 이후 세대들에겐 개인의 욕망이 운동의 반정립이 아니라 '조건'이었다. 개인의 욕망에 대한 충족이 없는 운동은 맹목이었고, 운동 없는 개인의 욕망은 공허할 뿐이었다. 이렇게 해서 '강남'으로 상징되는 욕망과 '좌파'로 일컬어지는 진보와 평등의 열망이 결합된 것이다.

강남성을 기반으로 한 '엄친아' 정치인, 안철수

안철수 의원은 지난 대선에서 강남 좌파의 아이콘이 됐다. 의사와 벤처 사업가, 양심적인 지식인으로서 안철수는 강준만 교수가 지칭한 대로 '강남성^{합리성, 배려, 닮고 싶은 매력, 촌스럽지 않음, 글로벌 경쟁력 등 강남이 가지고 있는 긍정적 이미지}'을 기반으로 한 '엄친아'로서 각광을 받은 것이다.

> 안철수는 자신의 힘으로 성공을 이룬 대표적인 '엄친아'다. 그러면서도 강남 좌파다. (……) 안철수에 대한 대중의 열광도 강남성에 대한 열망을 전제하지 않고는 이해할 수 없다. 대중은 그를 강남성을 가장 잘 구현한 인물로 인식하고 있다.
>
> – 강준만, 《강남 좌파 – 민주화 이후의 엘리트주의》 중

이렇듯 '안철수 신드롬'이 노무현 정권에서 비롯된, 강준만 교수의 표현대로라면 '민주화 이후의 엘리트주의'로서 강남 좌파의 흐름을 이어간 현상이라고 해도, 과거의 강남 좌파와는 현격히 다른 측면이 있다. 바로 안철수 신드롬은 기존 제도 정치권의 '바깥'에서 일어난 변혁이었다는 점이다.

기존 제도 바깥의 상상력 아우르는 B급 정서

여기서 우리는 '강남 좌파'와 'B급 문화'를 매개하는 중요한 계기를 발견한다. 바로 B급 문화는 '바깥의 상상력'이라는 점이다. B급은 주류 바깥의 상상력이며, '시스템'의 바깥을 지향하고, '기준규범'의 바깥에서 생성되고,

대표적 강남 좌파 정치인 안철수 의원

'제도'의 바깥에서 활동한다. 안철수에게 대중이 열광한 이유는 그가 뛰어난 엘리트라는 강남성에도 있었지만, '기존 정치 제도권의 바깥에 있었다'는 점에도 존재한다. 그는 시골의사 박경철과 함께 다닌 〈청춘 콘서트〉로 바람을 일으켰고, TV 토크쇼 〈무릎팍 도사〉와 〈힐링 캠프〉는 일종의 대선 출정식이 됐다. 그는 출마와 사퇴, 단일화 등 모든 선거 과정 속에서 주류 미디어의 관습을 탈피해 '바깥'에서 지지자들을 만나고 제도의 '바깥'에서 말했다.

돌이켜보면 안철수 신드롬으로 불거진 '바깥의 흐름'은 우리 현대사에서 전혀 새롭거나 낯선 것만은 아니었다. 1980년대, 진정한 정치와 민중의 목소리는 청와대와 국회의사당이 아닌 대학과 거리에 있었고, 2000년대에는 서울광장과 '촛불시위'에 있었다. 바깥의 흐름은 면면했다.

모순성과 이중성 지닌 양날의 칼…… 강남 좌파, 강남 B급

'바깥'의 정치적 기운과 상상력이 강남성과 만난 현상이 강남 좌파라면 문화 영역에서 '바깥'의 상상력이 주류와 만난 것을 우리는 '강남 B급'이라고 명명할 수 있을 것이다. 말하자면 강남 좌파의 문화적 표현이 강남 B급이다. 강남 좌파가 '부자 좌파'를 뜻한다면, 강남 B급은 '주류로 수용된 B급'을 의미한다. 강남 좌파가 1980년대 민주화운동과 90년대 이후 경제적 발전의 결과물이라면 강남 B급 역시 1980년대 문화예술운동과 1990년대 이후 대중문화 발전의 산물이라고 할 것이다. 앞서 보았듯 1980년대 민중미술 출신의 작가들이 1990년대 이후 키치와 팝아트를 전면에 내세우며 B급 미술을 자처하고 나선 것이 그 증거라 하겠다. 강남 좌파가 정치 · 경제적인 민주화에 대한 지향이라면 강남 B급은 문화적 다양성과 민주주의에 대한 요구이다.

강남성과 B급 문화의 결합체로서의 '강남 B급'은 한국 영화계에서도 확인된다. 한국 영화계 인사들은 김대중 정부 시절, 범여권 지지 성향이 강했으나 노무현 정부 들어 여권과 민주노동당 지지로 분화됐으며, 지난 2008년엔 민주노동당이 분리되자 대거 진보신당으로 당적을 옮겼다. 여기에는 박찬욱, 임순례, 변영주, 심재명 등 한국 영화계의 '주류 인사'들이 대거 포함됐다.

특히 박찬욱 감독은 최동훈, 류승완, 김지운, 봉준호 등 한국영화의 새로운 흐름을 이끈 동료들과 더불어 B급 영화광이자 좌파로 분류되는 정치적 성향을 가진 대중 예술인이다. 그는 회화 · 사진 ·

건축·철학·문학·음악에 이르기까지 고전과 고급 취향의 주류 예술에 깊은 조예와 심미안을 가진 한편으로 미국과 유럽, 일본의 B급 영화에 대한 열렬한 지지자이기도 하다. 현재 한국영화를 대표하는 또 다른 감독인 봉준호도 마찬가지다.

엘리트이면서 엘리트주의에 반하는 B급 영화광

이들은 대규모 영화 산업의 중심에서 자본주의로부터 철저한 수혜를 받는 대중 예술인이지만, 주류 미학과 권위주의 정치 체제, 자본주의적 착취를 반성하고 비판하는 작품과 활동에 주저하지 않는다. 주류 예술에 깊은 심미안을 가졌으면서도 비주류 예술에 열광을 보낸다. 엘리트이면서도 엘리트주의에 반하는 면모를 아우른다.

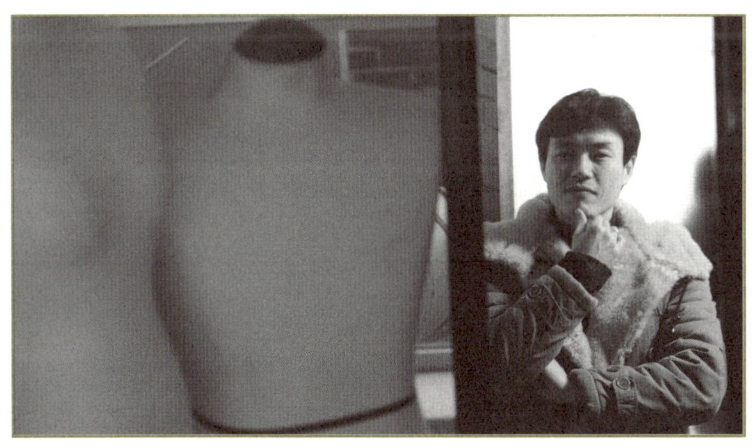

주류 미학과 권위주의에 저항하는 B급 마니아 류승완 감독

이들은 대규모 자본에 기반한 상업 영화를 만들어내면서, 독립·예술 영화의 추종자이기도 하다.

그러므로 B급 문화가 그렇듯, 강남 좌파나 강남 B급도 모순적이고 이중적인 속성을 가진 '양날의 칼'이라고 하겠다. 강남 좌파가 배부른 진보의 가식과 위선이 될 수 있는 것처럼 강남 B급, B급 문화 역시 주류의 한가한 취향이 될 수도 있다. 강남 B급도 주류를 파고든 비주류의 뜨거운 목소리가 될 수도 있지만, 한갓 대자본에 기반한 주류 예술의 마케팅 전략이 될 수도 있다는 말이다.

그럼에도 명확한 것은 강남 좌파가 정치적 다양성과 민주주의를 지향하듯, 강남 B급은 문화적 다양성과 문화민주주의를 욕망한다는 사실이다. 만인의, 만인에 의한, 만인의 즐길 권리, 누구나 재미와 유희를 누릴 쾌락의 권리, 누구나 예술을 창작할 수 있는 권리 말이다.

B급 문화는 '바깥 문화' 다
2002 월드컵에서 2008 촛불시위까지, 광장의 목소리들

B급…… 바깥의 상상력, 바깥으로 탈주하는 힘

B급 문화는 A급 문화, 즉 주류의 태내에서 생성됐지만, 주류의 외부를 꿈꾸며, 주류의 주어진 궤도에서 탈선함으로써 주류의 바깥으로 탈주하는 문화다. 주류의 궤도 바깥에 놓인 거친 땅에서 호흡하고 뒹굴며 자라나, 주류의 중심을 습격하고, 주류의 중심을 해체하는 문화다. B급은 늘 여기에 없는 것을 상상한다.

B급 문화가 체제의 외부로 달려가며 발산하고, 확장하며 중심을 해체하는 '구심력'의 문화라면, A급 문화는 늘 중심을 향해 집중하고 중심으로 수렴되는 '원심력'의 문화다. B급 문화가 여기 없는 것을 꿈꾸는 '바깥의 문화'라면, A급 문화는 지금 여기 있는 것에 안주하고 기존의 가치를 강화하는 '안의 문화' '내부의 문화'다. B급 문화가 '광장의 문화'이며 '열린 문화'라면, A급 문화는 '밀실

의 문화'이며, '닫힌 문화'다.

A급이 지향하는 중심과 내부, 밀실이란 무엇인가? 제한된 자리, 제한된 공간, 소수의 선별된 사람들만이 입장할 자격을 얻은 곳이다. 선택받은 소수가 폐쇄된 공간에서 누리는 값비싼 '실내악'의 향연이 A급 문화라면, 무한으로 확장된 공간에서 다양한 다수가 어우러져 아우성을 내는 곳이 B급 문화다. A급은 늘 밀실에서 이루어지는 '그들만의 리그'에 참여할 수 있는 입회 원서를 극단적인 소수에게 제한함으로써 기존의 권력을 강화한다. 반면 B급의 광장은 어떤 자격증이나 입회 원서도 필요치 않는, 만인에게 열린 공간이다. 그럼으로써 B급은 밀실의 권력을 해체한다. A급은 소수를 선별하지만 B급은 만인과 연대한다.

그래서 우리는 주류와 비주류, A급과 B급 문화로 나눌 것이 아니라 '안의 문화'와 '바깥 문화'의 차이와 대립의 시각으로 우리 앞에 놓인 현상을 설명해야 할 것이다. A급과 B급의 구별이 뜻하는 것은 무엇인가? 그것은 순위이고 우열이며 서열이고 위계의 사고방식이다. 알파벳의 순서대로 A가 먼저이며, A가 우선이고, A가 우월하며, A가 위라는 발상, B는 두 번째이며, B는 부차적이고, B는 열등하고, B는 아래라는 생각이다. 선형의 상상력이며 수직의 사고방식이고 위계와 차별의 구조다.

반면 '안의 문화'와 '바깥 문화'라고 했을 때 우리는 공간의 상상력, 수평의 사고방식, 경계와 평등의 구조로서 상황을 바라볼 수 있게 된다. A와 B의 차이. 그것은 우열이나 선후, 상하가 아니라 단지, 안과 바깥의 차이인 것이다. 문제는 서열이 아니라 경계이며 공간이다.

밀실과 닫힌 체계의 주류 문화 - 광장과 열린 흐름의 B급 문화

　지난 2008년 미국산 소고기 수입 반대 운동이 전국적으로 거세게 일었을 때, 수만 수십만의 사람들이 '바깥'으로 나왔다. 분노의 주먹을 쥐고 달려나온 사람도 있었고, 다정하게 연인의 손을 잡고 데이트를 나온 이도 있었으며, 어린 자녀들과 함께 나들이를 나온 가족도 있었다. 이들은 서울광장에 모였고, 광화문 거리를 휩쓸었으며, 도심 곳곳을 거닐었다. 당황한 이명박 정부는 광화문 이순신 장군 동상 앞에 커다란 컨테이너 몇 대를 쌓아 놓고 둘러 세워 경계를 쳤고, 서울광장에서 청와대 방면의 진로를 폐쇄했다. 시위자들

이명박 정부가 광화문에 쌓은 컨테이너 바리케이드 '명박산성'

은 광화문광장에 흉물스럽게 들어선 컨테이너 바리케이드를 '명박산성'이라고 조롱했다.

'명박산성'은 체제의 안과 바깥을 가르는 경계로서 그 어느 것보다 상징적인 '조형물'이었다고 할 수 있을 것이다. 실용적인 목적으로 만들어낸 것이라기보다는 차라리 그 자체로 시대를 풍자하고 권력을 은유한 '설치 미술'이었다. '명박산성'이라는 제목이 붙은 키치이자, B급 조형 예술품이었다. 이 '작품'은 중심과 '밀실' '닫힌 체계'를 지향하는 주류의 권위와 바깥·광장을 지향하고 '열린 흐름'을 생성하는 탈주의 힘 사이의 차이와 대립을 보여 줬다. '명박산성'의 한편에는 '안의 문화'가 있었고, 다른 한편에는 '바깥 문화'가 있었다. '안'은 유신과 군사 독재로 상징되는 과거의 유령이 음울하게 떠도는 화석화된 고성이었고, '바깥'은 쾌활한 아우성과 즐거운 웅성거림, 아이들의 재잘거림이 가득 찬 현대식 광장이었다. 2008년 서울의 광화문은 70~80년대식 권력 행사와 21세기의 목소리가 첨예한 대조를 이루는 과거와 미래의 '전선'이었다.

물론, 과거에도 기존의 권위와 체계에 도전하는 함성은 언제나 '거리'에 있었다. 하지만, 80년~90년대식 저항은 '안'과 또 하나의 '안', 중심과 또 다른 '중심', '닫힌 체계'와 또 한편의 '닫힌 체계' 사이의 대결로 이루어졌다. 군사 독재와 권위주의 체제에 도전하고 저항하는 세력조차 또 다른 상명하달, 지도-동원, 지배-복종의 닫힌 체계를 만들었다. 말만 잘못해도 어디론가 끌려가 처벌받는 엄혹한 시대에 필수불가결한 저항의 방식이었다고 해도, 과거

시위나 민주화운동의 양상은 권위주의 체제의 '거울'이었다. 386세대(2010년 이후 586세대가 된)가 이끌었던 80년대의 운동이란 소수의 선택된 엘리트가 '비밀 지도부'를 만들어 전략과 전술을 창조하며, 이것을 점조직 체계를 통해 하부 단위에 '전달'하면, 각 조직원들은 대중을 동원해 시위나 거리 투쟁에 나서는 방식이었다. 하지만 2008년 촛불시위는 과거와는 전혀 다른 양상을 보여 줬다. 전국적인 '지도부'의 전략 전술, 일사불란한 지휘 아래 대중이 동원되는 방식이 아니라, 익명의 개인들이 온라인을 통해 자발적으로 '제안'하고 참여하며 이루어지는 형태를 띠었다. 이러한 변화는 어떻게 가능했을까? 새로운 집단적 경험을 가진 대중과 세대의 출현 때문이었다.

월드컵에서 촛불시위까지, 새로운 세대의 출현을 낳은 광장의 경험

그들의 첫 등장은 2002년으로 거슬러 올라간다. 2002년 한일월드컵 응원전과 촛불시위(두 여중생이 미군의 장갑차에 의해 희생된 사건에 항의한 시위), 노무현의 대통령 당선으로 이어지는 일련의 사건들에 대해선 이미 많은 글이 있지만, 당시 가장 발 빠르고 날카롭게 현상을 분석한 자료 중 하나가 2003년 6월 광고 대행사 제일기획이 발표한 보고서 〈대한민국 변화의 태풍? '젊은 그들'을 말한다〉이다.

패배주의와 사대주의 빠져나온 첫 세대 출현

사회 현상과 변화 속에서 늘 이윤 추구의 새로운 보고를 정확히 포착해 재빠르게 선점하는 것이 기업과 마케팅 전문가들의 목표이므로, 이들의 분석은 우선적으로 들을 만한 가치가 있다. 사회적으로는 새로운 변혁의 주체, 기업에겐 '새로운 소비 세대'가 될 이들에 대해 제일기획은 '월드컵, 대선, 촛불시위 등을 거치며 나타난 세대'이며 '사회 전반에 걸친 적극적인 참여 속에서[Participation], 열정[Passion]과 힘[Potential Power]을 바탕으로, 사회 패러다임의 변화를 일으키는 세대[Paradigm-shifter]'라고 규정했다. 당시 17세에서 39세에 이르는 연령층이었다. 10여 년이 지난 지금은 대략 20대에서 40대, 즉 2040세대라 할 수 있으며, 이들은 2008년 촛불시위의 주요 참여 연령층과

승패보다 더한 열락의 도가니로 인도하는 전복적 축제의 장 – 2002 한일월드컵 거리응원전

거의 일치한다. 기존의 소비자 조사에 따르면 이들은 '정치적·사회적 이슈에 대해 무관심했던 세대'였으나 '2002년 월드컵, 촛불 시위, 대통령 선거 등에서 우리나라의 사회 변화를 이끈 주역으로 등장'했다는 것이 제일기획 보고서의 분석이다. 이들은 정치적 민주화 과정에서 성장해 자유주의적 성향을 갖게 됐으며, 1989년 해외여행 자유화 및 IMF 이후 글로벌 스탠더드의 확산으로 세계화와 유목적인 특성을 보이고, 인터넷 및 휴대전화 보급 덕분에 다양한 커뮤니케이션과 정보가 되는 라이프스타일을 형성했으며 경제 성장으로 인해 이전 세대와는 다른 풍요로움 속에서 다양한 소비 의식을 지닌 세대다. 이들의 가치관은 크게 3가지로 요약되는 바 첫째, 다양성 추구, 탈권위주의, 적극적인 자기표현·개인 중심의 사고이다. 둘째, 인터넷을 통한 관계 형성, 사교성, 정보 공유, 수평적 토론 문화를 중시한다. 셋째, 재미, 도전, 자유로운 욕구 표출에 대한 지향 등이라고 할 수 있다.

2002년 한일월드컵에서 4강 신화는 전에 없던 새로운 집단적 체험을 국민에게 선사했고, 새로운 감성과 가치관을 지닌 세대를 전면에 등장시키는 계기가 됐다. 식민지시대에서 한국전쟁, 개발 독재, 군사 정권, IMF 체제까지 이어오면서 길들여진 패배주의와 사대주의의 깊은 무의식으로부터 빠져나온 첫 세대의 출현이었다. 첫 승 이후 이어지는 대한민국 대표팀의 선전은 세계무대에만 나가면 왠지 주눅 들고, 결국은 안 될 것 같았던, 한국인의 무의식 깊은 곳에 뿌리를 틀고 있던 열등감과 좌절감을 떨치는 계기가 됐다. 동시에 참고 감추고 낮추고 양보하는 것만이 미덕이 아니라는 감성적

각성도 뒤따랐다. 세계 각국의 축구 열기가 모이고 충돌하는 월드컵 응원전은 자기표현과 자기과시, 자기만족의 광적인 흥분 상태가 승패를 좌우하고, 승패보다 더한 열락의 도가니로 인도하는 전복적인 축제의 장이었다. 전국 곳곳에 모인 남녀노소는 자기만의 응원 도구를 마련하고, 자기만의 목소리를 목청껏 외쳤으며, 자기만의 개성 있는 옷차림으로 승리를 기원했다. 그 자체가, 절제하고 인내하며 자기를 숨기는 유교주의적 관습을 깨고 전통적인 '금기'를 위반하는 '카니발'적 의례였다. 젊은 여성들은 태극기를 찢고 오려 몸매를 드러낸 응원복을 만들어 입었고, 남녀노소 할 것 없이 몸과 얼굴을 색색이 무늬로 물들였다. 한국의 승전보 때마다 사람들은 차도로 쏟아져 나와 거리를 장악했다. 월드컵 기간 중 전국 곳곳이 일종의 놀이터이자 해방구가 됐다. '대한민국'이라는 육체에 각인된 권력과 감시, 억압으로부터 벗어나 자유와 분출과 해방을 만끽한 순간이었다. 응원전을 주도한 것은 특정한 단체나 지도 조직이 아니었다. 사람들은 인터넷으로, 휴대폰으로 '모일 곳'을 제안했고, 여기에 불특정 다수가 동조하고 참여하면 그곳이 응원장이 됐다.

물론 2002년 대한민국을 휩쓴 거대한 물결 속에 기존의 권위를 전복하는 흐름만 있었던 것은 아니다. 지나친 애국적 열정과 배타적 민족주의, 공격적 국가주의 경향, 기업의 상업주의가 섞여 있었다. 하지만 다른 요소들을 상쇄하고도 남을 정도로 대중의 자발성과 창의성, 전복성, 집단적 황홀경은 전적으로 낯선 경험이자 현상이었다.

서열과 권위주의를 해체한 자발성의 축제

월드컵의 흐름을 이어간 것은 그해 11월 붉붙은 촛불시위였다. 월드컵의 열기가 전국을 달구던 2002년 6월 13일 경기도 양주시에서 미2사단 소속 미군 장갑차가 앞서 가던 여중생 신효순과 심미선 양을 치어 사망케 하는 사건이 발생했다. 주류 언론에서도 크게 다뤄지지 않은데다 국민적인 관심이 온통 월드컵에 쏠리는 바람에 사건은 잊히는 듯했으나 그해 11월 20일 미군에게 무죄 판결이 내려지자 사태가 급반전했다. 도화선은 시민 뉴스 사이트를 표방한 인터넷 매체 〈오마이뉴스〉의 한 시민 기자의 제안이었다. 미군에 의해 희생된 두 여중생을 추모하자는 뜻으로 인터넷을 통해 촛불시위를 제안했고, 이것이 연이은 대규모 시위로 확산됐다. 이때부터 촛불시위는 가장 강력한 대중들의 의견 표명 수단이자, 평화적인 저항 방식으로 자리 잡게 됐다. 촛불시위는 2004년 노무현 대통령 탄핵 반대 시위에 이어 2008년 미국산 소고기 수입 반대 운동까지 2000년대 이후 한국 사회의 중요한 변환점마다 등장하게 된다.

다시 2002년으로 돌아가면, 11월에 이어졌던 효순·미순 양 추모 및 미국의 사과·한미주둔군지위협정^{SOFA} 개정을 요구하는 촛불시위는 제16대 대선에서 노무현 후보를 지지하는 거센 물결과 만나게 된다.

제일기획은 월드컵과 촛불시위, 노무현 후보 지지 흐름이 과거와 다른 사회 변화 양상을 보여 준다고 분석했다. 과거의 사회 변화가 '계몽 및 선전 → 대중화 → 동원 및 조직 → 제도화'의 단계를 거치며 대중이 중반 이후에 참여하는 구조를 가졌다면, 2002년에 보여 준 양상은 '발아 → 공유 → 확산 → 표출 → 종료'의 단계로 바뀌었다는 것이다. 즉 어떤 이슈가 젊은 세대[2040]의 감성과 가치관을 자극하게 되면[발아], 이와 관련한 개인들의 의견 표명이 기존의 각 인터넷 사이트에서 이루어지는 것은 물론 이를 주제로 한 새로운 커뮤니티가 형성돼 토론과 정보 공유, 지식 축적이 일어나며[공유], 빠르게 참여자들의 규모가 커지고, 인터넷은 물론 주류 언론까지 가세해 그 범위와 속도를 증가시키며[확산], 촛불시위 같은 오프라인에서의 행동과 실천으로 이어진다[표출]는 것이다.

2008년 5월 2일 첫 집회 이후 100여 일간 연일 수백~수십만의 남녀노소가 참여한 미국산 소고기 수입 반대 촛불시위 역시 새로운 사회 변화의 양상을 극적으로 보여 줬다. 월드컵에서 보여 줬던 '축제'의 성격과 촛불시위의 '저항성'이 절정에서 결합했다. 이때에는 자발적인 참여뿐만 아니라 다양한 형태의 창의적 시위 방식까지 보여 줬다.

일단 '지도부'가 부재했다. 지도부의 지휘나 조직적인 대중 동원이 전혀 없었다. 개인이 제안하고 개인이 동의하며 개인이 참여하고 개인 각자의 방식으로 다양한 목소리를 내는 시위가 펼쳐졌다. 초기에는 교복 입은 여고생들이 촛불시위의 제안자이자 주도적인 참여자였다. 이것 역시 대학생이나 시민 단체가 이끌던 과거의 시위 방식과는 전혀 달랐다. 일종의 한류 스타 팬클럽을 표방한 사이트의 여고생 회원들이 '광우병 반대' 'MB[이명박] 퇴진' 등의 푯말을 만들어 나온 것은 촛불시위 초기에 하나의 상징이 됐다. 20대 후반~30대의 젊은 어머니들이 유모차를 끌고 나오는 풍경도 드물지 않게 펼쳐졌다. 이른바 '유모차 부대'다. 인터넷 카페에서 아이들의 먹을거리를 걱정하고, 중고 장난감을 사고팔던 '맘'들이 시위에 합세했다. 심지어 예비군복을 입고 나와 시위대열을 경찰로부터 보호하는 건장한 남성들도 화제가 됐다. 취미와 육아, 연예, 생활 정보 등의 정보 교류를 목적으로 했던 수많은 인터넷 사이트 회원들이 스스로를 조직해 광장으로 나왔다.

시위 방식은 창의적이다 못해 기상천외했다. 그중에서도 정부의 입장을 대변하고 강경 보수의 시각을 강요하는 주류 일간지를 대상으로 한 소비자 운동은 파괴력이 컸다. 주류 일간지의 광고주 기업에게 전화 항의 및 불매 운동을 벌인 것이다. 아무도 강요하지 않았지만, 시민과 네티즌들은 각 광고주 기업에 전화하는 것으로 하루 일을 시작하고, '인증글'을 게시판에 남겼다. 일부 기업은 시민과 네티즌들의 항의에 예정된 광고를 취소하고 홈페이지에 대국민 사과문을 싣는 것으로 시민의 힘에 대한 굴복을 표현했다. 미국산 소고기 수입 반대자들의 '소비자 운동'은 그만큼 강력했다. 이 캠페인 역시 특정한 단체나 지도부의 전술에 의한 것이 아닌 개인의 자발적인 제안과 참여에 의해 이뤄졌다. 거리에선 경찰들이 차도를 막아 시민들의 행렬을 차단하자, 횡단보도에서 보행 신호가 날 때마다 오가며 구호를 외치는 신종 시위 방식도 등장했다. 기존의 민중가요나 운동권 가요는 거의 들을 수 없었고, 즐겁게 합창하는 개사곡과 대중가요가 광장을 채웠다.

서울에서의 진풍경이 재현된 2012 미국 월스트리트점거운동

놀이와 결합된 비폭력 불복종 시위, 광장에 펼쳐진 B급 예술

거리와 광장에 나선 수십만의 시민들은 누가 먼저랄 것도 없이 시위의 폭력화와 권력화를 스스로 경계하고 차단했다. 대다수의 시민들이 경찰의 폭력 진압에도 불구하고 비폭력 불복종 형태의 시위 방식을 유지했다. 시위 행렬 중 특정 운동 단체의 깃발이 보이면 '내리라'고 하거나 '지도'하려는 어떤 세력에 대해서도 '반대'를 외쳤다. 제3세력의 개입이나 소수의 '지도'를 허용치 않고 개인의 자발적인 참여 형식을 고수한 것도 시위 참여자들의 강력한 의지였다. 시위 현장에서의 즉석 토론이나 노래 자랑 등도 쉴 없이 곳곳에서 이뤄졌다.

시위 현장은 조롱과 패러디, 풍자와 해학이 숨쉬는 '축제와 놀이, 연희의 공간'이기도 했다. 이명박 당시 대통령을 쥐나 저용량

메모리^2MB로 희화하고 광우병을 패러디한 각종 푯말이나 게시물들
은 포복절도할 만한 풍자의 잔치를 이뤘다.

서울에서의 풍경은 4년 후인 2012년 미국을 비롯한 전 세계에서
펼쳐졌다. '월스트리트점거운동'이다. 책 《점령하라》에서 묘사한
뉴욕 맨해튼 주코티광장에서의 풍경은 4년 전 서울의 풍경과 놀랍
도록 닮아 있다.

드럼 연주자들과 제단 덕분에 주코티공원 서쪽 인도는 관광객들
에게 인기 많은 장소가 되었다. 관광객들은 사진을 찍거나 하얀
옷을 입은 하레 크리슈나교도^(힌두교의 한 종파)들과 이야기를 나누었다.
서쪽에 관광객이 많았기 때문에 구호 문구를 든 시위자들도 보통
이곳에 많이 모였다. 공원 안의 점령 운동 시위자뿐만 아니라 운
동을 지지하고자 방문한 사람들까지 간결하고도 함축적인 구호
를 아무데나 적어 점령 현장에 자신의 흔적을 남겼다. 그중에도
피자 상자가 제일 많이 쓰였다. 처음에는 피자 상자가 흔해서 사
용했을 뿐이었지만, 시간이 지날수록 구호가 적힌 피자 상자는
월스트리트 점령 운동의 상징이 되었다. (……)
느긋한 음유시인들은 종종 나무 그늘에 사람들을 모아 놓고 밥
딜런, 우디 거스리, 버즈, 버팔로 스프링필드의 노래를 함께 불렀
다. 공원 서쪽에 모여 있는 악명 높은 드럼 연주자들도 빼놓을 수
없다. 그들은 밴드의 이름을 '펄스^(pulse, 맥박 소리)'라고 지은 것에서 알
수 있듯이, 자신들의 드럼 소리가 월스트리트 점령 운동의 심장
소리라고 믿었다.

시각 예술가들의 역할도 중요했다. 제임스 로즈james rose 같은 사람들은 공원에서 벌어지는 모습을 그렸고, 예전에 브로드웨이에서 옷을 만들던 이는 매일 공원에서 야영하는 시위자들을 위해서 모자를 뜨개질했다. 브루클린에 사는 한 화가는 매일 밤 자신의 집에서 그림을 그린 뒤 공원에 가지고 와 사람들에게 그림을 설명했다.

– 주디스 버틀러 등저, 《점령하라》 중

B급 문화는 놀이와 시위와 한 몸 되는 축제의 상상력

다시 2008년의 서울로 돌아오면 온라인에선 치열한 '지식 정보전'이 이뤄졌다. 네티즌들은 '광우병'에 관한 각종 정보를 공유하며 정부의 주장이나 자료를 반박하는 설득력 있는 근거와 증거를 제시했는데, 때로는 주류 언론이나 학계의 수준을 뛰어넘는 것들도 있었다. 정부와 주류 언론의 번역 오류를 지적하거나, 과거의 보도와 대조해 주류 언론의 이중적 행태를 폭로하거나, 학계의 전문적 자료를 분석하는 등 '집단지성'의 힘을 보여 줬다. 또 해외의 광우병 사례들을 보여 주는 동영상이나 기존의 국내 시사 · 토론 프로그램의 편집 동영상, 패러디 등 UCC를 만들고 퍼 나르며 지적 · 감성적 설득을 해갔다. 패러디 영상으로는 마이클 무어 감독의 다큐멘터리 〈식코〉를 패러디해 이명박 대통령을 희화화하고 비판한 〈쥐코〉가 큰 인기를 끌었다.

이렇듯 B급 문화는 바깥으로 탈주하는 상상력이다. B급 문화는 놀이와 시위가 한 몸이 되고 유희와 저항의 몸짓이 광장에서 어우러지는 축제의 상상력이다. 《점령하라》에서 인용한 월스트리트점령운동 문화예술활동그룹 내 한 예술가의 말이 인상적이다.

사회 관습과 제도를 바꾸려면, 대화를 바꾸어야 합니다. 그러려면 대화를 규정하는 배경이 되는 미학, 상징, 이미지를 먼저 바꾸어야 합니다.

– 주디스 버틀러 등저, 《점령하라》 중

B급은 미디어다
〈딴지일보〉에서 〈나꼼수〉까지, 〈DC인사이드〉에서 〈일베〉까지

만약, 앞으로 일베가 무너진다면 진짜로 인터넷 좌빨들이 판을 치고 그 새끼들의 주둥이에서 나오는 말이 정의가 된다. 그러면 국민들의 좌경화가 가속화되고, 서서히 월남 꼴 되다가 우린 보트 피플이 된다. 그럼 ×되는 거야. 설마 그렇게는 안 된다고? 월남이 그러다가 ×된 거야. 6·25전쟁이 왜 터졌게? 방심해서. 어쨌든 지금의 일베는 그만큼 크고 거대한 하나의 자유민주주의 대한민국의 기둥이 된 것이다.

그런데 지금 그 기둥이 무너지려 한다. 자 그럼 너희 일게이들은 무엇을 할 것인가?

– 〈일간베스트저장소〉 게시판, 2013년 2월 21일, '새부돌격대'

입으로는 종북을 외치며 뒤로는 병역 기피에, 탈세에, 위장 전입에, 공직 비리에 ㅈㄹ을 하다가 의심받는다 싶으면 또 외친다.

'종북' 베충이들아! 이래도 수꼴들 궁뎅이 빨래?

– 풍차, 〈오늘의 유머〉 시사 게시판, 2013년 2월 22일, '수꼴들의 이중성 또는 모순' 중

우원위원의 한 지인의 조카는 이제 고등학생인데, 그의 머릿속에는 5·18이 빨갱이들의 폭동으로 굳어져 있다. 정부가 이미 오래전 민주화운동으로 공식 지정한 일인데도 말이다. 어린 그가 아무 비판이나 반성도 없이 흥미 위주로 끌려가다가 동화된 곳은 열분들도 잘 아는 인터넷 게시판이다. 일종의 유머 게시판으로 시작된 이곳들에는 슬슬 지겨울 법도 한 전라도나 좌파 비하는 물론 최근에는 외국 이주민, 장애인, 여성, 어린이, 동성애자 등에 대한, 편견을 넘어 증오와 공격성이 가득한 글들이 난무하고 있다.

– 〈딴지일보〉 논설위원 파토, 2013년 2월 20일

B급 미디어, 길들여지지 않은 욕망이 찾은 잉여의 놀이터

B급 문화 속에서 들끓고 있는 것은 주류 체제 속에서 길들여지지 않은 욕망이다. 순화되지 않고, 충족되지 않는 욕망은 주류 시스템과 표현 양식 속으로 진입을 시도하지만, 곧 그 속에는 자신들의 설자리가 없다는 쓸쓸한 사실을 깨닫는다. 자신을 마땅히 표현할 언어도, 장르도, 행위도 부재하는 것이다. 성공하거나 실패하거나 이미 정착된 장르와 언어 형식 속에서 제자리를 찾으려는 무수한

시도를 거듭한 끝에 끓어오르는 욕망은 주류의 '틈', 주류에서 배제된 나머지, '잉여'의 공간에서 자신만의 표현 방식을 얻게 된다. B급 영화가 처음부터 A급의 잉여, 1+1의 나머지 '1'로부터 비롯됐다는 것이 의미심장하다. 그렇게 조우한 욕망과 표현은 곧 B급 예술이 되고, B급 예술이 지지자를 얻어 특정한 하위 집단의 생활양식이 될 때, 그것은 B급 문화가 된다. B급 영화는 주류와는 다른 싸고 허술하며 졸속적인 제작 방식 속에서 다듬어지지 않고 들끓어오르는 욕망의 출구를 찾았다. 고급 교육을 받지 못한 욕망, 고급 언어 속에서 자신의 목소리를 잃어버린 욕망에게 B급 영화는 쉽고 싸게 접근할 수 있는 해방 공간이자 놀이터가 됐다.

온라인 커뮤니티, 디지털로 생성된 도시부족

할리우드의 B급 영화로부터 시간과 공간을 뛰어넘어 21세기의 한국 사회로 오면, 인터넷과 모바일 등 온라인 공간이 길들여지지 않은 욕망의 해방터이자 놀이터가 되고 있다. 온라인 공간은 교육과 직업, 성별, 연령, 계급에 관계없이 누구든지 접근 가능한, 가장 '싼' 공간이다. 컴퓨터 한 대, 스마트폰 하나면 누구나 들고날 수 있는 곳이다. 주류 언론 미디어 같은 진입 장벽이 없다. 기자가 되기 위해, PD가 되기 위해, 고학력에 유창한 영어 실력, 해외 유학 경험 등 '고도의 스펙'을 쌓거나 까다롭다는 '언론 고시'를 통과할 필요도 없다. 자신의 억울한 사연을 호소하고 사회 구석구석의 비리를 고발하기 위해 굳이 방송국과 신문사를 찾아 '보도'를 요구하거나 호소하지 않아도 된다. 인터넷 게시판에, 인터넷 블로그에, 모바일 SNS에 단 몇 줄의 글만 올려도 우리 사회를 들었다 놓을 수 있는 이슈가 된다. 앤디 워홀이 누구나 스타가 되는 데는 단 15분밖에 필요하지 않다고 했는데, 지금은 진정 몇 분이면 온라인 공간에서 이름과 얼굴을 알릴 수 있는 시대가 됐다. 온라인, 사이버 공간의 탄생이야말로 B급 문화가 2000년대 이후 한국 대중문화에서 가장 중요한 화두로 떠오르게 된 저변이 됐다. 주류로부터 좌절된 욕망, 배제된 욕망, 길들여지지 않는 목소리가 한편에선 '광장'으로 향했고, 또 한편에선 'B급 미디어'에 둥지를 틀었다.

'B급 미디어'란 지상파·케이블 방송, 전국·지역 단위의 일간 신문 등의 공식 매체가 아닌 인터넷과 모바일을 통해 소통하는 비공식·비주류 매체를 이른다. 이들은 표준어, 교양 있는 언어, 게이트 키핑, 사회의 공익적 가치 등 전통적인 미디어의 보도 윤리와 관습을 따르지 않으며, 일상적이고 구체적인 표현을 즐겨 쓰며, 은어, 비속어, 사투리 등을 자유롭게 섞어 쓴다. 개인적인 일상부터 지역의 소식, 특정 취향의 관심사에서 사회적 비리 폭로, 정치적 비판에 이르기까지 다양한 이슈를 다룬다. 형식적으로는 '아고라' 같은 인터넷 포털 사이트의 게시판부터 각종 취미·중고 거래 사이트, 블로그와 인터넷 커뮤니티, 〈나는 꼼수다〉류의 팟캐스트를 망라한다. 〈나는 꼼수다〉 같은 정치·사회적 목적이 분명한 미디어로부터 육아, 요리, 자동차, 디지털카메라, 컴퓨터, 패션, 영화 등을 이슈로 구성된 커뮤니티까지 성격도 다양하다. 이들 미디어를 'B급'이라고 규정한 이유는 주류 언론의 외곽 지대에 있는 비공식 미디어라는 점뿐 아니라 제작비가 싸고, 저급한 표현을 즐겨 하며, 계몽과 선동뿐 아니라 유희의 목적이라는 B급 문화적 속성을 그대로 갖고 있기 때문이다.

2012년 대선, 〈나꼼수〉로 시작해 〈오유〉와 〈일베〉로 끝나다?

2012년 대선은 대한민국 미디어 역사에서 획을 그을 만한 중대한 변화가 이뤄진 사건이었다. 2012년 대선은 대중적 영향력에 있어 주류 미디어가 퇴조하고, B급 미디어가 전면에 나선 계기로 평가할 만하다. 먼 훗날, 미디어사는 2012년 대선이 〈나꼼수〉로 시작돼 〈일베〉와 〈오유〉로 끝났다고 기록할지도 모르겠다.

〈나꼼수〉로 줄여 불리는 〈나는 꼼수다〉는 B급 미디어를 표방한 〈딴지일보〉가 만들어 2011년 4월 첫 방송을 시작한 라디오 팟캐스트다. 팟캐스트란 모바일 어플리케이션이나 인터넷을 통해 배포되는 라디오 파일이나 비디오 파일 형식의 방송이다. 〈딴지일보〉의 창설자인 김어준과 시사 주간지 〈시사IN〉의 주진우 기자, 전 CBS 시사 프로그램 진행자 김용민, 전 국회의원 정봉주가 다양한 정치·사회적 이슈를 다뤘다. 이명박 대통령을 '가카^{각하}'라고 비꼬며 스스로를 '가카 헌정 방송'이라 표방한 것처럼, 당시의 이명박 대통령과 측근 비리 의혹을 폭로하거나 정부 시책을 비판하는 내용이 주를 이뤘으며, 서울시장 보궐 선거와 18대 대선 과정에서 각종 정치 폭로로 정국을 뒤흔들었다. 이 전 대통령의 아들 이시형 씨의 내 곡동 부지 매입 건을 폭로한 것도 〈나꼼수〉였고, 서울시장 보궐 선거에서 나경원 한나라당 후보의 1억 원 피부 관리 의혹을 제기한 것도 〈나꼼수〉였으며, 대선 막바지 국정원 직원 인터넷 댓글 '알바' 의혹을 제기하며 대선판을 뒤흔들었던 것도 〈나꼼수〉였다. 이들은 취재와 제보를 통한 폭로뿐만 아니라 만담이나 방담 형식의 진행으로도 유명했다. 여권과 정부를 대상으로 농담과 조롱, 야유, 비판을 퍼부어 매 회 수십만에서 수백만에 이르는 청취자들을 끌어들이며 큰 인기를 끌었다. 새로운 회차의 〈나는 꼼수다〉 방송이 앱 스토어의 어플리케이션으로 공개될 때마다 각종 인터넷 포털 사이트 '실시간 검색어'에 '나는 꼼수다 ○회'가 1위에 오르고, 이 방송에서 제기한 이슈들 역시 '폭풍 검색'의 타깃이 됐으며, 인터넷뿐 아니라 주요 일간지의 의제로 떠오르는 일이 다반사였다. 〈나꼼수〉는 20대에서 40대까지 인터넷과 모바일, SNS에 익숙한 세대에게 반보수, 반여권의 흐름을 창출하고 안철수 현상을 확산시키는 데 결정적 역할을 했다.

〈나꼼수〉가 폭발적인 호응 속에서 막강한 정치적 영향력을 보여주자, 다양한 팟캐스트가 그 뒤를 따랐다. MBC PD 출신 최승호의 〈뉴스타파〉, 김미화의 〈나는 꼽사리다〉〈그것은 알기 싫다〉〈주진우의 현대사〉〈서영석 김용민의 정치토크〉〈유시민 노회찬의 저공비행〉, 시사평론가 김용배의 〈이슈털어주는남자〉 등이 대표적이다. 장기 파업을 벌였던 전국언론노조 KBS 본부와 MBC 노조는 각각 〈리셋 KBS〉와 〈제대로 뉴스데스크〉를 제작하는 등 붐을 이뤘다.

대선 막판엔 때아닌 인터넷 유머 사이트 〈일간베스트저장소〉와 〈오늘의 유머〉가 화제로 떠올랐다. 국정원 여직원 '댓글 알바 사건' 때문이다.

대통령 선거 투표일 직전, 국정원 여직원이 인터넷 각종 사이트에 여권 후보에게 유리하고 야권에 불리한 내용의 댓글을 올림으로써 선거에 개입했다는 의혹이 제기돼 선거 정국을 뒤흔들었다. 그런데 재미있는 것은 이 국정원 여직원이 댓글 및 정치적인 글을 게재했다는 사이트가 바로 인터넷 유머 사이트 〈오늘의 유머〉였다는 사실이다. 경찰 발표에 따르면 국정원 직원 김 모씨가 〈오늘의 유머〉(오유) 게시판을 통해 16개의 아이디를 생성하여 288차례에 걸쳐 '추천' 또는 '반대'를 표시했으며 역시 이 사이트에 모두 11개의 아이디를 돌려가며 91개 이상의 글을 올렸는데 모두 시사, 정치와 관련된 글이었다.

이에 대해 문제가 된 국정원 직원은 경찰 소환 조사에서 '정치·사회와 관련된 이슈들에 대한 글을 올리고 반응을 살피는 것이 자신의 업무'라고 진술했고, 국정원은 '3차장 산하 심리 전담 요원으로서 종북 단체의 활동 등을 파악하는 게 고유 업무'라며 정상적인 대북 심리전 활동일 뿐 선거 개입이 아니라고 주장했다. 그러자 〈오늘의 유머〉에서 활동하는 네티즌들은 '국정원이 〈오유〉를 종북 사이트로 몰아가고 있다'며 강하게 반발했다. 이어 '국정원이 국정원 직원을 구하기 위해 〈오유〉를 부당하게 매도하고 있다'고 주장했다.

B급 미디어, 위험한 자기 분화

〈오유〉로 줄여 부르는 〈오늘의 유머〉 사이트는 진보 성향의 유머 사이트다. 이와 대척점에 있는 사이트가 〈일베〉라고 불리는 〈일간베스트저장소〉다.

〈일베〉는 대선 정국에서 적지 않은 영향을 행사했다. 이 사이트는 선거 과정에서 '팩트 체크'라는 이름으로 문재인 민주당 후보의 고가 의자 의혹을 제기했으며, 〈일베〉 회원인 아이디 '간결'이 대표적인 좌파 논객 진중권 동양대 교수와 팟캐스트를 통해 NLL 관련 토론을 벌여 화제가 되기도 했다.

〈일베〉의 영향력은 우파 논객인 조갑제가 공공연하게 인정할 정도로 만만치 않았다. 조갑제는 자신이 운영하는 사이트 〈조갑제닷컴〉에 올린 글에서 '박근혜 당선의 10대 공신들'로 노장층, 김관진 국방장관, 이정희 진보당 후보, 안철수, 종편에 이어 여섯 번째로 '유명 자유 투사들과 무명용사들'을 꼽았으며 이 속에 〈일베〉를 포함시켰다. 조갑제는 '2030세대 안에서도 활동적인 우파〈일베〉 등'가 많고 SNS 세계에서 자발적으로 선거 운동에 참여, 큰 영향을 끼쳤다'며 다음과 같이 썼다.

특히 반박정희 민주화운동을 하였던 이들이 반종북 입장을 분명히 하고 박 후보 지지로 돈 것은 인상적이었다. 국민행동본부 같은 애국단체, 뉴데일리-조갑제닷컴-빅뉴스-올인코리아 등 우파 인터넷 매체도 열심히 했다. 특히 〈일베〉 등 젊은 네티즌들이 재빠르게 문재인의 고급 의자 등에 관한 정보를 발굴, 확산시키는 등 '우파 게릴라' 역할을 했다. 자발적인 많은 무명용사들의 희생적 노력이 있었다.

– 조갑제, 〈조갑제닷컴〉

〈일베〉는 〈DC인사이드〉에서 2010년 독립한 극우 성향의 인터넷 유머 사이트다. 〈일간베스트저장소〉라는 말대로, 원래는 〈DC인사이드〉에서조차 게재가 어려운 외설적이고 폭력적이며 반규범적인 글과 그림, 사진 등을 모아 놨던 곳이다. 그러던 것이 극우적인 정치 성향과 결합돼 성적·폭력적 게시물은 물론이고, 여성·이주노동자·장애인 등 사회적 약자에 대한 비하와 모욕을 무차별적으로 담은 발언을 공공연히 일삼는 사이트가 됐다. 전라도 비하와 노무현·김대중 전 대통령에 대한 모욕 등 일반인들에게는 반상식적인 표현과 게시물들이 주를 이룬다. 〈일베〉에선 '광주민주화운동'이 '북한 특수부대가 개입한 무장 폭동'으로 평가되고, 전두환 전 대통령은 영웅으로 칭송된다. 2013년 초에는 밴드 '울랄라세션'의 멤버 임윤택이 암투병 끝에 젊은 나이로 생을 달리하자, 고인을 모욕하는 게시물이 〈일베〉에 대거 올라 물의를 일으키기도 했다.

대한민국의 B급 미디어사는 1998년 〈딴지일보〉와 〈웃긴대학〉으로 시작해 1999년 〈DC인사이드〉와 〈오늘의 유머〉, 2001년 〈엠엘비파크〉, 2010년 〈일간베스트저장소〉, 2011년 〈나는 꼼수다〉 등으로 이어졌다. 15년여간 B급 미디어는 주류에 견줄 정도로 젊은 세대에게 막강한 영향력을 갖는 매체로 성장했다. 그 과정에서 B급

미디어에 실린 욕망은 좌와 우로, 세대별, 성별, 취향별로 다양하게
분화됐다.

B급은 끊임없이 분열하는 문화 세포이자 DNA

정치적·문화적 다양성에도 불구하고 이들 B급 미디어들은 언
어적 특질, 금기 위반의 욕망, 배설과 유희의 정신, 무한한 표현의
자유 지향, 자발성 및 자생성, 취향 중심의 도시 부족화, 마니아적
성격, 하위 집단의 생활양식, 낙오자 의식 등을 공유한다.

이제 중요한 것은 'B급 미디어'에 혼융돼 있던 욕망의 분화다.
주류로부터 배제되고 좌절된 욕망은 한편에서 건강한 연대 의식과
비판 정신, 예술의 창조로 나타나기도 하지만, 한편에서는 극단적
인 폭력성과 서열화의 경향으로 모아지기도 한다.

그러므로 B급은 이중적인 의미에서 '위험하다'. 늘 기성의 체
제에 도전하고, 기성의 질서를 위협하며, 전복을 꿈꾸기 때문에 주
류에겐 '위험한' 미학이고 사상이며 실천이다. 또 한편에선 B급이
기존의 가치와 질서를 내면화하고 이를 폭력적으로 유지시키는 수
단이 될 수도 있다. '파시즘화' 되고 백색 테러^{극우 세력이 사회적 약자에 가하는 테러}
화할 가능성이 있는 것이다.

1%의 목소리를 폭력적으로 대리할 것인가, 99%가 연대한 건강
한 아우성이 될 것인가. B급은 끊임없이 분열하는 문화의 세포이
자, DNA이다. 그러므로 문제는 진화의 방향이다.

B급, 99%의 욕망으로 들끓는 목소리, 우리 사회의 플랜 B

결국 문제는 '욕망'이다

이 책의 출발은 B급이라고 명명되는 우리 문화의 어떤 표정, 어떤 몸짓, 어떤 제스처였다. 겉보기에 싸고 가볍고 천박하며, 조잡하고 음란하며 저속하고 아무짝에도 쓸모없는 것에 '왜 많은 이가 열광하는가' 라는 질문이 시작이었다.

그러기에 우리는 싸이의 〈젠틀맨〉과 〈강남스타일〉로부터 서두를 꺼낼 수밖에 없었다. 비슷한 기계적 리듬과 멜로디를 반복하는 싸구려 댄스 음악. 촌스럽기 이를 데 없는 가르마로 멋을 낸 배불뚝이 정장의 사내. 거들먹거리며 엉덩이를 씰룩거리는 우스꽝스러운 걸음. 그러고도 제 잘났다고 여자들에게 들이대며 '이 몸은 마더 파더 젠틀맨' '오빠 강남스타일~' 이라고 우기는 밑도 끝도 없는 호기. 몸을 비비 꼬고 머리카락을 휘날리며 유혹하는 여인과 끊임없이 허리를 들썩이는 남자의 음란한 몸짓. '시건방춤'과 '말춤', 〈젠틀맨〉과 〈강남스타일〉은 왜 B급으로 명명되고, 우리 문화의 한 단면을 보여 주는 '표상'이 됐을까?

B급이라 불리는, 세상에 대한 태도와 스타일에 담긴 욕망을 읽다

우리는 B급이라고 불리는 독특한 표정과 몸짓, 제스처 속에 깃든 세상에 대한 태도와 개성을 드러내는 양식 및 스타일을 읽어냈고, 싸이의 〈젠틀맨〉과 〈강남스타일〉을 비롯해 동시대의 갖가지 문화적 표상 및 장르를 분석했다. TV 드라마와 예능 프로그램, 영화, 가요, 만화, 대중 스타에 대한 열광에서 응축된 우리 대중문화의 역사와 하위 집단의 감성을 발견했고, 마침내 우리 시대의 감춰진 욕

시건방춤을 선보이며 권위를 풍자한 〈젠틀맨〉

말춤으로 전 세계를 평정한 싸이

망, 좌절된 욕망, 분출구를 찾아 들끓어 오르는 욕망과 마주했다. 금지된 이교도의 은밀한 교리처럼 동시대의 문화적 표상 속에서 우리는 어떤 연대감과 공감대를 형성하는 B급의 인자들을 찾아냈다.

싸이의 〈젠틀맨〉과 〈강남스타일〉이 보여 준 것은 '대한민국'이라는 육체 속에 각인된 권력과 규범, 억압, 통제, 절제, 감시의 시선으로부터 탈주하는 유희의 욕망, 쾌락의 욕망, 위반의 욕망이었다.

그렇기 때문에 〈젠틀맨〉과 〈강남스타일〉은 언어와 문화가 다른 세계 곳곳에서 저항의 몸짓들과 접속할 수 있었던 것이 아닐까? 권력의 탄압을 받는 중국의 반체제 미술가 아이 웨이 웨이가 패러디 영상을 만들고, 수십억 원짜리 고가의 조형물을 만드는 미술가 카푸어가 표현의 자유를 외치며 말춤을 춘 것은 왜일까? 미국의 이름 없는 한 동네에서는 〈강남스타일〉을 커다랗게 틀어 놓고 말춤을 추며 노동자들의 해고에 반대하는 시위가 벌어졌다. 스웨덴의 젊은이들은 거리에 나와 실업에 항의하는 집회를 펼쳤다. 유튜브에는 이런 사례들이 셀 수 없이 많다.

그렇다면 왜 지금 B급인가?

지난 1997년 외환위기 이후 한국은 한편에서 욕망의 기대 수준이 거대하게 부풀어 오르고, 한쪽에서는 좌절되고 패배한 욕망이 유령처럼 음울하게 떠도는 기형적인 '승자 독식'의 사회가 됐다. 승자가 독차지하는 부와 명예, 권력은 '성공만이 최선'이라는 엄혹한 경쟁 논리로 모든 사회 구성원을 압박하지만 거의 모든 이가 부활전의 기회조차 없는 패자가 되는 사회. 최상위층이 되는 화려한 성공을 꿈꾸지만, 대부분은 출발부터 경쟁에서 배제된 사회. 거북이가 토끼를 절대로 이길 수 없는 사회 말이다.

시장과 경쟁의 논리가 '절대선'이 되면서 개인은 스스로 잘 팔리는 상품이 되기 위해 '막강한 스펙'으로 무장해야 한다. 하지만 현실에선 '할아버지의 재력과 아빠의 무관심, 엄마의 정보력'이 유치원과 초등학교의 수준을 결정한다. 부동산과 현금 동원력을 가진 할아버지라야 한 달 100만 원이 넘는 사립 유치원비 및 사립 초등학교와 각종 학원비를 댈 수 있다. 자식 교육엔 관심을 기울이지 못할 정도로 바쁜 거창한 직업의 아빠가 주거지와 아내, 자식의 '인맥'을 결정하고, 이에 따라 엄마는 '강남 대치동의 정보력'을 갖춰야 완벽한 3박자가 맞는다. 그렇게 해야 자율사립고와 명문대 진학의 가능성이 주어진다.

이러한 3박자의 필요충분조건을 갖지 못한 아이들은 시간이 거듭될수록 성공으로부터 멀어지고 생존마저 위협받는다. 체계적으로 이 사회의 서열과 위계에서 밑으로 밑으로 하락하기 시작한다. 일반고와 지방대로 밀려나 교육 시장에서 실패한 88만원 세대는 취업 시장에서 다시 한 번 좌절을 경험하고, 결혼 시장에서 낙오하며, 가난한 노후를 향해 간다.

'강남'으로 상징되는 욕망의 기대 수준과 엄혹한 현실의 격차로 이 사회의 피로도와 압박감은 극대화된다. 한편에선 화려한 성공을 전시하고 한편에선 욕망을 체계적으로 좌절시키는 사회. 그 균열

속에서 스멀스멀 피어나와 폭발한 상상력이 B급이다.

B급 문화 안에 내재된 욕망은 언제나 모순적이며 이중적

성공에 대한 갈망, 상위 1%의 화려한 생활을 꿈꾸는 욕망이 한 편이라면, 그것을 이루지 못하게 하는 체제에 대한 분노와 야유, 저항의 욕망이 짝패를 이룬다. 그러므로 B급 문화를 생산하고 소비하는 주체는 언제나 분열적이다.

예를 들어 강남에 살고, 고급 주택과 수입차, 안락한 생활을 꿈꾸는 이. 그들은, 상류 지도층일수록 군대를 회피하고 세금을 포탈하는 반칙의 체제에 분노하고 반대하는 이들과 과연 다른 사람들인가?

경쟁과 시장의 논리가 극단화된 신자유주의, 반칙과 승자 독식의 사회는 분열된 주체를 낳았고, 다양한 욕망으로 들끓는 목소리는 대중문화와 하위 집단의 생활양식 속에서 새로운 표현을 얻는다.

쿨한 것으로 받아들여진 B급 문화, 하나의 유행이 되다

이 책은 싸이의 〈강남스타일〉로 시작해 B급 문화로 표현되는 우리 문화와 사회의 풍경을 묘사하는 것으로 출발해, 과연 'B급이란 무엇인가' 에 대한 질문에 답했다. B급을 의도적인 '싼티, 촌티, 날

티'를 통해 주류 문화에 대해 냉소와 저항, 조롱을 보내는 개성의
양식이자 태도이며 스타일로 규정했다. 주류로부터 배제된 욕망과
좌절한 주체가 스스로를 증명하는 개성의 양식으로 정의했다. B급
스타일의 양상은 비공식 구술 언어와 탈권위의 주체, ^{저렴하기 때문에} 용이
한 접근성, 쾌락주의, 육체성으로 나타난다는 사실도 아울러 살폈
다. 이러한 표현 양식과 스타일 양상은 '따라하고 싶은 매력', 즉
쿨한 것으로 받아들여지기 때문에 21세기 한국 사회에서 하나의 유
행으로 떠오를 수 있었다.

B급 문화 생산자와 수용자들은 우리 사회의 어떤 세대일까?

B급 문화가 우리 사회의 한 담론과 현상으로 떠오르기 위해선

'싼티, 촌티, 날티'를 통해 주류 문화에 대한 냉소와 저항, 조롱조차 스타일화한 싸이

특정한 문화적 조건과 정치·경제적인 환경에서 형성된 세대가 필요했다. 위로는 외환 위기 이후 사회 진입에 고난을 겪었고, 부동산 붐의 막차에 올라타 지금은 '하우스푸어'가 됐으며, 무한 경쟁과 서열 사회에서 막중한 자녀 교육 부담^{에듀푸어}을 안고 있는 40대 연령층이 자리 잡고 있다. 아래로는 '88만원 세대'라고 불리는 20대 청년 세대가 B급 문화의 생산자이자 수용자로서 존재한다. 88만원 세대와 서태지 세대는 경제 불황에 대한 상처와 막중한 피로도, 압박감을 공유하며, 주류 질서 및 권위, 체제에 대한 반감에 공감하고, 개혁에 대한 강한 열망을 나누고 있다. 이들은 감성과 세계관뿐 아니라 인터넷과 SNS라는 하드웨어로 연결돼 있고, 다양한 취향과 취미로 하위 집단을 이루는 '도시부족'이기도 하다. 우리는 이들 세대의 감성 기반이 된 우리 대중문화의 발전사를 1960년대부터 돌아보는 한편, B급 문화와 관계를 맺고 있는 현대 사회의 다양한 양상과 개념, 하위문화와 키치, 팝아트, 청년문화, 대항문화, 차브, 캠프 등과의 연관성도 아울러 분석했다.

21세기 대한민국에서 B급 문화는 어떤 양태로 펼쳐지나?

싸이와 나란히 〈무한도전〉이 있고 〈무릎팍 도사〉가 있으며, 〈도둑들〉과 아이돌 그룹이 B급의 맥락에 놓여진다. 낙오자들의 아무 짝에도 쓸모없는 도전, 〈무한도전〉의 이면에 들끓고 있는 것은 주류의 경쟁과 서열에 대한 야유와 조롱, 저항의 태도였으며, 좌절된

정치인까지 저잣거리로 끌어낸 SBS 토크쇼 〈힐링 캠프〉

욕망의 자기 위안이었다. 〈무릎팍 도사〉와 〈힐링 캠프〉에 출연한 대통령 후보들은 하위문화가 저잣거리로 끌어내린 만인지상의 존재였다. 〈도둑들〉과 '아이돌'은 자본이 마케팅 전략으로 포획한 B급의 쾌락주의와 키치의 감성이었다. 〈도둑들〉의 쾌락주의는 계몽주의와 엄숙주의에 대한 해체였으며 '노래하고 춤추는 핀업걸'로서 아이돌은 예술 작품이 아닌, 예술이 재현한 대상에 대한 성적인 욕망이라는 키치의 속성을 보여 주는 존재였다.

〈무한도전〉에서 낙오자들의 어리석음, 아무 짝에도 쓸모없음이 훨씬 더 격렬하고 과격하게 나타나는 장르가 웹툰이며, 웹툰으로 구현된 '병맛'과 '잉여짓'이다. 논리성과 개연성이 파괴된 밑도 끝도 없는 이야기, 초등학생의 낙서만큼이나 조악하고 어설픈 그림체, 게으르고 한심하며 몽상적인 주인공. 웹툰의 특징은 서사가 불가능한 시대를 살아가는 '분열된 주체'의 자기 비하와 자기과시, 욕망의 포화와 욕망의 좌절을 보여 주는 이 시대 최고의 'B급 예술'이라 할 만하다.

21세기 대한민국의 웹툰 역할을 한 것이 70년대 영국에선 펑크 록이었다. 청년 실업자, 폭주족, 매춘부, 변태 성욕자, 부랑아의 이미지로 섹스 피스톨스와 함께 펑크를 유행시켰던 디자이너 비비안 웨스트우드 이래 거리의 패션은 늘 명품 브랜드의 런웨이와 섞이고 충돌하며 경쟁하는 관계가 형성되어 왔다. 패션에서의 B급은 펑크 룩과 글램룩, 팝아트, 그런지룩, 힙스터, 차브로 면면히 이어졌으며, 최근엔 SPA브랜드의 '칩-시크', 즉 '싼 게 패셔너블한 것'이라는 마케팅 전략을 낳았다.

미술에서의 B급의 욕망은 키치와 팝아트로 표현이 됐다. 고상한 것, 세련된 것, 심오한 것, 즉 주류의 미학에 대한 '똥침'이 바로 대중문화의 경박한 이미지나 대량 복제 공산품을 오브제로 활용한 키치와 팝아트였다. 그 속에 담긴 것은 고급문화와 엘리트주의에 대한 야유였다.

B급은 그러므로 주류, 공식 문화, 고급 예술의 바깥에서 생성되며, 끊임없이 바깥으로 탈주하는 '바깥의 상상력'이다. 광장에서 제각각으로 외치는 아우성이며 각자의 방식으로 펼치는 놀이판이다. 2002년 월드컵에서 2008년 촛불시위까지 광장을 채웠던 목소리들, 수만 가지의 음색과 높낮이의 외침들은 B급 문화에 들끓는 에너지의 바탕이었고, B급 대중문화에 흔적을 남긴 욕망의 증거였다. 촛불시위에서 들끓었던 목소리, 풍자와 해학, 비판의 예술이 미국의 월스트리트점거운동이 펼쳐진 광장의 풍경과 겹쳐지는 장면은 희열까지 느끼게 한다. 제어되지 않고, 검열을 거부하며, 길들여

'강남 B급' 감독 박찬욱   '강남 B급' 싸이

지기를 반대하는 욕망은 광장의 한편 격인 인터넷·모바일과 만나 B급 미디어의 목소리가 됐다.

그럼에도 B급은 여전히 이중적이고 모순적이며 분열적이다

한끝에는 주류의 욕망과 비주류의 변화 열망이 행복하게 만난 안철수의 '강남 좌파'와 박찬욱 혹은 싸이의 '강남 B급'이 있는가 하면, 또 다른 극단에는 광장과 거리의 이름 없는 목소리와 익명의 거친 예술 작품이 있다. 한끝에는 자본에 포획된 마케팅 전략으로서의 B급이 있는가 하면, 전복과 유희의 에너지로 충만한 몸짓이 있다. '잉여짓'에 집단의 폭력성과 결합된 파시즘의 경향이 있는가 하면, 바깥의 상상력에는 성·세대·계급간 연대를 지향하는 변혁의 열망이 있다.

B급 문화, 우리 사회의 바람직한 플랜 B로 진화해야 한다

그러므로 우리는 프롤로그에서 제기된 질문에 답할 수 있을 것이다. B급 문화는 광산의 카나리아가 될 수도 있고, 노아의 비둘기가 될 수도 있다.

중요한 것은 다만, 지금 여기 없는 것을 상상하고 실천하며 새로운 미학으로 표현하는 일이다. 그때, 우리는 'B급을 우리 사회의 플랜 B' 라고 할 수 있을 것이다. 바깥으로, 광장으로 향하는 우리의 욕망은 때론 웅얼거림으로 때론 아우성으로 말한다.

'점령하라. 새로운 상상력으로.'

- 정재승 · 진중권, 《정재승＋진중권 크로스》, 웅진지식하우스, 2012
- 오스카 와일드, 《윈더미어 부인의 부채》, 동인, 2010
- 밀란 쿤데라, 《참을 수 없는 존재의 가벼움》, 민음사, 2009
- 강준만, 《강남 좌파–민주화 이후의 엘리트주의》, 인물과사상사, 2011
- 함영훈 · 이형석 외, 《대한민국 40대 리포트》, 미래의창, 2012
- 영화진흥위원회, 《한국영화사: 開化期에서 開花期까지》, 김미현 편, 커뮤니케이션북스, 2006
- 김수환, 〈너희가 병맛을 아느냐–웰컴 투 더 '이말년 월드'〉, 《잉여의 시선으로 본 공공성의 인문학》, 이파르, 2011
- 강수미, 〈'B급 미술'에서 'B'의 의미〉, 《쿨투라》, 2008년 겨울호
- 딕 파운틴 · 데이비드 로빈스, 《세대를 가로지르는 반역의 정신 Cool》, 이동연 역, 사람과책, 2003
- 수전 손택, 〈캠프에 관한 단상〉 〈하나의 문화와 새로운 감수성〉, 《해석에 반대한다》, 이민아 역, 이후, 2002
- 발터 벤야민, 《기술복제시대의 예술 작품》, 최성만 역, 길, 2007
- 제니퍼 크레이크, 《패션의 얼굴》, 정인희 역, 푸른솔, 2001
- 노버트 린튼, 《20세기의 미술》, 윤난지 역, 예경, 2011
- 제일기획 보고서, 〈대한민국 변화의 태풍? '젊은 그들'을 말한다〉, 2003
- 주디스 버틀러 외, 《점령하라》, 임명주 역, 북돋움, 2012
- K. 해리스, 《현대 미술 – 그 철학적 의미》, 오병남 역, 서광사, 1988
- 움베르트 에코, 《미의 역사》, 이현경 역, 열린책들, 2009

참고 자료

- 〈경향신문〉, 1996. 11. 30, 2009. 10. 13
- 〈국민일보〉, 2001. 3. 29, 2011. 11. 4
- 〈동아일보〉, 2001. 4. 1, 2012. 7. 23
- 〈서울신문〉, 2011. 9. 16
- 〈부산일보〉, 2012. 9. 8
- 〈한겨레〉, 1990. 2. 1, 1993. 12. 31, 1994. 9. 2, 2001. 5. 5, 2004. 5. 7
- 〈한국일보〉, 2001. 2. 14
- 〈프레시안〉, '정치 몰입: 박성민 – 이철희 – 전홍기혜, 대선을 말하다', 2012. 8. 31

• 〈주간경향〉, 2007. 7. 24
• 〈헤럴드경제〉, 2012. 1. 9, 2012. 1. 10

참고 인터넷

• 위키피디아 www.wikipedia.org
• 네이버 뉴스라이브러리
• 네이버캐스트 〈오늘의 한국인〉
• 네이버 웹툰
• 다음 웹툰
• 딴지일보 www.ddanzi.com
• DC인사이드 www.dcinside.com
• 오늘의 유머 www.todayhumor.co.kr
• 일간베스트저장소 www.ilbe.com
• 조갑제닷컴

참고 음반

• 싸이, 〈젠틀맨〉의 음원, 가사 및 뮤직 비디오, 2013
• 싸이, 1집 〈PSY FROM THE PSYCHO WORLD〉, 2001
• 싸이, 2집 〈싸2〉, 2002
• 싸이, 3집 〈3마이〉, 2002
• 싸이, 4집 〈싸집〉, 2006
• 싸이, 5집 〈PSYFIVE〉, 2010
• 싸이, 6집 〈6甲 파트 1〉 2012
• 소녀시대, 3집 〈텔레파시〉, 2011
• 원더걸스, 〈Like Money〉, 2012
• 장기하와 얼굴들, 〈싸구려 커피〉, 2008
• 아니 디 프랑코, 〈헬 야〉Hell Yeah, 1994

사진 출처

• 위키피디아, 위키백과, 〈헤럴드경제〉
• MBC · SBS 홈페이지, YG패밀리, SM엔터테인먼트